Lettres sur l'Inde

JAMES DARMESTETER

Lettres sur l'Inde

A LA FRONTIÈRE AFGHANE

PARIS

ALPHONSE LEMERRE, ÉDITEUR

27-31, PASSAGE CHOISEUL, 27-31

M DCCC LXXXVIII

A

LORD REAY

Gouverneur de Bombay

et à

LADY REAY

ce livre est dédié

en souvenir reconnaissant

J. D.

PRÉFACE

E titre de ce livre, Lettres sur l'Inde, avait grand besoin d'être corrigé et restreint par le sous-titre, *A la Frontière afghane*. Lettres afghanes aurait été plus exact, car à part la première lettre et la dernière, ce sont les Afghans qui en font les frais, beaucoup plus que les Indiens [1].

Je suis resté dans l'Inde pendant près d'un an, de

[1] Ne pas confondre *Indou* et *Indien*. *Indien* est la dénomination générale de tous les habitants de l'Inde. Les *Indiens* se divisent en *Indous* et *Musulmans* : l'Indou est l'Indien dont la religion rentre dans le système brahmanique, par opposition à celui qui suit la religion de Mahomet.

la fin de février 1886 aux premiers jours de février 1887 : sur ces onze mois, j'en ai passé près de trois à Bombay, et sept dans les districts afghans et semi-afghans de Péchawer et de Hazara; j'ai consacré les cinq ou six semaines qui restaient à faire consciencieusement mon devoir de touriste de Bombay à Péchawer, de Péchawer à Calcutta et de Calcutta à Bombay. Il y a tant de Voyages dans l'Inde que le lecteur me saura gré de n'en avoir pas grossi le nombre et d'avoir renoncé à décrire pour la centième fois des choses et des mœurs que tant d'autres avant moi ont mieux vues et qu'ils ont mieux décrites que je n'aurais pu faire. Les districts afghans, au contraire, attirent peu de visiteurs. Je m'y étais rendu pour un objet purement scientifique, étant chargé d'une mission philologique par le ministère de l'Instruction publique : mais quoique presque tout mon temps fût absorbé par des recherches toutes techniques et absolument dépourvues de pittoresque, je ne pouvais m'empêcher de voir et d'entendre beaucoup de choses qui étaient neuves pour moi. J'ai pensé qu'elles pouvaient l'être pour quelques autres, au moins en France. De là ces lettres.

Voilà une cinquantaine d'années que les Afghans font parler d'eux et ils n'ont pas fini. Les diplomates de Saint-Pétersbourg et de Londres se préoccupent

fort de ce qui se passe dans la tête de ces pauvres
sauvages, qui s'inquiètent fort peu de ce qui se passe
dans la tête de ces diplomates. C'est qu'ils sont une des
grandes inconnues dans le problème anglo-russe et
que la destinée future de l'Inde est en partie dans
leurs mains. Un jour le grand empereur Akbar se
promenait avec son fils Selim dans le fort d'Agra,
sa grand'ville. « Père, lui demanda le prince,
pourquoi ne fais-tu pas creuser un fossé autour
d'Agra ? — Mon fils, répondit l'Empereur, le fossé
d'Agra, c'est l'Indus. » Or ce sont les Afghans qui
montent la garde sur ce fossé.

Il n'est donc pas inutile de comprendre le caractère
de ces gens. C'est ce que j'ai essayé de faire en les
écoutant chanter. Les Afghans sont un peuple chantant et la chanson populaire a toujours été l'expression
la plus claire, comme elle est la plus sincère, du
caractère national. La partie neuve de ce livre, et la
seule peut-être qui ait une valeur, a été écrite sous
la dictée des chanteurs afghans.

Pour résumer le jugement que porte sur l'Afghan
la chanson afghane, je demanderai la permission de
reproduire les lignes que j'écrivais ailleurs sur ce
sujet[1] :

---

[1] *Afghan Life in Afghan Songs*, dans la *Contemporary Review* d'Octobre 1887.

« Ces chansons, en somme, confirment, par l'aveu
« même des Afghans, le jugement assez défavorable
« que suggère leur histoire durant les cinquante der-
« nières années. Une race forte, bien différente du
« faible Indou, d'un métal résistant, mais non
« sans alliage; un sentiment de l'honneur, qui peut
« se passer de la vérité; les vertus à demi convention-
« nelles du sauvage; l'amour vrai, inconnu; le res-
« pect du faible, une faiblesse. Un sentiment reli-
« gieux qui n'enseigne ni la charité, ni l'empire sur
« soi-même, ni le perfectionnement de la personne, et
« trouve sa joie suprème dans la damnation des reli-
« gions étrangères.

« Au point de vue intellectuel, une imagination
« sans hauteur, un cercle d'idées limité, mais en
« même temps un des dons les plus hauts, un don que
« l'Europe épuisée a perdu, la simplicité et la fran-
« chise de l'expression.

« En politique, aucune des vertus qui font les
« nations : le clan et la famille divisés contre eux-
« mêmes, le mot cousin signifiant ennemi mortel[1];
« l'étranger guère plus haï que le compatriote et
« employé comme instrument contre lui. L'Anglais,

[1] Voir page 89.

« haï comme infidèle, méprisé comme peu sûr et
« immoral[1]; dans le conflit imminent pour l'Empire
« de l'Asie, point de secours à espérer que contre
« argent comptant; en fait, point d'appui perma-
« nent ni sincère à attendre, parce que le champ de
« pillage s'étend de l'autre côté de l'Indus et non
« de l'Oxus.

    « Il faut dire, pour être juste, qu'il y a soixante
« ans les Européens pouvaient voyager en sécurité à
« travers l'Afghanistan[2]; que les sentiments présents
« de haine à outrance ont été créés en 1838 par
« l'agression gratuite de Lord Auckland, le libéral,
« et qu'au moment où ils expiraient peu à peu[3], le
« conservateur Lord Lytton, il y a dix ans, les a
« ranimés d'une façon trop intense peut-être pour
« laisser aucune espérance de remonter de nouveau le
« courant de la haine et de la défiance. Ajoutons
« toutefois, comme un symptôme rassurant d'ordre
« négatif, que le nom de la Russie n'est pas encore
« sur les lèvres des politiciens chantants de l'Afgha-
« nistan et que la « Figure Divine qui vient du

---

[1] Voir page 80, note 3.

[2] Voyages de Masson.

[3] Durant la grande Rébellion de 1857, l'Empire anglais dans l'Inde
fut sauvé par la neutralité de l'Émir d'Afghanistan et par le concours
actif des districts afghans.

« *Nord[1]* » *ne perce pas encore à l'horizon de leurs
espérances.* »

Le lecteur, sur la foi du titre de ce livre, ne me
tiendra pas quitte que je ne lui dise ce que je pense
de l'Inde et de son avenir. Je n'étais pas débarqué de
huit jours dans l'Inde que mes hôtes anglais me faisaient déjà la question. Elle m'a poursuivi tout le
long du voyage et après, et il ne me servait de rien
de me récuser comme étranger et comme Griffin.
Je m'exécuterai donc, par respect humain, aussi
brièvement que possible, en priant d'excuser ce que
cette brièveté pourra donner parfois à l'expression de
heurté et d'excessif.

[1] Désignation mystique de la Russie, créée ou popularisée je crois
par M. Gladstone.

I

Le gouvernement de l'Inde est une des belles choses qui soient dans le monde d'aujourd'hui.

J'ai vu un petit jeune homme de vingt et un ans administrant sans embarras et sans effort une ville de cent mille âmes; et j'ai admiré. J'ai été en quarante-huit heures de Bombay à Delhi; il aurait fallu deux mois au Grand-Mogol, et j'ai remercié.

Il y a dans la conquête de l'Inde par l'Angleterre deux merveilles, une merveille apparente et une merveille réelle.

La merveille apparente, c'est le fait même de la conquête : se rappeler les phrases hystériques de Macaulay sur ces marchands plus grands qu'Alexandre, etc., etc. Au milieu du siècle dernier, l'Inde,

chaos de nations et de religions hostiles, nulle assez
forte pour réduire les autres, saignée à blanc par
cinq invasions persanes et afghanes, était d'avance la
proie désignée du premier Européen qui en voudrait.
En pleine splendeur d'Aurengzeb, le médecin Bernier
écrivait : « M. de Condé ou M. de Turenne avec vingt
mille hommes conquerraient l'Inde ». Soixante ans plus
tard, trois mille hommes suffisaient. Dupleix trouva
les deux armes de la conquête : intervenir dans les
querelles des princes et se créer une armée indigène
dressée à l'européenne : autrement dit, conquérir l'Inde
par l'Inde. Trahi par la France, Dupleix succomba :
l'Angleterre n'eut qu'à appliquer sa politique. Elle
lui devrait une statue à l'East India Office [1].

La méthode trouvée, conquérir l'Inde était aisé :
c'était l'affaire de quelques escarmouches; « les marchands de fromage de Leadenhall-street » y mirent
près d'un siècle, poussés de l'avant par les Gouver-
neurs et forcés par les circonstances. Dupleix,
soutenu, eût fait la chose en vingt ans. L'Inde est
le pays des conquêtes rapides, qui n'en sont pas
moins durables, si la force qui les a faites reste là.
Trois batailles ont suffi à Baber pour fonder l'empire
mogol qui a duré trois siècles.

---

[1] Voir l'admirable livre de M. Seeley, *The Expansion of England.*

La merveille réelle est ailleurs : elle est dans le gouvernement de l'Inde, dans la simplicité étonnante des voies et moyens. Le principe du gouvernement anglais est dans le prestige ; non pas le prestige du décor, la pompe extérieure et orientale, mais dans le prestige de l'homme sur l'homme. L'Inde est administrée par deux cents propréteurs, appelés Collecteurs ou Députés Commissaires [1]*, dont les pouvoirs varient considérablement suivant les provinces, mais partout comportent une part suffisante d'arbitraire pour parer à toutes les nécessités de l'imprévu. Ces hommes ne sont pas tous des grands hommes ni des génies, loin de là ; mais ils ont tous le don impérial, par nature et par tradition ; par nature, étant Anglais, c'est-à-dire d'une race qui, en général, aime mieux donner des ordres qu'en recevoir ; et par tradition, étant entraînés pour cette tâche spéciale de gouverner un peuple.*

L'Angleterre a donné à l'Inde le bien qu'elle n'avait jamais connu, la paix. Elle a mis fin à l'anarchie permanente, à l'invasion étrangère, aux luttes civiles et religieuses, à la guerre de tous contre tous ; elle a supprimé l'infanticide des filles, elle a éteint le bûcher des veuves. Elle a enrayé la

[1] Voir page 214.

famine. Elle a couvert l'Inde d'un admirable réseau de canaux et de chemins de fer.

II

Tout cela, l'Inde le sait ou le sent. L'Inde pourtant n'aime pas l'Anglais ; et cela est juste, parce que l'Anglais n'aime pas l'Inde.

L'Anglais, le Sâb, est redouté, et il est respecté : c'est beaucoup et c'est peu. L'Inde le redoute parce qu'elle le sait fort ; une série d'expériences écrasantes lui ont appris qu'entre elle et son maître la partie n'est pas égale. Elle le respecte, parce qu'elle croit à sa parole. Elle croit peu à la loyauté politique du Serkar[1], mais elle croit à la loyauté et à l'honnêteté personnelle de l'Anglais. Quand il a à choisir entre un juge anglais et un juge indigène, l'indigène n'hésite jamais et va droit au juge anglais.

Je ne crois pas qu'il soit possible de trouver dans

---

[1] Serkar, le gouvernement.

un gouvernement étranger plus de conscience, d'honnêteté professionnelle, de désir sincère de faire son
devoir et de faire le bien que n'en montre en général
le fonctionnaire anglais dans l'Inde. S'il y a eu un
temps où des collecteurs avec des appointements
spartiates se retiraient millionnaires, « ayant secoué
l'arbre aux pagodes, » c'est là de l'histoire ancienne :
et malgré les quelques scandales qui éclatent de temps
en temps, il n'y a jamais eu dans les provinces
romaines, même sous les Antonins, tant de pouvoir
et de tentations avec si peu d'abus. Mais à ces maîtres
honnêtes manque le don suprême, le seul qui fasse
pardonner les supériorités écrasantes : la sympathie.

Au moment de la conquête et jusqu'à la grande
rébellion, l'abîme était moins vaste entre Anglais et
Indigènes. La grande rébellion coïncida avec l'établissement des lignes de navigation rapide qui
bientôt mirent Bombay à seize jours de Londres :
le vieil Anglo-Indien, celui qui passait toute sa
carrière dans l'Inde sans jamais toucher langue avec
la terre natale, et qui souvent vivait à l'orientale,
avec son harem indigène, se trouva du même coup
rejeté de l'Inde et rapproché de l'Europe : la race
disparut. L'Anglo-Indien d'aujourd'hui est un exilé
dont tout le rêve est de rentrer aussitôt qu'il pourra
au U. S. Club, qui compte les jours dans l'attente des

trois mois de congé auxquels il a droit tous les trois ans, toujours à l'affût d'un congé exceptionnel (*leave on privilege*) et qui, une fois achevée sa tâche journalière de juge, d'officier, de collecteur, de chapelain, mourrait d'ennui s'il n'avait le *lawn tennis*, le *cricket* et les *courses*. D'entrer dans le cœur de ces vastes multitudes si douces, si faibles, et prêtes à s'ouvrir et à se donner, pour peu qu'on sût leur parler, nul n'y songe. Ceux de qui on attendrait le plus, les padrés, sont les plus secs et les plus repoussants. Je n'ai nulle part rencontré en Inde d'intelligence plus dure et plus fermée que celle de ces fonctionnaires bien payés du Christ.

III

Et cependant jamais la diffusion de l'instruction européenne parmi les couches les plus profondes de l'Inde n'a été plus large ni plus rapide. L'Inde apprend l'anglais. La moitié des journaux indigènes sont écrits en anglais. Un prophète comme Keshub Chunder Sen, un poète comme Miss Toru Dutt, un publiciste comme Malabari, auront leur nom dans un chapitre spécial de la littérature anglaise. Chaque année les Universités de Bombay, de Calcutta, de Lahore, de Madras jettent dans la circulation des centaines de diplômés, avec qui l'on peut parler dix minutes littérature, philosophie, science, sans trop s'apercevoir qu'ils ne sont pas Européens. Mais plus l'Indien s'européanise, plus l'abime se creuse entre les deux races, parce que le rapprochement apparent ne fait qu'accuser davantage l'antipathie de nature, profonde et incurable.

Cette classe nouvelle qui se forme d'Indiens anglisés n'est pas et ne peut pas être l'élite de la population. Malgré quelques nobles exceptions qui prouvent qu'à la longue il pourra se faire un mélange fécond des deux esprits, et qu'un Indien qui parle anglais n'est point nécessairement un homme perdu, la masse qui constitue cette classe n'est pas allée vers la civilisation européenne attirée par une pure curiosité intellectuelle et par le sentiment de sa supériorité : elle y va en quête de places. Pour entrer comme Babou dans une quelconque des places inférieures que l'Angleterre ouvre aux indigènes, il faut parler et écrire l'anglais et tout ce qui veut

gagner trente roupies par mois au budget de l'Inde
envahit les écoles du gouvernement et les universités.
Trois cents candidats pour une place de soixante
francs : que pourront faire les deux cent quatre-vingt-
dix-neuf candidats malheureux, qui ne savent plus
vivre de la vie modeste et sans besoin de leurs
pères : mourir de faim, ou grossir les rangs des
politiciens. C'est ce qu'ils font. Infatués des con-
naissances superficielles qu'ils ont prises à l'Université; gonflés des formules européennes, déjà si
vides en Europe quand l'esprit n'est pas là pour les
remplir; nourris de ces fameuses biographies de Clive
et de Hastings, où leur maître de style, Macaulay,
leur apprend que l'empire anglais a été fondé par le
mensonge et la violence, ils forment une classe
immense de déclassés, qui ressemble étrangement aux
nôtres, aussi bruyants, aussi étroits, aussi nuls,
quelques-uns même désintéressés, avec cette différence
que les formules dont ils se gonflent sont empruntées
à une civilisation et à des traditions exotiques, et
qu'il y a pour eux un double abîme entre la lettre et
l'esprit.

Cette situation émeut plus d'un esprit parmi les
conservateurs qu'elle afflige, parmi les radicaux

qu'elle réjouit. Que deviendra la domination anglaise quand l'Inde instruite par l'Angleterre se sera élevée à son niveau : ne sera-t-elle pas tentée de dire, ne commence-t-elle pas à dire l'Inde aux Indiens? Ces craintes et ces espérances me semblent également chimériques. L'instruction que l'Angleterre donne à ses sujets est trop superficielle et trop vide pour les rendre forts et dangereux. Elle est superficielle et vide, non par dessein politique, mais parce que l'enseignement européen en général, anglais en particulier, est vide et superficiel; seulement, la force morale et l'instinct d'action suppléent en général chez l'Européen aux lacunes du développement intellectuel. Cette instruction est d'ailleurs la dose exacte que pourrait supporter l'intelligence d'un Indien; mais comme il n'y a pas chez lui le contre-poids du caractère et de l'énergie pratique, l'éducation européenne a pour tout effet d'énerver en lui les énergies et les vertus héréditaires, et de créer des ambitions nouvelles sans la force qui les justifie ou les satisfait.

Leurs confrères d'Europe, nos agitateurs de club et de presse, sont dangereux parce qu'il y a en eux une force d'appétit qui s'ajoute au détraquement cérébral, et nous sommes forcés de compter avec eux, parce que nous savons qu'ils peuvent, au premier instant, laisser la plume pour le fusil et passer du club à la barricade. Avec l'Indien rien de pareil à craindre. La classe des politiciens se recrute surtout parmi les Bengalis, dont la timidité est proverbiale.

L'Inde nouvelle ne sortira pas des Universités indiennes. Le danger est ailleurs : il consiste dans la création d'une classe intermédiaire, moralement inférieure et aux sujets et aux maîtres et qui sera maîtresse de l'Inde par l'ignorance et l'insouciance des maîtres. L'avenir que prépare le mouvement moderne, c'est l'exploitation de l'Inde par le Babou, sous la protection de l'Angleterre.

IV

Un fait qui montre combien l'action éducatrice de l'Angleterre est superficielle et n'a pas touché la fibre morale, c'est que le mouvement qu'elle a produit est tout politique, nullement social. Beaucoup de politiciens et point de réformateurs. L'Inde nouvelle

demande un parlement indien, elle demande l'accès
aux hautes fonctions du *Civil Service*, toutes réformes
qui intéressent une petite clique ou une petite élite,
comme vous voudrez, et lui livreraient pieds et poings
liés les grandes masses muettes. Il y a des réformes
plus profondes et d'un intérêt plus général, mais
moins attractives, car elles ne promettent à ceux qui
les prêchent que la haine des masses, la calomnie,
l'insulte, et quelque jour le martyre. Ce sont les
réformes sociales ; c'est entre autres l'abolition de ces
deux coutumes monstrueuses qui sont la plaie et la
honte de l'Inde : les mariages d'enfants et le veuvage
éternel des veuves. Le gouvernement anglais a aboli
la suttee[1], mais la suttee était une délivrance, com-
parée au sort de la veuve qui survit. Le malheur de la
veuve lui devient crime et honte ; les cheveux rasés,
toujours en deuil, condamnée à des jeûnes sans fin,
souffre-douleur et jouet de la famille, crainte et évitée
de tous — car elle a le mauvais œil, — incapable de
retrouver dans une autre union l'appui qu'elle a perdu,
elle n'a de recours que dans le suicide ou la prostitu-
tion. Souvent cet enfer commence avec la vie et elle
est veuve au berceau : les familles indoues marient
leurs enfants à quatre ans, à trois ans, et si l'un des

[1] Voir pages 343-344.

époux fictifs meurt avant le mariage réel, la petite veuve appartiendra à tout jamais à l'ombre de ce mort qu'elle n'a jamais connu. Il y a dans l'Inde cinq millions de ces malheureuses qui se demandent, comme la fille de l'Arabe avant Mahomet, « pour quel crime elles ont été enterrées vivantes. » Un homme, un apôtre, Malabari, s'est levé contre cette horreur séculaire : seul, pauvre et malade, il a entrepris la lutte contre l'égoïsme et la superstition de toute une race, et a porté d'un bout de l'Inde à l'autre la protestation indignée de la conscience et de la pitié : pas un politicien ne s'est joint à lui ; le supplice de cinq millions de femmes, qu'importe? La femme n'est-elle pas faite pour le plaisir de l'homme? Et les gens modérés ont dit : « Ne touchez pas à la famille! » Et les gens profonds ont dit : « Ne tarissez pas les sources du sacrifice »; et avec tout son anglais, toute sa presse, tous ses faiseurs de constitutions radicales, l'Inde nouvelle reste enfoncée aussi profondément que l'ancienne dans l'apothéose de l'animalité mâle.

Le gouvernement est impuissant : il est lié par le respect juré des coutumes et de la religion nationales et se soucie peu d'ailleurs de mettre le doigt dans ce guêpier. La suttee et l'infanticide des filles tombaient sous la qualification de meurtre et par suite sous les coups du code ; le meurtre lent n'y tombe pas.

Bombay a retenti dernièrement d'un procès étrange : une jeune femme, mariée enfant à un enfant, a refusé, le moment du mariage venu, d'aller vivre avec un mari qu'elle n'avait ni choisi ni accepté. Son mari de par le choix des parents et de par la loi religieuse l'attaque devant les juges anglais et réclame le droit de la violer par autorité de justice. La justice a reconnu son droit [1].

Les politiciens de l'Inde sont comme ceux d'autres pays : l'objet suprême de la politique est non pas la réforme, mais seulement une place au budget ; les nôtres plus habiles mettent en avant le progrès, la réforme sociale, le droit des masses, se font une arme de la misère du peuple : en Inde la chose n'est pas possible : l'éloquence d'un Mirabeau ne soulèvera pas la moindre ride sur l'océan croupissant de la misère indoue : soit inertie ou sagesse, la masse ne demande qu'une chose : vivre, souffrir, mourir en paix, sans le savoir, comme ont fait les générations passées, en buvant son tody et fumant son chilam, avec l'idole de village à la porte.

---

[1] Un compromis est intervenu : le mari gagnant a déclaré renoncer à user de son droit : mais son droit est constaté.

V

On parle beaucoup depuis quelques années d'un
parti national. On dit : « l'Inde une n'existe pas, n'a
jamais existé : mais la domination anglaise la crée,
en établissant l'unité de sujétion. » C'est l'idée développée par un haut fonctionnaire de l'Inde, M. Cotton, dont l'Inde nouvelle est devenue l'Évangile du
parti national. Un jeune poète Mahratte, Joshi,
a célébré le retour de Bharatavarshini, la déesse du
pays de Bharata, la personnification de la terre indienne ; elle s'est exilée, chassée par la discorde et
les fautes de ses enfants : mais les dieux ont envoyé
la lumière de l'Occident : l'Angleterre est venue par
décret providentiel établir l'ordre et la concorde,
élever et mûrir les races nouvelles, et, son œuvre de
régénération terminée, elle se retirera pour rendre la
place sur le trône à la déesse Bharatavarshini.

Ce n'est qu'un noble rêve de poète. L'Inde n'est point de ces conquêtes qu'un pays comme l'Angleterre abandonne sur la foi de principes évangéliques ou philosophiques. Que deviendraient les quelques milliers de jeunes gens qui chaque année rentrent dans le civil service et dans l'armée des Indes, avec la perspective d'une pension de 15 ou 20,000 francs après vingt-cinq ans de service? Puis, le premier acte de la nation indienne serait de se barricader derrière une ligne de droits protecteurs : les Anglais de l'Inde sont déjà protectionnistes. Que deviendraient les marchands de Manchester? Le Congo et le Niger leur fourniront-ils jamais un marché de chair à vêtir décemment aussi abondant et aussi riche, et ils mourront sur leurs balles de marchandises en maudissant M. Cotton et Bharatavarshini. Une difficulté plus grave encore et insurmontable, c'est que l'unité de l'Inde craquerait une minute après que le vice roi qui la constitue aurait quitté son palais de Calcutta. Faire une nation avec le belliqueux Penjabi, le Sikh indomptable, le Bengali bavard et timide; avec le Musulman fanatique, qui a une foi pour laquelle tuer et mourir, et le faible Indou qui n'a que des rites et des momeries, c'est vouloir faire une nation avec des troupeaux de moutons et de loups: tant que le chien de berger est là, les loups peuvent se tenir tranquilles et les moutions même prendre des airs de maître et apprendre à aboyer : le bon chien radical pleure de tendresse et dit : comme ils font bon ménage, je puis partir. S'il lui prend fantaisie de revenir, je crains qu'il ne trouve pas de quoi se tailler une côtelette sur le flanc du mouton le plus aimé.

Il y a dans l'Inde deux sortes de race : les races guerrières et celles qui ne le sont pas. Les politiciens se recrutent parmi les secondes. Aussi jusqu'à présent leur programme qui comprend tant de réformes en laisse une de côté, qui est la première que réclamerait un parti vraiment national : l'évacuation de l'Inde par l'armée anglaise.

Il y a un autre plan, proposé je crois par M. Bright et qui respecte les nationalités de l'Inde : l'Inde serait divisée en quatre ou cinq grands états indépendants et fédérés sous la suprématie de l'Angleterre. Ce ne serait en fait qu'une transition au rétablissement de l'unité par la conquête : ou bien la force anglaise resterait là pour maintenir l'indépendance des états et alors l'Angleterre n'aurait que les charges de l'occupation sans les profits ; ou elle évacuerait, et le lendemain, le Penjab, Sikh et Musulman, aurait transformé l'Inde entière en un vaste champ de pillage.

VI

En fait ni l'Indien ni l'Anglais ne songeront jamais sérieusement à divorcer, s'il n'intervient un tiers. L'Indien n'osera jamais introduire l'instance : les souvenirs de la grande rébellion ne doivent pas faire illusion : la grande rébellion n'a pas été un mouvement national : ce n'a été qu'une grande émeute militaire : c'est le dernier cri d'agonie des grandes compagnies de pillards du commencement du siècle, la dernière protestation, non contre l'étranger, mais contre l'ordre et la paix sociale : c'est la fin, non le commencement d'une période. Elle n'a pas eu de lendemain. L'Inde, laissée face à face avec l'Angleterre, sera anglaise jusqu'à la fin des temps. Elle n'en pourrait être séparée que par une force étrangère.

Le spectre russe commence à inquiéter Indiens et Anglais. Le Russe, c'est l'inconnu, par suite redouté

et désiré. Au moment des affaires de Penjdeh, me
disait un des hauts fonctionnaires du Nord, les
Indiens de Lucknaw jouaient sur les chances de l'Angleterre et de la Russie, sans grande passion pour
l'une ou pour l'autre, mais avec une grande curiosité.
Les classes riches redoutent l'arrivée des Russes :
elles se rappellent Nadir Chah et les Afghans : elles
se disent que les Russes viendront les louter[1] en
grand et se retireront. Elles auraient moins peur si
elles pensaient que les Russes resteront. Les politiciens voudraient les Russes comme voisins, mais non
comme maîtres : ce seraient des voisins utiles, pen-
sent-ils ; la crainte des Russes serait pour l'Anglais
le commencement de la sagesse et des concessions.
Le calcul n'est pas bien profond : c'est une naïveté
singulière de penser qu'avec les Russes il y ait à
choisir entre voisin et maître.

D'alliés ouverts et actifs, si le choc se produit,
la Russie n'en trouvera pas, à moins d'un premier
succès éclatant. Si des velléités de révolte se produisent, l'on peut compter sur un de ces éclats
d'énergie subite que l'Anglo-Indien trouve toujours
au moment du besoin pour les étouffer dans la terreur.
La race des Nicholson n'est pas éteinte. Mais de

____

[1] Piller ; cf. p. 104.

concours actif, l'Angleterre n'a pas plus à en attendre. Elle n'a de l'Inde rien à craindre et rien à espérer.

Cela même est un désavantage. Son armée est de 66,000 Européens et de 132,000 indigènes; une partie de cette armée sera immobilisée pour surveiller les populations, et une autre pour surveiller l'armée indigène et les armées indépendantes, dont les princes feudataires, Nizam, Sindia, Holkar, offrent déjà, dans leur loyalisme, le concours encombrant ou dangereux. L'armée indigène, excellente pour maintenir la paix, quand la paix n'est pas troublée, n'a point fait ses preuves contre l'Europe et les a mal faites contre les Africains et les Asiatiques. Le Loyal Purvya, le fameux régiment qui seul dans la grande rébellion était resté fidèle au drapeau anglais, s'est laissé égorger sans défense par les lanciers demi nus du Mahdi. La conquête de la haute Birmanie, aux portes de l'Inde, à quelques jours de la base d'opération, a occupé trente mille hommes et n'est pas achevée. L'armée de Madras avec laquelle Clive fit ses conquêtes est considérée comme hors de service et embarrasserait plus qu'elle n'aiderait. Les troupes du Nord-Ouest, Penjabis, Afghans, Sikhs et Gourkhas, valent il est vrai toutes les chairs à canons du monde[1] :

----

[1] Voir pages 221 et suite.

mais après tout ce ne sont que des mercenaires et il y a une chose terrible qu'ils savent, c'est que là-bas chez les Russes un indigène devient colonel; que les Russes à Penjdeh étaient commandés « par un bandit turcoman, nommé Alikhan, presque un des leurs ». Les Sikhs ont entendu dire que leur roi, le Roi du Penjab, est l'hôte des Russes. Les stratégistes disent bien qu'une armée russe ne peut traverser l'Afghanistan, ni y subsister, et qu'il y a loin de Merv à Attock. Cependant les raisonnements stratégiques tiennent peu devant l'histoire et ce ne sont ni le désert ni les passes qui ont jamais arrêté les envahisseurs de l'Inde depuis Alexandre jusqu'à Ahmed Chah.

VII

Mais sur un échiquier aussi vaste, et entre adversaires encore séparés comme le sont Anglais et Russes, les choses ne se passent jamais comme on s'y

attend ni où on les attend. Dans le sort de l'Inde,
l'Inde même est une quantité négligeable. Sa destinée
ne se décidera ni sur l'Indus ni à Khaiber ni dans
le champ de bataille fatidique de Panipat, mais à
Berlin, à Saint-Pétersbourg, à Rome, sur les bords
de la Baltique et du Rhin. L'histoire de l'Europe
contemporaine ne peut plus se scinder. Le drame
indien n'est qu'un acte du grand drame européen
que l'Europe a laissé ouvrir en 1871.

Si le grand conflit s'ouvre, le puissant Chancelier
prendra dans sa main les empires et les jettera en pâ-
ture aux alliés qu'il veut acheter. Ce serait sans doute
un plaisir de dieu de lancer l'Angleterre libérale
contre la France républicaine, de flatter les rancunes
de ce petit parti étrange qui se croit toujours au lendemain de Waterloo, et qui envoie chaque jour le général
Wolseley braquer sa lunette sur la Manche pour voir
si la flotte française arrive : mais le Chancelier sait
aussi que la Russie est un allié plus sûr et plus fort
que l'Angleterre, qu'elle est un adversaire plus redou-
table, et qu'il y a surtout moins de loot à prendre
sur elle. L'Angleterre aurait dû ouvrir les yeux le
jour où l'Allemagne mit la main sur Angra Pequeña,
ce petit trou que les cartes officielles allemandes mar-
quaient encore comme colonie anglaise. C'était la
proclamation symbolique du fait que le monde colo-

nisable n'appartient plus à l'Angleterre; c'était la déchéance du monopole anglais. L'Allemagne vise à l'héritage commercial de l'Angleterre et, le cas échéant, à une partie de son héritage colonial. Que la Russie abandonne la France et comme de grand cœur elle la lâchera dans l'Asie, sur la réalité ou l'ombre indienne : double profit, d'isoler la France et de ruiner la seule rivale commerciale de l'Allemagne. L'Angleterre commence à s'apercevoir, comme demain l'Italie, que c'est en vain qu'elle a courtisé le maître et qu'en cherchant l'appui du fort, elle s'est appuyée sur un roseau empoisonné.

Revenons à l'Inde. A tous ces changements possibles qu'aura-t-elle à gagner ? Rien. Si elle passe sous le joug russe, elle aura tout d'abord à payer les frais de sa conquête et à indemniser ses conquérants de la peine qu'ils se sont donnée. A la longue, sans doute, les choses se rétabliront, les commissaires russes s'installeront dans les kacchéris des collecteurs, les Babous apprendront le russe au lieu de l'anglais : il n'y aura de changé que les maîtres, non le système.

Si les Russes se contentent de dissoudre la domination anglaise sans la remplacer, et si c'est l'anarchie qui hérite, elle ne durera pas. L'Inde comprendra

tout ce qu'elle a perdu en perdant ces maîtres taci-
turnes et hautains, mais consciencieux après tout et
qui lui donnaient l'ordre. On chantera des ballades
sur les jours de félicité disparus et le temps à jamais
regretté des Gauras[1] devenus des dieux. La première
nation européenne qui leur offrira le même bien sera
acclamée en libératrice. Le premier aventurier de génie
qui osera, restaurera à son profit l'empire du Grand
Mogol. S'il est anglais, il aura plus de chance que
tout autre, parce qu'il profitera des habitudes que le
passage de l'Angleterre aura déposées; et avec l'aide
des Européens qu'il sera obligé d'appeler à lui, ne
trouvant pas parmi les indigènes des instruments
assez énergiques de sa pensée, il établira un ordre
de choses qui ne diffère pas essentiellement de celui
qui règne aujourd'hui.

[1] *Gauras*, les blancs; voir page 125.

Lettres sur l'Inde

LE PONT D'ATTOCK

Mer des Indes. — Ahmedabad. — Mont Abou. — Ajmir, — Jaipor et Amber. — Delhi. — Amritsar. — Le pont d'Attock.

DE Brindisi à Bombay en trois coups de vent, sur la vieille Méditerranée grondeuse, la mer Rouge somnolente, la mer des Indes radieuse.

La blanche Alexandrie sort de ses ruines

1

dans une nuée aveuglante de poussière et de soleil. C'est jeudi, jour de *ziârat*[1], et le long du canal Mahmoudiéh remontent des charretées de femmes voilées qui s'en reviennent du cimetière, où elles sont allées, selon la coutume d'Islam, pleurer sur leurs morts ou rencontrer leurs amants.

Au soleil levant, la chaîne rougeâtre du Sinaï se fond dans le rose pâle de l'horizon qui s'éveille. Trois jours, trois nuits d'une mer de velours, sans vague et sans écume, avec des ondulations de soie sous le glissement du navire. A l'îlot de Djebel Zoukour, le soleil et la vague caressent les épaves de deux vaisseaux. Aden, dans la solitude des côtes, des mers et du ciel, dresse, comme un fantôme noir, ses effrayants entassements de rochers, qui doivent être, dans la mitraille ou dans les éclairs, splendides comme l'enfer.

A la mer des Indes, la nuit, en verve de poésie, nous donne le spectacle rare des phosphorescences vertes. Le soleil s'était dissous en feu de Bengale ; une immense lune rouge nage à l'horizon, puis, d'un bond soudain, monte au ciel et se fait d'argent ; elle inonde l'Orient,

---

1. Pèlerinage aux tombes des saints ou des parents.

dont elle éteint tous les astres. Seul, à l'Occident, un coin tremble, et fourmille d'étoiles qui dardent des lances de magnésium incandescent. Le reste du ciel est vide, et noyé dans une lumière brumeuse où la mer va se fondre au lointain dans un seul et même rêve. Peu à peu, les vagues s'allument; le jet de vapeur aux flancs du navire projette d'immenses éventails de nacre : et voici que la nacre devient émeraude, une tremblée d'émeraudes sur la crête des vagues, et, à l'arrière, au sillage, un ruisseau de perles vertes, une traînée de robe de reine, où tout Golconde s'est épanché; par instant, sur une ondulation plus lointaine et obscure, éclate une longue fusée verte. Et la croix du Sud monte à l'horizon vers l'heure de minuit, et c'est au ciel et sur les eaux une orgie de diamants et de joyaux, à parer toutes les reines du monde, de la reine de Saba à Cléopâtre et de Cléopâtre à Nour Mahal. Oh! qui serait assez abandonné de Dieu pour regretter, fût-ce un instant, dans cette ombre et cette lumière, dans ce silence et ce murmure, la chandelle fumeuse des salons et le son vulgaire des voix humaines? — Le soleil se lève : tout s'est évanoui, éteint, apaisé, et, sous une atmosphère étouffée, le navire coule dans une mer sans remous, immobile et douce comme un *Nirvâna*.

I

La route de Bombay à Péchawer tourne d'abord au Nord-Est jusqu'à Delhi, à travers le Guzerate et le Radjpoutana ; de Delhi, elle tourne droit à l'Ouest jusqu'à la frontière afghane, à travers le Penjab et les Cinq-Rivières.

Vous vous arrachez, à regret, à la belle, la douce, l'hospitalière Bombay. Vous traversez trop rapidement la cité des Sultans de Guzerate, Ahmedabad, qui a encore assez de ruines pour se rappeler qu'elle fut la capitale d'un empire : ses grands temples hindous, envahis par Allah ; ses fenêtres efflorescentes, sœurs de la rosace de Notre-Dame, arbustes épanouis à jour dans la pierre ; son beau lac, creusé de main d'artiste, avec son île parfumée où l'ibis s'abat légèrement sur des cimes aussi légères. Vous avez hâte d'arriver au mont Abou, de gravir la colline sainte où les Djaïnes[1] d'il y a six siècles ont multiplié à l'infini dans le marbre l'image de leur Homme-Dieu.

Montez à la nuit tombante, par un soir de mars; la route monte entre le précipice et la montagne, dans l'ombre croissante; les éclairs blanchissent les cimes; les troupeaux de bœufs descendent effarés la pente rapide; le cri sonore de vos Bhils[2], s'appelant de crête en abîme, monte et descend dans l'écho en notes inquiètes ou joyeuses, monte et descend à travers les ondées soudaines, le roulement des tonnerres lointains et les reflets de bivouacs indigènes, allumés contre le froid et les fauves. Au matin, vous irez dans les temples de Dilvarra adorer l'image, répétée de cellule en cellule, de Parçvanath, toujours le même et omniprésent; vous ferez le tour, de droite à gauche, de la *svastika* mystique, riche de promesses et d'espoir; et vous cueillerez dans les ruines la fleur de tchampa, la fleur jaune, belle et troublante, ivre de parfums,

---

[1] Secte voisine du Bouddhisme, adorant les *Djinas*, c'est-à-dire les saints victorieux, qui ont triomphé de tous les désirs mondains, comme les Bouddhistes adorent les *Bouddhas*, « ceux qui ont acquis la science parfaite. » Le *Djina* le plus honoré est Parçvanath. Les Djaïnes sont la secte la plus riche de l'Inde et quelques-uns des temples les plus beaux ont été bâtis par eux.

[2] *Bhils*, aborigènes à demi-sauvages, servent de guides et de porteurs au Mont Abou.

à qui l'abeille n'ose emprunter de sucs pour son miel : entendez-vous la chanson ?

Tchampa todjmen tin goun...

Fleur de tchampa, vous avez trois vertus :
la beauté, la couleur, le parfum,
mais vous avez un grand malheur :
l'abeille ne vient pas se poser près de vous.

J'avais reçu du prêtre et gardais avec amour, entre les feuillets d'un livre, une fleur de tchampa ; j'y avais joint plus tard une de ces fleurs de Mahomet, qui croissent près de la passe de Khaiber et portent l'empreinte protectrice des doigts du Prophète ; plus tard encore, une feuille du figuier qui pousse devant le temple de Bouddha-Gaya, à la place même où le Bouddha, pour la première fois, entra dans l'évanouissement. De retour en France, j'ai cherché en vain et la fleur de tchampa et la fleur du Prophète, et de toute ma guirlande indienne il ne restait que la fleur de néant.

Vous redescendez au soleil, le long du *Nakhi Talab*, ou « le lac de l'Ongle, » ainsi nommé parce qu'il fut creusé par l'ongle d'un ascète, et qui est plus pur et plus joli que jamais ongle, je ne dis point d'ascète, voire d'Apsaras ou de bayadère. Par instant, les déchirures de la montagne révèlent toute la chaîne de l'Aravali, la chaîne classique chantée des poëtes, et à ses pieds la plaine blanche de sable qui, aux reflets du soleil, vous prend ses grands airs d'océans et de plages. L'Aravali n'est point haute, l'Aravali n'est point chevelue; mais elle a cette grâce qu'elle monte d'un seul jet de la plaine, de sorte que le regard peut l'embrasser d'un seul coup, la voit commencer et finir et, à la première rencontre, elle vous dit : « C'est moi, me voici. »

II

Voici le rocher d'Ajmir où s'arrêta la première vague de la conquête musulmane; au sommet, veille le fort de Taragarh, sentinelle du pays des Radjapoutes. La route, dérobée sur les rebords de l'abîme, est si étroite, et a des tournants si abrupts, que le pied et les épaules de quatre *kahars* peuvent seuls vous porter en sécurité au faîte de la forteresse. Les bambous et les dattiers, qui montent à l'assaut des ravins,

envoient leurs cimes vous rejoindre tout le long
de l'ascension, et c'est un plaisir de jeter hors
du palanquin un regard sur le vertige d'en bas,
et de se sentir monter sans effort sur l'abîme
toujours plus profond et toujours vert.

En l'an 1193, comme les soldats de l'Islam
montaient à l'assaut de Taragarh, les Hindous
roulèrent sur eux du sommet une roche immense,
qui descendit, écrasant les rangs l'un après
l'autre : elle allait emporter toute l'armée des
assaillants, quand Séid Houssain lui cria :
« Arrête-toi ! » et la voici là, à votre gauche, là
où la parole du Séid l'a fixée. Le sanctuaire du
saint lui-même et des martyrs est là-haut et a
fait d'Ajmir *Ajmir la Sainte*.

Tout en bas, dans un recoin caché de verdure,
est la merveille d'Ajmir, l'*Arhâi dinkâ*, « la mosquée des Deux-Jours-et-demi. » Le conquérant
était pressé d'avoir un temple digne de lui et
d'Allah : il y avait là un de ces grands temples
à la façon djaïne, au vaste cloître peuplé de
chapelles : un Vandale de génie, quelque humble
mistrî converti, abattit les chapelles idolâtres,
pour laisser place au flot des fidèles, et lança en
travers sept arches colossales, pour abriter la
chaire et l'ombre d'Allah. Le temps a, depuis,
fait son œuvre, et, à présent, quand vous montez
l'immense escalier de pierre rouge et qu'au der-

nier degré, derrière des portiques encore sculptés d'idoles, la vision des sept arches triomphales s'abat sur vous du lointain et vous éclate en plein visage, — par-dessus l'abîme des temps et des formes, des couleurs et des âmes, l'apparition blanche du Parthénon, aux dernières marches des Propylées, passe dans un éclair devant vous, et vous entrevoyez comment s'y prend le génie aveugle des âges pour traduire l'Acropole en arabe.

Au sortir de cette vision écrasante, reposez-vous aux bords de l'Ana Sagar, le beau lac du radja Ana : car ses nappes d'argent reflètent le croissant tremblant de la lune et le contour délicat des collines qui cachent le temple unique de Brahma et le lac trois fois saint de Pokkhar : elles reflètent aussi un petit pavillon de marbre, ouvert à toutes les brises, à tous les parfums des jardins de Daulat, à toutes les ombres et toutes les caresses de la lune qui le frôle : c'est le *Baradéri* de Chah Djehan, si doux à la fantaisie du prince qu'on l'appelait « le cœur du Padichah », doux et lointain reflet de la splendeur mogole et des enchantements d'Agra.

III

La rose Jaipor allonge ses larges avenues
joyeuses, bordées de palais et de temples et qui,
de tous côtés, par des portes triomphales, montent vers la colline crénelée. C'est la jeune capitale de la plus vieille dynastie du monde, car les
Maharajas de Jaipor remontent aux premiers
jours et aux premiers dieux et savent les noms
de leurs ancêtres jusqu'à Manou, fils de Vivas-
vat, petit-fils du soleil. Au siècle dernier, Jai-
Singh, guerrier et astronome, ayant consulté les
astres pour se faire une capitale propice, traça
au cordeau la ville carrée, avec ses larges rues à
angles droits, et teignit les murailles et les murs
des teintes du soleil ancestral.

Mais, malgré ses temples, ses lacs et ses jardins; malgré les ruines de son observatoire,
œuvre d'amour du grand radja; malgré les roses
de sa muraille, qui, au soleil couchant, font de
Jaipor et du ciel une seule cité divine, l'âme de
Jaipor n'est point dans Jaipor; elle est à cinq

milles de là, dans la vieille capitale déserte, Amber, qui dort dans la montagne. Sur la hauteur, en face des hauteurs, au-dessus de l'un de ces lacs où se mire tout palais hindou, le château royal ne voit, à droite, à gauche, en face de lui, que cimes surmontées de palais, de forteresses ou de temples, et aussi loin qu'il porte le regard n'a que des pairs à qui parler. Mais tout est vide et muet, autour de lui comme en lui, et les chapelles pyramidales qui prient à ses pieds et les grands Divans d'audience, et le *Jasamandira* comme le *Sukhamandira*, la Chambre de Gloire, comme la Chambre de Plaisir. Pourtant, par instant, pour recevoir quelque déesse ou quelque demi-dieu, Parvati fêtant son *Dasahra*, ou quelque héritier de l'impératrice des Indes, le château de la Belle au Bois Dormant s'éveille : les longues files d'éléphants, caparaçonnés de soie et d'or, foulent de leur pied lourd les pentes sévères, le long du lac; les fanfares oubliées font tressaillir le cœur de la montagne ; les diamants, l'or et l'acier scintillent dans le reflet des salles cristallines; toute la cité morte s'emplit de multitudes et de bruits : c'est toute une semaine de délires et de cris; puis la fièvre tombe, les spectres s'enfuient : Amber reprend son sommeil et rêve aux radjas d'autrefois.

IV

Delhi la Royale ! Delhi l'Impériale ! Delhi la sanglante ! Je n'ai eu que quatre jours à me traîner dans tes ruines et tes tombes : ce sera le regret éternel de ma vie.

Pendant deux mille ans le cœur de l'Inde a battu là, quelle que fût la couleur du sang, aryen, turc, afghan, mogol, que la poussée de l'invasion y lançait. Qui voudrait aspirer d'un trait l'Inde de Brahma et l'Inde d'Allah, qu'il fasse, pierre par pierre, les quarante-cinq milles carrés que Delhi en marche, le long de la Jumna, a peuplés de ruines et de fantômes.

Si vous aimez la légende, vous irez d'abord à la ville d'Indra, Indrapat ; regardez bien, et vous verrez peut-être passer au galop de leur cheval les cinq fils de Pandou avec Draupadi et vous entendrez le cliquetis des batailles du Mahabharata. Allez de là au pilier d'airain du dernier radja, Prithurao ; le pilier s'enfonce dans la terre à des profondeurs inconnues et l'oracle disait que, si jamais le pilier bougeait, l'empire indou croulerait. Le roi curieux creusa jusqu'au fond, et le pilier trembla ; le sang ruissela à la base, et un esclave turc vint de l'Ouest avec d'innombrables multitudes, égorgea le radja, se fit empereur, et érigea près du pilier d'airain le minaret que vous voyez là[1], haut comme la tour de Babel et que n'a encore ébranlé nulle tempête, ni des hommes, ni des dieux. Puis Tughlak Abad, « la ville de l'empereur Tughlak », enceinte effrayante, cité d'enfer, vous dira qu'il y a cinq siècles à peine il y avait encore des cyclopes : tout a disparu à l'intérieur, sauf la tombe-forteresse du maître, qui se tient barricadé là jusqu'au jour de la résurrection.

Trois tombes encore où il faut que vous vous arrêtiez : la tombe de marbre de Khosro, qui est le moins oublié de tous ces morts, parce qu'il fut poète et que ses vers voltigent sur la lèvre du paysan. Puis le palais-sépulcre où le Mogol Houmayoun dort dans le marbre avec son impératrice, et, à ses pieds, la foule anonyme de ses courtisans. C'est là que, le jour venu, il y a trente ans, la dynastie mogole vint mourir à l'ombre de l'aïeul, et c'est dans ce coin que Hodson, de Hodson Horse, tira, blême et tremblant, le dernier des empereurs. Une dernière

[1] Le Qutub Minar.

tombe, cette humble tombe de pierre, sans sculpture, sans ornement, avec une touffe d'herbe qui la couvre : c'est la pauvre Djehan-Ara qui repose là, sœur et victime d'Aureng-Zeb, et qui murmure sur la pierre :

Oh! ne mettez qu'un peu de verdure pour couvrir ma tombe. Une touffe d'herbe est tout ce qu'il faut pour couvrir la tombe des humbles.

La pauvre, la passagère Djehan-Ara, fille de l'empereur Chah-Djehan.

Cette tour de brique rouge est le *Mémorial* de la grande Rebellion, souvenir de la « Guerre inexpiable » ; à cent pas, à vingt siècles de là, se dresse l'indestructible pilier d'Açoka, décalogue de fraternité et d'amour. Une corneille perchée sur le granit bouddhique prend son vol vers la brique anglaise. Veut-elle mesurer, d'un battement d'aile, ce qu'a duré cela et ce que durera ceci? Ou bien veut-elle redire à la bâtisse chrétienne les mots du vieux roi idolâtre : « Sois bon, épargne ce qui a vie ! » Arrêtez-vous ici, longtemps ; la plaine est si belle dans sa désolation sans nom et sous l'écrasement du soleil de midi :

Dans sa flamme implacable, absorbe-toi sans fin
Et retourne à pas lents vers les cités infimes...

La cité est là : la grande mosquée d'Aureng-Zeb lève ses deux grands bras rouges sinistrement vers le ciel. Voici la Mosquée d'Or, d'où Nadir Chah lança le massacre sur Delhi et s'enfonça dans la prière en attendant la fin des cris ; et tout près de là, le commissariat de police, où Hodson, de Hodson Horse, jeta à la populace, du haut de la charrette, la chair morte des trois fils de Tamerlan, pour que chacun pût se convaincre que tout était bien fini et que l'empire mogol était mort à tout jamais.

Les débris du fort où étincelaient le Trône d'Or et le Trône du Paon sont transformés en casernes. Le Divan public, où le grand Mogol recevait les ambassades de Jacques Ier et de Louis XIV, est une cantine, et le mur où s'appuyait le trône porte le prix des consommations.

O Aureng-Zeb ! vous souvient-il des vers que, il y a deux siècles, au bord de la Joumna, vous traciez en lettres d'or sur le marbre du Divan Hass ?

Si le paradis est sur terre, c'est ici ! c'est ici ! c'est ici !

V

En quittant Delhi, M. Macnab me dit :
« N'oubliez pas le pont d'Attock! On dit que
c'est là qu'Alexandre a passé l'Indus. Je n'en
crois rien pour ma part, mais il n'importe ! Une
légende vaut toujours un regard. »

Un instant à Amritsar, puisque c'est la Jéru-
salem des Sikhs, ce peuple de saints, dont la
persécution fit un peuple de héros, la victoire,
un peuple de bandits, et dont la paix britannique
a fait un peuple de laboureurs et de soldats.
N'attendez pas trop du fameux Temple d'Or dans
le lac d'argent ; je crains bien que vous ne reve-
niez déçu de tout ce clinquant d'opéra. Par bonheur, il y a toujours là des pèlerins qui viennent
adorer le livre de Nanak et l'épée de Govind.
Regardez-les en bandes, avec leurs longues che-
velures et leurs barbes longues, — parmi eux,
les Akals bardés de fer, — se précipiter en fré-

missant des prières le long de la chaussée du lac, à la suite du grand Sadhou qui brandit comme une croix l'étendard mystique ; et vous comprendrez toute l'épopée du passé, vous sentirez passer sur votre front le souffle des tempêtes d'hier et peut-être de celles de demain.

Le railway enjambe, sur des ponts de deux kilomètres, des rivières à sec qui, dans quatre mois, seront des océans ; celle qui s'appelait la Sarasvati et que le siècle grossier appelle le Soutledj ; le Tchinab, sablonneux comme la mer ; la Ravi cramoisie qui charrie le sable rouge des collines lointaines. Par instant, des deux côtés du railway, une flèche d'argent file en ligne droite, à perte de vue dans la plaine ; ce sont les fameux canaux qui, en quarante ans, ont fait du Penjab le pays le plus riche et le plus malsain de l'Inde et y ont charrié les millions et la fièvre. Les fantômes de l'Himalaya et de Cachemire se dressent au Nord. La nuit tombe ; un orage plane sur Râvul-Pindi, où le Vice-roi des Indes et l'Émir des Afghans ont tenu naguère leur stérile « Camp du drap d'or », et d'où *Zakhmé*, la chanson afghane, a pris son vol sur l'Indoustan. Un dialogue étrange se poursuit au ciel : de longs éclairs roses illuminent lentement l'horizon, comme un sourire ; des zigzags blancs furieux le déchirent en travers ; les voix se perdent au lointain.

Le chemin de fer passe le pont d'Attock à minuit ; malgré moi, je m'endormis vers dix heures. Le bruit sourd du train sur le pont de fer me réveilla ; j'entr'ouvris des yeux troublés : c'était à ma gauche un filet d'argent, étroit comme la Seine au pont Marie, et un croissant qui ruisselait du ciel sur des roches bizarres et hautes. La lune tombait sur Notre-Dame, et j'entends passer sur le pont le pas serré des légions d'Alexandre.

Je revenais par la même route, six semaines plus tard. J'avais gardé le regret et l'espoir de cette vision d'un instant, et depuis des jours je rêvais au pont d'Attock. J'approchai, le cœur tremblant. C'était encore la nuit, mais la nuit couverte, sans lune, quelques étoiles, quelques éclairs dans des nuages noirs. J'étouffai un cri de dépit et fermai les yeux pour garder tout entière ma vision du 25 mars et ne les rouvris que bien loin de l'Indus. Quand les choses que l'on aimait changent, il faut s'éloigner en fermant les yeux, pour toujours les revoir telles qu'on les a vues dans les belles heures du passé.

PÉCHAWER

Le cantonnement. — La ville. — Le *tchankidar.*

I

PÉCHAWER est la ville frontière de l'extrême Nord-Ouest et la capitale de l'Afghanistan britannique. Elle est dans la plaine, à trois lieues de la passe de Khaiber; c'est le point d'arrivée et le point de départ des armées ou des caravanes qui viennent de l'Asie centrale ou qui s'y rendent; c'est la première étape de l'invasion et du commerce. Il y a cinq ans, l'ouverture de la ligne d'Attock à Péchawer

a relié les deux point extrêmes de l'empire par
une ligne de fer continue qui court le long du
Gange et de l'Himalaya, et met Calcutta à trois
jours de la frontière de l'Emir :

lest une chose merveilleuse, dit la chanson afghane,
qui va et court sur le sol; elle n'a point de pieds ni
de mains, et va en arrière aussi bien qu'en avant.

C'est une invention des Anglais, c'est un des signes
précurseurs du jugement dernier. Quelque jour,
aujourd'hui ou demain, elle s'en ira jusqu'à Khaiber.
Elle n'a point de pieds ni de mains et va en avant ou
en arrière aussi bien.

Péchawer, comme tous les grands centres dans
l'Inde, se divise en deux villes distinctes : la ville
indigène et, à deux milles de là, la ville anglaise,
où sont établies l'armée et les administrations :
la ville anglaise, étant surtout une ville militaire,
s'apelle *Péchawer-cantonnement*, par opposition à
Péchawer-ville. Dans Péchawer-ville il n'y a pas
un seul Européen, sauf quelques missionnaires.

La ville anglaise prépare une agréable surprise
au voyageur d'Europe, qui y débarque avec une
certaine inquiétude, se croyant menacé de retrouver la bâtisse européenne et ses monotonies
de façades. Pour qui aime l'air, la lumière et
l'espace, la ville anglaise, bien qu'elle n'ait ni
minarets, ni moucharabies, répond mieux que la

ville indigène à notre idée du paysage indien.
C'est une oasis de verdure, où les vastes *bengalows*[1] disparaissent dans les branches entrelacées
des palmiers, des mûriers et des saules et dans
les haies de jasmins et de roses. Nous sommes
en avril, et Péchawer est en fête : entre un hiver
polaire et un été torride, elle jouit d'un printemps qu'elle sait éphémère et qui n'en est que
plus doux. Péchawer a ses saisons à elle, étant
hors du cercle de la mousson : un été aux flammes sèches qui asphyxie, puis un hiver implacable ; pendant dix mois, c'est l'enfer ; mais il y
a deux mois de paradis, et alors je ne sais point
d'avenue plus adorable, ni à Paris ni même à
Bombay, que ces larges voies, épanouies de
soleil, de parfum et de fleurs, et qui montrent
au lointain la montagne bleue, la montagne
noire, la montagne brumeuse ou neigeuse. Il
est tel de ses ronds-points plus beau que le rond-point de l'Élysée, car, au lieu de monter vers le
vide, il monte par toutes ses ouvertures vers les
bengalows de Dieu, vers les cimes où posent
les nuées et l'azur.

La population du cantonnement est d'environ
20,000 âmes, dont environ 6,000 hommes de

[1] Villa indienne.

troupes, et quelques milliers d'indigènes, habitant le *Sadder-Bazar*, c'est-à-dire le grand bazar qui se forme autour de tous les camps, et où Tommy Atkins[1] est toujours sûr de trouver en abondance et à bon marché du whisky et des filles. Le reste forme l'administration, qui est assez nombreuse, Péchawer étant à la fois chef-lieu de *district* et de *division*, autrement dit de préfecture et de province[2]. Toute la population européenne est une population de fonctionnaires. Il n'y a pas un seul résident qui soit là par choix, pas un commerçant établi, pas un hôtel. Les touristes sont rares : Péchawer n'a pas bonne réputation, et d'ailleurs n'a pas grand'chose à montrer, rien qui vaille les dix-huit heures de chemin de fer qui la séparent de Lahore, le dernier point que tout touriste pur sang doit visiter. Aussi la vie de Péchawer est-elle assez maussade. De temps en temps un gros événement : la visite d'une troupe d'Australie qui vient jouer *le Secrétaire intime* par l'auteur de *la Bataille de Dorking*, ou la visite du général en chef, Sir Frederic

[1] Dumanet.

[2] La frontière afghane est divisée en six *districts* : Hazara, Péchawer, Kohat, Bannou, Déra Ismaïl Khan, Déra Ghazi Khan : les trois premiers districts forment la *division* de Péchawer; les trois autres, celle des Déras (Derajat). Le district est administré par un *Député-commissaire*; la division par un *Commissaire*.

Roberts, qui s'en va voir à Landikot si les passes sont en bon état et si les Afridis sont à leur poste.

Par bonheur, l'Anglais n'a pas beaucoup besoin de variété. Que faut-il pour passer la vie? Le *polo*, deux fois la semaine; de temps en temps, un *gymkhana*, et, tous les jours, une partie de cricket : *ubi cricket, ibi patria*. Soyez bien sûr que, dans tout cantonnement nouveau, le premier emplacement choisi n'est point celui de l'église, mais le *cricket ground*; et le chapelain lui-même, s'il descend au fond de sa conscience, reconnaîtra bien que l'on peut se passer à la rigueur, lui le premier, et d'église et de sermon et de chapelain, mais de *cricket*, jamais. A partir de cinq heures, les *kacchéris*[1] fermés, tout Péchawer arrive au Club : les officiers en *mufti*; le Député Commissaire qui vient de recevoir la *djirga* des Bounervals et de poser son ultimatum[2]; le Commissaire qui vient d'achever sa dépêche au Lieutenant Gouverneur, — « hors le blocus, point de salut; » — le magistrat assistant qui vient de requérir la corde contre le prince Afzal Khan[3], le juge d'assises qui se

[1] Bureaux.
[2] Voir la cinquième lettre.
[3] Voir la treizième lettre.

demande s'il l'accordera, et l'aimable docteur Fairland, l'âme et l'esprit du club. Les robes roses et les robes blanches colorent le jardin, avec des essaims de bébés sortis tout vivants de l'album de Kate Greenaway ; les équipages s'enfilent à la porte du club ; les *saïs* en turban rouge retiennent les poneys qui piaffent. Le *cricket* achevé ou le *lawn tennis*, vous danserez, si le cœur vous en dit, en jaquette et en veston, jusqu'aux approches de huit heures, l'heure solennelle où il faut revêtir l'habit de cérémonie, pour aller dîner dans l'attitude noble que commande le repas du soir.

Le club est sur le *Mall*, le « Rotten Row » de Péchawer. Une des avenues transversales s'appelle Saint-John-Wood ; vous cherchez involontairement autour de vous les voies familières de Maïda-Vale ou de Regent's-Park, et ne rencontrez que les cimes de Bouner où fermente la conspiration wahabite[1]. A la bibliothèque du club, vous trouverez le dernier roman de Marion Crawford, la dernière invention du journal nommé *Truth* et la dernière grimace de *Punch*. A cinq milles de là est une maison que l'on appelle « la dernière maison d'Asie », parce qu'au delà c'est la fin du monde, c'est la barbarie, l'inconnu,

[1] Voir la sixième lettre.

un chaos où apparaissent confusément des figures sauves d'Afghans, de Tartares et de Russes.

II

Péchawer-cantonnement n'a que quarante ans; il pourra disparaître, mais ne changera guère; Péchawer-ville a deux mille ans. C'est une vieille personne qui a vu beaucoup de choses, mais qui, par malheur, a peu de mémoire.

Il y a vingt siècles, Péchawer prononçait son nom à la sanscrite, *Pourouchapoura*, la ville de l'Homme-Dieu, c'est-à-dire du Bouddha. C'est aujourd'hui une des forteresses de l'Islam, c'était alors une des places saintes du Bouddhisme. Parmi les rois tartares que l'on appelle les Indo-Scythes et qui, dans la dissolution de l'empire d'Alexandre, se taillèrent un empire des deux côtés de l'Indus, il y en avait un, nommé Kanichka, qui tenait en profond mépris la religion nouvelle. Mais un jour qu'il poursuivait un lièvre dans le marais, le lièvre disparut et il aperçut un petit berger qui fabriquait un petit *stoupa*[1] de bois. « Que fais-tu là ? » lui dit le roi. L'enfant répondit : « Il y a quatre cents ans, le Bouddha a prédit qu'il viendrait un grand roi qui érigerait ici un grand *stoupa* sur ses reliques. L'heure est venue, et vous êtes le roi prédit. » L'enfant, à ces mots, disparut, et le mécréant, tout fier d'avoir été prédit par un Dieu, ouvrit son cœur à la foi et bâtit sur la place un *stoupa* colossal à cinq étages, qui couvrait dix boisseaux de reliques. Il ne reste pas une pierre du *stoupa*, pas une dent ébréchée du Dieu ; mais la place où il se dressait est encore sainte parmi les Hindous, si oublié que soit le Bouddha : c'est le *Gor Khatri*, ou « marché du Gourou », ainsi nommé d'un *Gourou*[2] qui, dit-on, ayant plongé dans une fontaine voisine, reparut l'instant d'après à trois milles de là, dans l'étang qui est sur la route de Michni, et que l'on appelle le *Gourouk Digghi* ou étang du *Gourou*. Chaque année, aux foires du mois de Baisakh, des milliers d'Hindous viennent là se baigner et gagner la vie éternelle. Il y a des gens, toujours prompts

---

[1] Construction bouddhique en forme de dôme destinée à abriter des reliques.

[2] *Gourou*, docteur, maître spirituel.

à exagérer, qui disent que le Gourou, après son plongeon, reparut, non pas à trois milles de là, mais à quinze cents milles, dans le Gange; mais la chose est peu vraisemblable, et les esprits modérés et de sens rassis s'en tiennent au Gourouk Digghi.

Le Bouddhisme à Péchawer mourut de sa mort naturelle, comme il fit dans tout le reste de l'Inde, et rentra dans le sein de l'Hindouisme. Puis, vers l'an 1000, vint l'Islam, et Péchawer vit passer tour à tour sous ses murs les Ghaznévides de Mahmoud, les Pathans des rois Gourides, les Mogols de Baber. Au siècle dernier, elle se trouva au centre de l'immense empire afghan fondé par le génie d'Ahmed Chah le Dourani; dans la première partie de ce siècle, ce fut l'os que se disputaient la meute afghane et la meute sikhe; elle resta enfin à Rundjet Singh, le fantastique ami de Jacquemont, et des officiers français et italiens la fortifièrent à la Vauban. Dans le grand coup de filet de 1849, elle suivit le sort du Penjab et passa aux mains anglaises avec tout l'empire de Dhoulip Singh.

Toute cette histoire a laissé peu de trace dans la pierre. Péchawer n'a point de monuments : quelques mosquées récentes; une seule un peu ancienne, de trois siècles à peine. Mais il en est une où le *garivala*[1] vous conduit immédiatement, sans que vous le demandiez, ce qui ne laisse pas, d'abord, de vous étonner un peu, car l'indigène de Péchawer n'aime pas conduire un Firanghi à la mosquée. Mais quand vous y regardez de plus près, vous voyez que les minarets ne sont pas faits pour le muezzin, et que les inscriptions en lettres arabes qui courent sur le fronton vous parlent du Christ. La mosquée est une église, c'est l'église de « Tous les Saints » de la mission anglicane. J'en sais qui aiment peu cette façon oblique d'attirer au Christ sous les couleurs d'Allah et de gagner les âmes en contrefaçon; il y a là comme une insulte à deux religions. A l'intérieur de l'église, la nef est pour les Européens, le transept de droite est pour les chrétiens indigènes; de cette façon, les deux castes de fidèles voient l'autel et le prêtre sans s'apercevoir les uns les autres; leurs regards et leurs prières ne courent point le risque de se heurter, et leurs âmes se rencontrent en Dieu, sans promiscuité sur la terre : car le Christ des temps passés a annoncé l'égalité de l'homme devant Dieu, mais non pas devant l'homme.

Pourtant, dans cette église étrange, il y a une pierre qui répare tout, sanctifie tout : c'est

---

[1] Le cocher indigène.

une pierre sépulcrale à la mémoire de Miss Norman :

ARRIVÉE A PÉCHAWER, EN MARS 1884,

MORTE LE JOUR DE L'ASCENSION, AVRIL 1885,

A L'AGE DE 26 ANS

Fille du gouverneur de la Jamaïque, le général Sir Henry Norman, jeune, belle et riche, elle s'était arrachée à sa famille, à ses amis, à ses admirateurs, pour aller, dans les fièvres de Péchawer, diriger le *Zenana mission*, instruire et soigner les femmes indigènes et tendre à ces malheureuses une main de sœur, vivant de leur vie, dans un logement de trente francs par mois, répandant sa fortune en aumônes et en remèdes. Faible de santé, dévorée de la fièvre et de la charité, telle était pourtant l'énergie intérieure qu'il lui fallut près d'un an pour consommer le martyre. Quand elle consentit à se laissser transporter à Murree, dans la colline, il était trop tard, et elle expira sur la route.

III

Le vrai monument de Péchawer, c'est son bazar, entrepôt de l'Asie centrale. Tous les quatre jours débouche là de la passe de Khaiber la grande caravane de Caboul, avec les tapis du Turkestan, les *ghamas* à deux tranchants de Boukhara, les *pachminas* d'hiver des montagnards, les *topis* coniques brodés d'or, les toiles des Afridis aux dessins de cire, les poteries de Caboul et de Moscou. Vous y trouverez aussi tous les produits de l'Inde en marche vers l'Asie centrale : les boucliers de Jaipor, les cuivres repoussés de Bénarès, les bronze incrustés d'argent et d'or de Mouradabad, les vertes faïences de Moultan, les *phulkaris* de Delhi brochées de fleurs.

Péchawer est célèbre dans tout le Penjab pour trois choses : *kebab*, *nân* et *din*, c'est-à-dire ses rôtis, son pain et sa religion. Je n'ai pu me faire ni à son rôti, ni à son pain, mais je ne voudrais pas pour cela les condamner sans appel, ni décourager les amateurs. Sa religion, au contraire, se fait apprécier du premier coup ; il n'est de saints tels qu'à Péchawer, et vous ne passerez pas une rue le soir que vous n'entendiez des voix nasillardes ronflant de derrière la fenêtres les sourates du « Coran illustre ». Au temps de l'empire afghan, Péchawer était la grande Université de l'Asie centrale ; Boukhara la Sainte, elle-même, lui rendait hommage et lui envoyait des élèves, et les docteurs de Péchawer disaient : « Le religion n'est ni à Roum (Stamboul), ni à la Mecque ; elle est à Péchawer. »

La conquête sikhe, puis la conquête anglaise portèrent un grand coup à son prestige religieux. Elle en garda rancune, et pendant longtemps, quand un Firanghi passait dans le bazar, surtout si c'était un officier, il avait grand'chance de tomber tout à coup, sans savoir pourquoi, un poignard au cœur. L'assassin se laissait généralement prendre, car le plaisir de tuer n'est rien sans la gloire : quelquefois il disparaissait dans la foule et filait en deux heures au delà de la frontière, ayant pris son billet pour le paradis sans avoir à y monter par l'escalier peu confortable de la potence. Depuis une dizaine d'années, les cas de ce genre se font rares et l'on n'assassine plus à Péchawer pour l'amour de Dieu, mais seulement pour les intérêts mondains.

Tout le monde, d'ailleurs, n'assassine pas à Péchawer. Il y a deux sortes de population, l'une fixe et l'autre flottante. La première est constituée par le *Péchawéri* proprement dit, qui est un produit spécial : mêlez l'écume de toutes les races voisines, amenées par le reflux de dix siècles de conquêtes et de pillage, Penjabis, Kachemiriens, Afghans, Parsivans, en y joignant les Pourvias[1] et les Bengalis qu'y amènent depuis quarante ans les besoins de la domesticité militaire et de l'administration anglaise, et vous aurez le Péchawéri. C'est l'être mixte qui prend naissance dans toute place troublée où il y a de grands mouvements à exploiter, une armée en marche à piller, des vainqueurs ou des vaincus à saigner à blanc. Le vrai Péchawéri n'est pas un homme de sang : il n'est qu'escroc, faussaire, espion ; bon enfant d'ailleurs, et dont vous ferez tout ce que vous voudrez avec de l'argent ; prêt à vendre, bien entendu, et à offrir au besoin sa femme, sa sœur ou sa fille, ce qui fait que Péchawer, avec toutes ses mosquées, est *Pall Mall Gazette* au possible, un peu plus que

---

[1] *Pourvias* ou Orientaux : désigne les gens venus des provinces de l'Est, le pays de Lucknow et ce que les gens de Calcutta appellent les *North Western Provinces.*

le reste de l'Inde; mais la *kalima*[1], récitée avec ferveur cinq fois par jour, purifie l'âme et efface tout; autrement, je vous demande un peu à quoi pourrait bien servir la religion.

La population flottante se recrute principalement parmi les Afghans d'au-delà la frontière, surtout les fameux Afridis. Ceux-là sont de race noble : ils mentiront bien en justice et ailleurs autant de fois que l'on voudra et vendront leur clan pour dix sous par jour, mais leur spécialité est le vol et le meurtre. « Voyez-vous ces Afridis, me dit un jour le Révérend Corbyn en me montrant trois grands hommes barbus et pressés qui nous croisaient rapidement sur la route d'Abbottabad. — A quoi les reconnaissez-vous pour Afridis ? — Ils vont jetant les yeux à droite et à gauche et la main à demi fermée; c'est l'habitude de happer au passage tout ce qui est bon à prendre qui leur a donné cette attitude. » L'Afridi tue pour voler, il tue pour se venger, et il tue aussi pour la gloire de tuer. Entre le Péchawéri et l'Afghan, il y a haine à mort et du mépris à revendre : je suppose qu'un dialogue entre la hyène et le tigre exprimerait assez bien leurs sentiments réciproques. Nous

[1] Profession de foi musulmane : « Il n'y a pas d'autre Dieu qu'Allah, et Mahomet est son prophète. »

reparlerons des Afghans plus à loisir : ce ne sont pas gens à expédier en dix lignes.

I V

Ce voisinage inquiétant a amené à Péchawer la création d'un fonctionnaire *sui generis*, le *tchaukidar*. Le *tchaukidar* est un fonctionnaire privé, payé par le particulier, mais patenté par la police. Sa fonction officielle consiste à veiller pendant la nuit, à raison de six roupies par mois, sur votre vie et votre propriété ; sa fonction réelle consiste à vous réveiller trois fois la nuit par un *hem* retentissant, pour vous avertir qu'on ne vous a pas encore coupé la gorge et que vous pouvez dormir en paix. Le *tchaukidar* est toujours afghan et appartient généralement à une des tribus voisines, Afridi, Koukê Kheil, Khalil, etc. Il connaît tous les bandits du voisinage, est en fort bons termes avec eux et, le cas échéant, leur indiquera les bons coups : mais le *tchaukidar* est, par devoir, un honnête homme, et, pour rien au monde, il ne conduirait les bandits

à votre bengalow ; inversement, si ces messieurs
entendent le *hem* de votre *tchaukidar*, ils compren-
dront : Prière de ne pas entrer, et s'abstiendront
délicatement de toute visite intempestive. Ils
gardent naturellement le droit de piller le bengalow voisin, et votre *tchaukidar* n'a rien à dire ;
il pourra assister à l'opération, si la chose l'intéresse : le bengalow voisin n'est pas son affaire ;
il est fonctionnaire privé, et assermenté pour
celui-là seul qui le paye.

Ayez bien soin de prendre un *tchaukidar* fidèle,
mais pas trop zélé. Il pourrait vous arriver ce qui
advint au pauvre Lœwenthal ; quand vous parlez
tchaukidar à Péchawer, on vous répond aussitôt :
Pauvre Lœwenthal ! Le Révérend Isidore Lœwenthal était un membre de la mission presbytérienne
américaine, d'une grande noblesse dans l'intelligence et le caractère, et qui était fort supérieur,
par l'un et l'autre, à la moyenne des missionnaires
de l'Inde. Mais une nuit qu'il rentrait dans son
bengalow sans avoir allumé sa lanterne, son
tchaukidar, qui l'aimait beaucoup, le prenant
pour un voleur, fit feu et l'étendit raide mort.

C'est toujours une chose maussade que d'être
tué par erreur, si bonne que soit l'intention ;
mais il y a quelque chose de plus grave, c'est
d'être là-dessus livré au ridicule par des amis

trop bien pensants. Le chapelain de Saint-John's Church, voulant rendre hommage à la carrière de Lœwenthal, mais hanté mal à propos de formules trop bibliques, prit le registre et écrivit, avec un soupir, dans la simplicité de son cœur :

« 1864, April 27 . — Isidore Lœwenthal, « Missionary of the American Presbyterian Mis- « sion... Shot by his own chaukidar. Well « done, thou good and faithful servant. »

1864, le 27 avril. — Isidore Lœwenthal, de la mission presbytérienne américaine, tué par son tchau-kidar.

Honneur à toi, brave et fidèle serviteur !

Pour ma part, je n'avais pas d'inquiétudes de ce genre avec mon *tchaukidar*. C'était un petit vieux à figure de vieille, qui était bien l'Afghan le moins formidable qu'il fût possible d'imaginer, du pays des Ghilzais au pays des Rohillas, et des Statues de Bamian au Trône de Salomon. Il avait débuté dans la vie comme jardinier, ce qui cadrait mieux avec sa mine; mais « son maître ayant été injuste, » il avait quitté les fleurs et était passé au métier des armes. Il portait à la ceinture un long coutelas et à la main le « long pistolet gorgé de balles » d'Ali Pacha Tébelini. J'ai gardé un bon souvenir du vieux

Piro, de la tribu des Khalil, car c'est lui qui m'a ouvert le monde de la chanson afghane. Une nuit, comme je l'entendais chevroter d'une voix édentée un lambeau de chanson, je sortis et lui demandai de me la répéter : il se fit longtemps prier comme une cantatrice coquette; mais m'étant fermement installé en chaise, au clair de lune, mon *khidmatgar*[1] accroupi à mes pieds à la façon hindoue, il fallut bien s'exécuter :

Mon ami est parti pour le Dekhan et m'a laissée seule. J'étais allée vers lui en suppliante :
— « Qu'ai-je besoin que tu deviennes Radja dans « Azrabad (Haiderabad)? » — et je l'avais pris par le pan en lui disant : « Regarde! »

Ici Piro s'arrêta, et ni prière, ni promesse, ni menace ne purent lui arracher un vers de plus : son répertoire poétique était épuisé. A quoi es-tu bon sur terre, vieux *tchaukidar?* — Mais trois jours plus tard, il m'amenait Mohammed Khan, le mélancolique tisserand de Sifid Dhéri, qui me chanta sur le *rebâb* la chanson du Railway, et celle des amours de Mahbouba, et tant d'autres chansons jolies. Désabusé des manuscrits pouch-tous qui n'avaient point tenu tout ce que j'espé-

[1] Domestique.

rais, je me réfugiai dans la chanson, la seule
chose au monde qui vaille, que ce soit la chanson
qui passe ou la chanson qui dure, celle du
paysan dans les champs ou celle des planètes
dans l'éther.

LES AFGHANS DE L'ÉMIR ET L'ÉMIR

Les Afghans dans l'Inde. — Les Afghans dans l'Afghanistan. — Mir Véis et l'empire Ghilzai. — Les Afghans maîtres de la Perse. — Nadir Chah. — Ahmed Chah Dourani et l'empire Dourani. — La dynastie Sadouzaïe. — La dynastie Baroukzaïe. — L'Émir Abdoul Rahman.

L'AFGHANISTAN n'est pas le seul pays où il y ait des Afghans : il y en a dans l'Inde britannique, et il y en a aussi dans les régions indépendantes, situées au nord de l'un et l'autre pays, et que l'on appelle le Yàghistan, c'est-à-dire « le pays rebelle ou indépendant. » Il y a donc à présent trois groupes d'Afghans : les Afghans de l'Émir, les Afghans de la Reine et les Afghans du Yâghistan.

I

Parlons d'abord des Afghans de l'Emir. Aussi bien sont-ils en scène depuis dix ans et ils n'ont pas encore dit leur dernier mot. Pour comprendre leur rôle présent, il est nécessaire de remonter dans leur passé ; nous n'avons pas, d'ailleurs, à remonter jusqu'au déluge : leur mémoire historique ne va pas si loin.

Les Afghans ne paraissent dans l'histoire qu'au onzième siècle ; ils ne forment pas alors, pas plus qu'aujourd'hui, un corps de nation ; ils vivent dans l'émiettement de la tribu, dans le massif oriental du plateau iranien. Mahmoud le Ghaznévide, qui revient de piller l'Inde, est pillé par les Ghilzais ; c'est la première entrée en scène des Afghans. Mais Mahmoud leur a appris la route des Indes : ils la prennent au treizième siècle avec les princes de Ghor et ils

accourent en masse sous le drapeau des aventuriers turcs, qui, du treizième au seizième siècle,
dominent l'Indoustan et fondent l'empire de
Delhi. Dans le continuel travail de décomposition et de recomposition de cet empire, des
chefs de bandes afghanes vont se tailler des
royaumes jusque dans le Bengale et l'Orissa.
Au quinzième siècle, une dynastie afghane, celle
des Lodis, monte sur le trône de Delhi même :
c'est la dynastie renversée par le Grand Mogol [1],
renversée non sans peine et avec des retours
imprévus de fortune.

Pendant que les aventuriers vont chercher fortune dans l'Inde, le gros de la nation végète
dans ses montagnes. De nation, à la vérité, il
n'y en a pas. Le caractère national afghan est
accentué aussi fortement que possible, sans qu'il
y ait de nationalité afghane. Rien ne ressemble
à un Afghan comme un Afghan, et nul orgueil
de race n'égale son orgueil en face de l'étranger,
de quelque pays qu'il vienne, de Candahar ou
de Ghazni, du Yâghistan ou du Rohilkhand, de
Bannou ou de Haiderabad. Les descendants

---

[1] Baber, fondateur de la dynastie mogole (1526), qui dure de fait
jusqu'à la conquête anglaise, et nominalement jusqu'à la grande
rébellion de 1857.

mêmes des anciens conquérants de l'Inde, fondus depuis des siècles dans la race conquise, et qui ont, de temps immémorial, oublié la langue et perdu l'ascendant de leurs ancêtres, se redressent fièrement pour vous lancer leur mot : « Je suis Pathan [1] », avec l'accent d'un : *Civis romanus sum.* Mais, comme le fond du caractère afghan est l'indépendance personnelle et le droit absolu de l'individu, la communauté de mœurs, au lieu d'amener la formation d'un gouvernement et d'un ordre réglé, n'aboutit qu'à la lutte des égoïsmes et à la guerre continue de tous contre tous. Chaque tribu vit à part, ne s'occupant de la tribu voisine que pour lui enlever son bétail, se coalisant avec elle pour en piller une troisième, et partagée elle-même par les querelles intestines de ses Montaigus et de ses Capulets. Quand l'Afghan ne va pas dans l'Inde en quête d'une couronne, le coin de montagne et le village qu'il habite offrent un horizon assez large à son ambition, et la caravane qui passe lui tient lieu de Delhi et du Kohi-Nor. Les circonstances

---

[1] Le nom national des Afghans n'est pas *Afghan*, nom qui leur est donné par les Persans, mais *Poukhtoun*, au Nord, et *Pouchtoun*, au Sud ; *Pathan* est la prononciation indienne de *Poukhtoun* et désigne les anciens conquérants afghans, établis dans l'Indoustan.

La langue des Poukhtouns s'appelle le *poukhtou*, et celle des Pouchtouns s'appelle le *pouchtou*.

extérieures, qui font les nations sans qu'elles y songent, n'ont pas été plus favorables. Les territoires où sont répandues les tribus sont partagés entre des maîtres différents : la région de Hérat et de Candahar a de tout temps appartenu à la Perse ; Caboul et Ghazni sont englobés tour à tour dans les empires turcs qui, depuis l'ère chrétienne, se sont succédé dans l'Asie centrale, et plus tard, gravitent dans l'orbite de la cour de Delhi.

Au commencement du dernier siècle, Hérat et Candahar étaient persans ; Caboul et Ghazna étaient mogols. Les deux tribus les plus considérables étaient les Abdalis et les Ghilzais ; les Abdalis, groupés dans la région de Hérat, les Ghilzais dans celle de Candahar, mais avec des ramifications éparses sur toute la route, de Candahar à Ghazni et jusqu'à Caboul. A partir de cette époque, l'histoire des Afghans est l'histoire de la domination successive des Ghilzais et des Abdalis.

II

La Perse était alors sous la dynastie des Séfévis ou du grand Sofi. Les Séfévis avaient décidément installé en Perse le chiisme ou religion d'Ali : les Afghans sont sunnites fanatiques. Le dernier Séfévi, Sultan Houssein, livré aux bigots, traita les Ghilzais en hérétiques et en rebelles. Leur chef reconnu, le *kalantar* ou notable de Candahar, Mir-Véis, envoya à Ispahan une protestation, à laquelle le Chah répondit en nommant gouverneur un homme à poigne, le prince Géorgien, Georges Bagration, dit Gourguin Khan, ancien vassal rebelle, qui s'était fait pardonner en embrassant l'Islam. Mais le Géorgien avait affaire à forte partie : Mir Véis était un politique profond, et il vaut la peine de suivre l'histoire de ce Bismarck des tribus afghanes.

Mir Véis jouait à la légalité : Georges, pour se débarrasser de lui, l'envoie comme suspect à la cour d'Ispahan. Véis, arrivé là, reconnaît bien vite que tout est à vendre qui trouverait acheteur ; il achète, se justifie sans peine auprès du Chah, se confie à lui, donne son avis, avec la rude franchise de l'Afghan, sur toute chose et sur tout homme. Gourguin Khan est, sans doute, un fidèle sujet, quoique ancien rebelle ; cependant, il a trahi le Christ pour l'Islam, pourquoi ne trahirait-il pas l'Islam pour le Christ ? Quand il a jeté le trouble dans l'Othello d'Ispahan, il demande un congé pour aller faire le pèlerinage de la Mecque et de Médine. Il en revient avec le prestige d'un saint et armé de deux *fetvas* secrets, rendus par les Cheikhs des deux cités saintes en réponse à deux questions qu'il leur avait posées :

1° *Est-il permis à des Musulmans, violentés dans l'exercice de la religion, de prendre les armes ?* — Oui.

2° *Les chefs des tribus qui ont été forcés de prêter serment à un prince hérétique, sont-ils relevés de leur serment, si le prince ne tient pas lui-même ses engagements ?* — Oui.

Quand Mir Véis revint à Ispahan, la cour était en émoi. Venait d'entrer en Perse une caravane dirigée par un Arménien, Israël Orii, au service de Pierre le Grand, qui lui avait donné le droit de commercer en Perse sans payer de droits de douane au retour. Le bruit se répand qu'Israël descend des anciens rois d'Arménie et que la caravane n'est qu'une avant-garde d'invasion. Mir Véis, consulté par le Chah, fait observer que le chrétien géorgien, Gourguin Khan, a un cousin à la cour de Saint-Pétersbourg ; il n'y a plus de doute : l'Arménien vient lui tendre la main. Le Chah, désillé, comprend que, si Gourguin a envoyé à Ispahan le fidèle Véis, c'est pour écarter un surveillant trop gênant. Trop faible pourtant pour oser révoquer le traître, il renvoie Véis à Candahar, avec mission de surveiller Gourguin et au besoin de saisir le commandement.

Gourguin réinstalle Véis en frémissant dans sa charge de *kalantar*, mais n'attarde pas sa vengeance. Mir Véis avait une fille célèbre pour sa beauté. Gourguin lui écrit qu'il ait à lui envoyer sa fille. Véis réunit les chefs de tribus, il leur lit la lettre du Géorgien, et ils jurent de prendre les armes au premier appel. Véis répond honnêtement à Gourguin et lui envoie une de ses esclaves magnifiquement parée. Quelques jours après, une révolte du clan des Tarins éclate sur un mot d'ordre parti de Candahar. Véis invite le Géorgien à un grand banquet pour recevoir la soumission de deux chefs rebelles. Gourguin vient, boit, tombe ivre mort, est massacré avec sa suite.

Les Ghilzais dépouillent les morts et, déguisés en Géorgiens, se font ouvrir les portes de la citadelle par la garnison qu'ils égorgent. C'était en l'an 1710.

Pendant quatre ans, les efforts de la Perse viennent se briser contre les Ghilzais : six armées sont exterminées ou mises en déroute. Véis meurt en 1715, laissant organisé l'État de Candahar.

Son frère, Abdoullah, proclamé roi à sa place, veut transiger et reconnaître la suzeraineté de la Perse ; le fils de Mir Véis, Mahmoud, âgé de dix-huit ans, poignarde son oncle de sa propre main, est acclamé roi et marche à la conquête de la Perse.

A ce moment, les Abdalis de Hérat, vassaux de la Perse comme les Ghilzais, se soulèvent de leur côté, chassent la garnison persane et se déclarent indépendants sous les ordres de leur chef Asadoullah. Mahmoud, le Ghilzai, a peur d'un rival qui pourrait lui disputer les dépouilles de l'Iran, court sur Asadoullah, le bat, le tue et envahit la Perse. Les armées persanes sont mises en déroute, malgré le bouillon magique sur lequel une vierge a prononcé douze cent fois la formule : *la ilaho illallahi* (il n'y a pas d'autre Dieu qu'Allah...) et qui doit rendre les soldats invisibles. Le dernier roi des Séfévis vient dans le camp afghan déposer sa couronne sur la tête du chef Ghilzai.

Mahmoud meurt, fou furieux, en 1725, après avoir fait massacrer la famille royale. Son successeur, Achraf, devenu voisin des Turcs, tient tête à la Porte qui est forcée de le reconnaître. Mais un chef de brigands, celui qui fut plus tard Nadir Chah, devient le libérateur de la Perse; Achraf est tué dans la fuite par un Béloutchi. C'en était fait de l'empire des Ghilzais; il avait duré sept années. Le jour des Abdalis allait venir.

III

Le bandit, une fois empereur, se rappela son ancien métier et se dirigea vers l'Inde où il y avait de bons coups à faire. Il rencontra sur sa route Candahar qui tint bon. Nadir Chah, qui se connaissait en compagnons, rendait justice aux Afghans; il leur offrit la paix à condition de grossir son armée : il avait déjà repris Hérat aux Abdalis à la même condition. Les Ghilzais acceptèrent avec enthousiasme : l'armée d'invasion comprenait 16,000 Afghans, dont 4,000 Ghilzais et 12,000 Abdalis. Le bandit rapporta de Delhi et de l'Inde un milliard de butin, — ce qui était beaucoup pour l'époque, — avec les joyaux du Grand Mogol, le trône du Paon et le Kohi-Nor. Ses Afghans avaient fait merveille : il les prit en affection particulière, en fit sa vieille garde, leur donna tous les postes de confiance, au mépris de ses compatriotes, qu'il avait pris en méfiance et en haine, et qui le lui rendaient. Il avait raison : ses soldats persans l'assassinèrent dans son camp, en juin 1747.

Parmi les favoris afghans de Nadir Chah, le plus aimé était un jeune Abdali, nommé Ahmed Khan, chef héréditaire du clan des Sadouzais. Ahmed appelle les Afghans à venger leur maître; mais toute l'armée persane était dans le complot, et Ahmed ne peut que se retirer en bon ordre sur Candahar, après avoir dérobé le Kohi-Nor et enlevé au passage un convoi qui apportait à Nadir le tribut de l'Inde, cinquante millions. Quelques jours après, les chefs des tribus se réunissent pour élire un roi : les prétendants étaient en nombre, Ahmed se taisait. Huit séances s'étaient passées sans aboutir : à la neuvième, un derviche fend la foule, et, tressant une couronne avec de la paille d'orge qu'il vient de ramasser, il la pose sur le front d'Ahmed et s'écrie : « A quoi bon discuter ? Dieu a créé en Ahmed Khan un homme plus grand que vous tous. » La voix de Dieu devient la voix du peuple et Ahmed Khan est acclamé Ahmed Chah. Vers le même temps, le derviche eut un rêve : pour que la tribu des Abdalis entrât dans ses destinées nouvelles, il lui fallait un nom nouveau; Ahmed Chah, qui avait pris le titre de *Douri douran*, la « perles des perles », changea le nom des Abdalis en celui de Douranis. C'est le nom sous lequel sa tribu règne encore.

Ahmed Chah fut l'idéal du roi afghan. Il comprit son peuple et le prouva de deux façons : il respecta l'indépendance des tribus et les mena au pillage de l'Inde. Tout en investissant le clan royal d'un prestige semi-divin, — il déclarait tout Sadouzaï inviolable et sacré, même au roi, — il ne gouverna que d'accord avec les chefs de tribus, dont le Conseil fut consulté pour toutes les grandes mesures de gouvernement. Les mesures proposées étaient toujours des mesures de conquête. Il mena quatre fois les tribus au delà de l'Indus; il prit Delhi, qui fut saignée et pillée de nouveau; il épousa, et fit épouser à son fils, des princesses du sang impérial, et annexa le Penjab, le Sind et Cachemire; à sa mort, l'em-

pire dourani s'étendait de Hérat au Soutledj et
de Bactres à la mer des Indes [1].

Ahmed Chah Dourani, dont le nom est inconnu en Europe, méritait de prendre place
dans l'imagination des peuples à côté des grands
exterminateurs. Bien que son empire ne lui ait
pas survécu, son œuvre pourtant, et dans un
sens qu'il ne soupçonnait guère, a été plus du-
rable et plus profonde que celle de Nadir Chah;
car c'est par sa main que le destin a fait signe
que l'Inde serait anglaise. A la date de 1761,
l'empire mogol se décomposait; une puissance
nouvelle, les Mahrattes, sortie des repaires des
Ghattes, montait au Nord, relevait la tradition
de la nationalité indoue en face des envahisseurs
musulmans, faisait le Grand Mogol prisonnier à
Delhi. L'Inde redevenait indoue, et les Mahrattes disaient : « l'Inde aux Indous, de l'Himalaya au cap Comorin. » C'est en ce moment que
parut le roi Dourani, avec ses bandes afghanes,
renforcées des troupes mogoles; le 7 janvier toute
l'Inde indoue et toute l'Inde musulmane se rencontrèrent à Panipat, 250,000 Hindous et
200,000 Musulmans. Ce fut le choc le plus
effrayant que l'Asie eût encore vu depuis Bajazet
et Tamerlan : l'armée mahratte fut anéantie et

[1] Mountstuart Elphinstone, *The Kingdom of Caubool*.

l'empire mahratte étouffé. L'Inde était aux pieds d'Ahmed Chah, la couronne du Grand Mogol était dans sa main : il dédaigna l'une et l'autre. Il sentit que le génie de sa race était tout puissant pour détruire, impuissant pour organiser ; il eut le courage d'être modéré, et il rentra à Candahar, chargé de dépouilles, laissant derrière lui la ruine de deux empires et l'Inde à qui daignerait la prendre ; les marchands de Madras mirent quarante ans à deviner ce secret d'État.

L'empire dourani se disloqua après la mort d'Ahmed Chah : l'histoire de ses trois successeurs, Timour (1773), Zeman Chah (1793), Mahmoud Chah (1800), n'est que l'histoire du démembrement continu : les provinces conquises retournent une à une à leurs destinées indépendantes. Les rois afghans, renonçant à la politique d'Ahmed Chah, ont voulu régner à la façon des rois de Perse et porter la main sur l'indépendance des tribus : c'est le signal des conspirations et des guerres civiles. Mahmoud Chah passe son règne à se défendre contre un prétendant toujours malheureux et toujours menaçant, son oncle Chah Choudja : il triomphe enfin par l'énergie de son premier ministre, Fatteh Khan, chef du clan Baroukzai : c'était le clan le plus puissant et le plus illustre des Douranis après le clan royal, et le vizirat y était héréditaire, comme la royauté l'était dans le clan Sadouzai. Mahmoud récompense Fatteh Khan en le faisant aveugler, puis couper en morceaux : c'est le signal de la chute de la dynastie sadouzaie.

Les onze frères de Fatteh Khan se lèvent pour le venger ; puis ils se partagent l'Afghanistan sous le simple titre de *Sardars* (chefs), sans qu'aucun des frères Baroukzais ose usurper le trône vide des Sadouzais, protégé par le prestige de la tradition, ni le restaurer. Après une trentaine d'années de guerres intestines, d'intrigues et de meurtres, où tous ces frères s'allient tour à tour avec les Anglais, les Persans ou les Sikhs, les uns contre les autres, le plus énergique et le plus habile des Sardars Baroukzais, Dost Moham- med, réunit sous sa main toutes les provinces qui restaient de l'ancien empire et il règne sous le titre d'Émir, dont la modestie répond mieux que l'ancien titre de Chah aux proportions de l'Afghanistan amoindri. En 1839, l'Angleterre, ouvrant la série de ses fautes afghanes, crée le danger russe, repousse l'amitié du Baroukzai, qu'elle force à se tourner vers la Russie, le ren- verse pour rétablir à sa place le Sadouzai impo- pulaire, Chah Choudja, et, après des désastres sans nom et des victoires stériles, est forcée de rétablir de ses propres mains l'Émir prisonnier à

Calcutta. C'est un petit-fils de Dost Mohammed qui règne à présent, l'Émir Abdoul Rahman.

IV

Chez un peuple tel que les Afghans, le gouvernement n'est fort qu'autant que le chef est un homme fort : comme il n'y a ni lois, ni institutions, ni tradition nationale, il n'y a d'ordre de quelque sorte que par la volonté du maître et autant qu'elle se soutient. L'histoire est là plus qu'ailleurs une biographie. De là l'intérêt que présente la figure énigmatique de l'Émir, de ce petit potentat à la fois si faible et si puissant entre les deux colosses que seul il sépare, et dont la fantaisie pourra demain rompre l'équilibre du monde, s'il est encore demain sur le trône. Voici ce qu'on sait de lui et aussi ce qu'on en raconte dans le bazar :

Abdoul Rahman est le fils aîné d'Afzal Khan, fils aîné de Dost Mohammed. Quand le Dost mourut, en 1863, il légua le trône à Chir Ali, qu'il considérait comme le plus digne de ses sept fils. Afzal Khan, l'aîné, revendiqua le trône ; mais il n'était vaillant qu'à table et le verre en main : son fils Abdoul Rahman lève pour lui des troupes dans le Turkestan, bat les lieutenants de Chir Ali ou les achète, bat l'Émir même, qui s'enfuit à Hérat, entre à Caboul et proclame son père. Une invasion des Uzbegs le rappelle dans le Nord et Chir Ali profite de son absence pour reconquérir Caboul. Abdoul Rahman, abandonné des siens, se réfugie à Boukhara, puis à Tachkend, où le général Kauffmann lui offre l'hospitalité russe, mais sans vouloir lui donner les moyens de reconquérir son héritage. C'était en mars 1870. Abdoul Rahman attendit là en silence, sachant que son jour viendrait. L'histoire de son grand-père lui avait appris que, dans un pays d'anarchie comme celui qu'il venait de quitter, l'heure de l'homme fort vient toujours. Il passa dix ans à Tachkend, économisant pour l'heure de la lutte sur les 25,000 roubles de pension que lui payait la Russie.

Cependant l'Émir Chir Ali, effrayé de voir les Russes devenus ses voisins, se jetait dans les bras de l'Angleterre. Le vice-roi tory, lord Lytton, jaloux des lauriers libéraux de lord Auckland, recommença 1839, et rejeta les Afghans dans les bras de la Russie. Chir Ali périt dans la lutte ; son fils, Yakoub Khan, installé à sa

place, prit bientôt en prisonnier le chemin de
l'Hindoustin et Caboul était sans Émir. A la
première nouvelle de la chute de Chir Ali,
Abdoul Rahman avait quitté sa retraite russe et
avait passé l'Oxus avec 3,000 Turcomans.
Allait-il continuer la guerre sainte contre les
Anglais ou s'entendre avec eux ? L'Angleterre,
ayant reculé devant la tâche d'occuper l'Afghanistan, avait besoin d'un Émir ; le Sardar attendit. Les Afghans, cependant, rapprenaient son
nom, se rappelaient le vaillant soldat de 1869,
l'image vivante de Dost Mohammed : chef de la
croisade ou non, il était le chef né des Afghans ;
les partisans mêmes de Yakoub Khan et de son
fils venaient à lui. Le gouvernement anglais lui
offrit de le reconnaître comme Émir de l'Afghanistan : il consentit à accepter, les Anglais éva-
cuèrent, et ce Bourbon, qui recevait le trône des
mains de l'envahisseur, sembla être un héritier de
Bonaparte qui chassait l'étranger.

Il ne soutint pas ce beau début. Les Anglais
partis, il ne s'occupa que de faire l'ordre, ce qui
le perd à présent. Les membres de la famille
royale, ses oncles et ses cousins, prirent la route
de l'Inde pour sauver leur tête ; ils peuplent
Péchawer et Haripour. Le héros de la résistance
nationale, Mohammed Djan, le vainqueur
d'Asmai, qui pourtant l'avait-reconnu, faisait

ombrage ; il fut livré par trahison et assassiné. Les partisans, même ralliés, de Yakoub, périrent en masse, ou allèrent en Perse grossir la cour du futur prétendant, le petit Mousa Djan, le fils de Yakoub, espoir des Ghazis[1]. Un poète populaire, « le poète de Jellalabad », osa lever la voix contre le bourreau des patriotes :

Depuis que le Sardar Abdoul Rahman est installé à Caboul, la foi de l'homme dans l'homme a disparu ; il massacre en masse les Ghazis par trahison.

Le guerrier de Dieu, Mohammed Djan, martyr, a passé de ce monde. L'Émir l'a fait périr, il a été pris par trahison.

La poésie populaire est la presse de l'Afghanistan. On dit que l'Émir, entendant chanter ces vers dans le bazar de Jellalabad, descendit de son éléphant, fit appeler le poète, lui demanda pourquoi il l'accusait de trahison et ne dédaigna pas de se disculper devant lui, je ne sais s'il l'a convaincu : les vers sont restés. C'est en vain que l'Émir a défendu à ses sujets de parler de lui, *même en bien*, sous peine d'avoir la langue coupée.

Abdoul Rahman, dans la première partie de sa carrière, était un soldat ; depuis qu'il est Émir,

---

[1] *Ghazi*, soldat de la guerre sainte.

c'est un bureaucrate, chose nouvelle pour un souverain afghan et peu populaire. Chaque jour a son emploi réglé. Deux jours de la semaine sont consacrés à la correspondance, le lundi avec le haut pays (Hérat, Candahar, etc.), le jeudi avec le bas pays (Caboul, Péchawer et l'Inde). Le mardi, il tient le *durbar* militaire, et reçoit les officiers de la garnison qui dînent tous au palais : c'est aussi le jour des réceptions privées, du *Divani hass*. Le mercredi et le samedi il rend la justice et reçoit le peuple ; le dernier mendiant est admis, c'est le *Divan public* ou *Divani am*. Le vendredi est un dimanche de Londres ; bazar, boutiques, palais, tout est fermé : les mosquées seules fonctionnent. Le dimanche est consacré aux affaires privées de l'Émir.

Les deux grands jours sont les jours de *Divani am*, car l'Émir est avant tout un justicier. Il rend la justice, la main au pommeau de l'épée. On lui amène les voleurs de grand chemin et il informe ; il dit : *bekouchid*, et on leur coupe la gorge, ou bien : *gargara kounid*, et on les mène pendre. Il entend la justice à la Salomon et y met une *humour* féroce. Au temps des affaires de Penjdeh, on lui amène un homme qui a annoncé que les Russes approchent. « Les Russes approchent, dit l'Émir ; eh bien, on va te faire monter au sommet de cette tour et on ne te donnera à manger, que quand tu verras les Russes arriver. » Il refait ou veut refaire à son profit la légende de Rollon : si vous perdez un objet sur la route, défense au passant de le ramasser, même pour vous le rapporter, sous peine d'avoir la main coupée ; il n'avait que faire d'y porter la main, c'est à vous à venir reprendre votre bien où vous l'avez laissé. Les caravanes qui viennent de l'Inde par la passe de Khaïber, protégées par l'escorte anglaise jusqu'aux états du Nawab indépendant de Lalpur, et reçues là par une escorte du Nawab, sont abandonnées à elles-mêmes dès qu'elles entrent dans le territoire de l'Émir : elles n'ont plus rien à redouter. Elles n'ont plus, hélas! à redouter que l'Émir.

En avril 1886, je faisais la connaissance du *gafila bachi* de Péchawer : le *gafila bachi* est l'organisateur responsable de la caravane, procure les chameaux, reçoit les marchandises et en donne reçu, pour être remises à qui de droit par le *gafila bachi* de Caboul; il touche un tant pour cent des droits de caravane. Mon *gafila bachi* était un grand jeune homme, admirablement beau, à la figure franche et douce et qui avait l'air fort satisfait de la vie et du monde. Quelques mois plus tard, m'enquérant de lui auprès d'un ami commun, j'appris que le pauvre Khair Mohammed était en prison avec son père, le *gafila bachi* de

Caboul, que toute leur fortune avait été confisquée et que leur tête branlait sur l'épaule. On les avait dénoncés pour malversation : un homme dénoncé est toujours coupable quand il est riche, et je crains pour la tête du pauvre Mohammed.

La mode à la cour de Caboul est tout à l'anglaise. A l'entrevue de Rawul-Pindi, on avait éclairé la ville à l'électricité pour faire honneur à l'Émir : il fut ébloui et engagea aussitôt un ingénieur pour installer l'éclairage électrique dans son palais. Il y a à Péchawer une sorte de « Bon Marché » ou de « Whiteley », où vous trouvez toutes les élégances de Regent Street : c'est un magasin fondé en 1848, avant l'occupation anglaise, par un de ces Parsis entreprenants qui vont aussi loin et parfois plus loin et plus vite que les colonnes anglaises; la maison a poussé des succursales à Rawul-Pindi, Cherat, Murree et jusqu'à Cachemire. L'Émir, de passage à Péchawer, visita le Whiteley parsi, fut charmé et demanda au propriétaire, Darabji, de fonder une succursale à Caboul. Darabji hésitait : les Parsis seront-ils en sûreté au milieu de Musulmans aussi... convaincus que ceux de Caboul? Leurs ennemis ne trouveront-ils pas le moyen de les rendre suspects auprès de l'Émir? — « Comment, s'écrie l'Émir indigné, en montrant le Commissaire anglais qui assistait à l'entretien, est-ce l'habitude en Angleterre de condamner les gens sans les entendre, et ne fait-on pas une enquête auparavant ? » La raison était si bonne que le Parsi sentit toutes ses inquiétudes s'évanouir. Une succursale fut ouverte à Caboul : tous les quinze jours, la caravane emporte un envoi, qui est d'abord porté au palais où l'Émir et ses femmes font leur choix ; puis les nobles vont, par ordre, se fournir de ce qui reste. Un des premiers envois contenait quatre glaces colossales venues d'Oxford Street : c'est la fin du *chich mahal* et des murs aux mille miroirs qui faisaient jadis la gloire des Radjas et des Nawabs. Le suivant contenait quelques cadeaux personnels du Parsi à l'Émir : c'étaient un vélocipède et trois perroquets, l'un de l'espèce que l'on appelle *hiramala* ou perroquet à guirlande de diamants, l'autre un *nouri* ou couleur de feu, et le troisième un de ces merveilleux perroquets du Zanguebar qui aboient comme des chiens.

La maison Darabji avait envoyé, il y a un an, à Caboul, pour diriger la succursale, un jeune Parsi, d'une intelligence peu commune, nommé Péchotanji. L'Émir le prit en amitié et en a fait le précepteur d'anglais de ses enfants. Péchotanji descend d'une famille illustre chez les Parsis, la famille des Mihirdjirana, dont l'ancêtre fit des miracles, qu'il serait trop long de conter ici, à la cour de l'empereur Akbar : le petit-fils, comme on voit, n'a pas dégénéré.

L'Émir n'a qu'une femme, la *Bibi malika* ou *Reine*; mais il a cent et une concubines (*kaniz*). Il n'a point d'enfants de la *malika* : il a cinq enfants, de quatre *kaniz*; l'aîné, Habiboullah, a seize ans et est l'héritier du trône, faute d'héritier légitime. Fils d'une femme de seconde qualité, il a un sérieux désavantage en regard du petit Mousa Djan, le prétendant de Téhéran[1]. Il a épousé récemment la fille du *Brigade major* de Caboul, Mohammed Amin. Vous me demanderez ce que c'est que le *Brigade major*. C'est beaucoup et c'est peu de chose. L'Émir, voulant avoir un état-major bien en règle, à créé un *Sipâh sâlâr* ou commandant en chef, un *Nâyib sâlâr* ou commandant en second, un *Brigadier général* et un *Brigade major*. Ces quatre grands officiers ne sont que des ombres : le commandant en chef ne peut donner un congé de deux jours à un *sipaie* sans demander la permission à l'Émir.

L'Émir est debout de huit heures du matin à

[1] Voir la quatrième lettre. — Au commencement de cette année (Janvier 1888), l'Émir, quittant Caboul pour visiter Jellalabad, a chargé Habiboullah de le représenter à Caboul et lui a remis l'épée royale. C'est une façon de le désigner pour héritier.

deux heures du matin du jour suivant. Les journaux anglo-indiens annoncent périodiquement
qu'il a la goutte et que la goutte monte : il ne
s'en porte pas plus mal. Il a quarante-deux ans
et écrit ses Mémoires, qui contiendront l'histoire
de sa vie depuis l'âge de neuf ans. S'il dit simplement tout ce qu'il a fait et tout ce qu'il a vu, le
livre sera intéressant. Mais ses sujets lui laisseront-ils le temps de l'achever? Est-il sûr que
l'Émir ira dormir le dernier sommeil dans le
grand sépulcre qu'il se fait construire à Caboul,
aux jardins de Baber, au pied de la tombe du
Grand Mogol?

LES GHILZAIS

Les droits historiques des Ghilzais. — Mœurs des Ghilzais. — Les Povindas. — Le baptême du vol. — Mousa Djan et Yakoub Khan.

I

EN septembre dernier[1], la commission anglaise de la délimitation des frontières revenait de l'Oxus à Péchawer, en traversant très rapidement la province de Caboul. L'Émir la recevait avec beaucoup de

[1] Écrit en mai 1887. Cette lettre représente la situation à cette époque. Le post-scriptum ajouté à la fin de la lettre indique les changements qui se sont produits jusqu'en mai 1888.

4.

courtoisie, mais lui faisait entendre qu'elle ferait bien, pour elle et pour lui, de ne point trop s'attarder. Le bruit, en effet, s'était répandu, *ou avait été répandu*, que l'Emir avait vendu l'Afghanistan aux Anglais ; la commission venait prendre livraison. Et telle est la cause, disent les Ghilzais, du soulèvement des Ghilzais.

Les travaux du chemin de fer de Sibi-Quetta, qui doit amener les escadrons anglais à une journée de course de Candahar, occupent 40,000 ouvriers, Béloutchis, Hazaras [1] et Ghilzais. Un homme gagne par jour une roupie (1 fr. 80), salaire inouï dans le pays et suffisant pour faire oublier que sous le soleil de Sibi l'apoplexie est en permanence et que, en mars de l'an dernier, 10,000 ouvriers sont morts du choléra. L'Emir, qui est avant tout un homme juste, s'est dit que tout revenu doit subir l'impôt et qu'il était légitime qu'il eût sa part de ce Pactole : il a établi, en conséquence, une taxe d'une roupie par tête sur chaque ouvrier, Hazara ou Ghilzai. Et telle est la cause, disent les Anglais, du soulèvement des Ghilzais.

---

[1] Les Hazaras sont une tribu d'origine tartare établie dans l'Afghanistan.

II

Nous avons vu [1] que les Ghilzais ont eu leur heure de splendeur au commencement du siècle dernier, entre 1710 et 1730. Nous les avons vus donner le signal de l'indépendance; nous les avons vus un instant maîtres de la Perse et traitant de pair avec la Sublime Porte. Mais ils sont écrasés par Nadir Chah, et quand, à sa mort, les Afghans se relèvent, les Ghilzais ne sont plus les porte-étendards de la race; leur place a été prise par la tribu des Douranis. C'est la tribu des Douranis qui a fourni des rois à l'Afghanistan depuis le roi Ahmed Chah, en 1747, jusqu'à l'émir Abdoul Rahman en 1880. La dynastie sadouzaie, fondée par Ahmed Chah, et la dynastie baroukzaie, qui la renverse, représentent les deux premiers clans des Douranis, de sorte que toutes les guerres civiles, toutes les

[1] Voir la troisième lettre.

querelles de prétendants qui agitent l'Afghanistan depuis un siècle et demi, ne sont que des querelles de famille au sein de la grande tribu.

Les Ghilzais cependant n'avaient pu absolument oublier le passé. Le clan royal des Hoteks, qui leur avait donné Mir Véis, le libérateur, Mahmoud, le conquérant et Achraf, le dernier des empereurs ghilzais, n'était pas éteint et pouvait toujours, l'heure venue, revendiquer l'hégémonie afghane au nom d'un passé glorieux. Pourtant les Ghilzais ne bougèrent pas sous le le grand Ahmed : il leur donnait, comme à tous les Afghans, du butin et de la gloire. Sous ses faibles successeurs, il n'y avait plus ni butin ni gloire et il ne resta aux Ghilzais que le souvenir de leur déchéance, avec la conscience de leur force devant des rivaux en décomposition. Ils relevèrent la tête en 1801. Une conspiration se forma à Caboul même, où nombre de chefs ghilzais se trouvaient réunis par hasard. Ils rencontrèrent là le représentant de leur famille royale, Abdoul Rahim : les Ghilzais lui offrirent la couronne. Il n'avait point été maltraité par le roi Chah Zéman et avait même reçu une pension en addition à ses propriétés héréditaires; il refusa d'abord, puis, comme Gœtz de Berlichingen, chef forcé des paysans, céda malgré lui et avec de sinistres pressentiments. Les chefs ghilzais rentrèrent dans leurs terres pour soulever les tribus. L'histoire de la guerre est typique, comme spécimen de stratégie afghane.

Tandis qu'une partie des insurgés occupait les Douranis de Candahar, le reste, 20,000 hommes, marchait sur Caboul et arrivait jusqu'à Ghazni, sans que l'on en fût informé à Caboul : la capitale était dégarnie, le nouveau roi, Mahmoud, ayant envoyé toutes ses troupes à Péchawer contre son oncle et rival Chah Choudja. Les grands seigneurs douranis qui se trouvaient à la cour firent merveille; ils armèrent leurs domestiques, et, joints à la garde personnelle du roi, formèrent un corps de trois à quatre mille hommes qui rencontra les Ghilzais à peu de distance de Caboul. Les Ghilzais étaient quatre ou cinq fois plus nombreux, mais sans cavalerie, mal armés, quelques-uns n'ayant qu'un bâton pour toute arme. Les Douranis se formèrent en trois colonnes, et mirent en tête leurs *chahins*, ou canons portés sur chameaux. Les Ghilzais se jetèrent en masse furieuse sous le feu des canons et y laissèrent une partie de leurs gens; le reste enfonça la colonne qui leur était opposée. Mais les deux autres colonnes les prenant de flanc, ils furent obligés de battre en retraite et se retranchèrent dans un de leurs forts, situé sur la colline, à six milles du champ de bataille, Kilaï-Zarin, ou la Forteresse d'or.

Des renforts leur vinrent pendant la nuit : ils quittèrent le fort à la dérobée, et laissant derrière eux les Douranis, marchèrent sur Caboul; ils étaient le soir à Kilaï-Chahi, à quelques milles de la capitale, tandis que les Douranis les surveillaient toujours à Kilaï-Zarin. Avertis enfin que l'oiseau est déniché, les Douranis courent sur Caboul par un chemin détourné et les Ghilzais les retrouvent subitement devant eux. Les Ghilzais attaquent en désordre et sans concert, ils sont massacrés, trois mille des leurs restent sur le terrain et les Douranis érigent à Caboul une pyramide triomphale de trois mille têtes.

L'hiver interrompit la guerre : le printemps de 1802 réveilla l'insurrection. 50,000 Ghilzais étaient sur pied, 20,000 hommes marchaient sur Caboul par le Sud, 20,000 par l'Est, 10,000 sur Candahar. Cette fois Mahmoud était prêt : il opposa trois divisions aux trois corps d'insurgés qui furent écrasés tous les trois, chacun de son côté, le même jour, par une belle journée de mars. Les Ghilzais n'ont point bougé depuis.

III

Les Ghilzais, même après leur défaite, étaient et sont encore la tribu le plus considérable après les Douranis. Ils occupent, en la partageant plus ou moins avec d'autres tribus inférieures, la région comprise entre la rivière de Tarnak, à l'Ouest, la branche orientale des monts de Souleiman, à l'Est, la rivière de Caboul, au Nord. Candahar était leur capitale au temps de Mir Véis et de l'empire ghilzai; mais Nadir Chah, après la prise de Candahar, le donna aux Douranis. Les Ghilzais durent remonter quelques lieues plus haut sur le Tarnak, et un vieux pont de pierre, le Pouli Sang, marque la frontière des deux tribus. Toute insurrection ghilzaie implique nécessairement une marche sur Candahar au Sud aussi bien que sur Ghazni et Caboul au Nord : les trois grandes cités, comme on le voit par un simple coup d'œil sur la carte, sont sur une même ligne du Nord-Est au Sud-Ouest.

Les Ghilzais sont divisés en deux groupes, le

groupe Sud-Ouest et le groupe Nord-Est, ou plus simplement le groupe occidental et le groupe oriental. Le groupe occidental forme la famille des Toran, le groupe oriental celle des Bourhan.

La famille des Toran est la moins considérable, mais la plus illustre. Elle ne comprend que deux clans, celui des Hoteks et celui des Tokhis : mais le clan hotek est le clan royal; c'est à lui qu'appartenaient Mir Véis, Mahmoud, Achraf et le prétendant de 1801, Abdoul Rahim. Le clan Tokhi est le clan *ministériel*, c'est-à-dire, que la dignité de vizir y était héréditaire. Les Hoteks et les Tokhis occupent donc parmi les Ghilzais la position que les Sadouzais et les Baroukzais occupaient parmi les Douranis. Si l'empire ghilzai avait duré, on aurait vu sans doute une dynastie tokhie sortir de la famille ministérielle et supplanter la famille royale, comme on avait vu chez les Douranis les Baroukzais supplanter les Sadouzais, et chez nous les maires du palais d'Héristal supplanter la lignée de Mérovée.

Les Hoteks habitent au sud des montagnes de Mokour; les Tokhis habitent au sud des Hoteks : leur principale place est Khilati-Ghilzai (la Forteresse Ghilzai) et ils avoisinent les Douranis de Candahar.

La seconde branche des Ghilzais, ou les Bourhan, occupe le reste du territoire ghilzai; elle comprend cinq clans : les Tarak, les Andar, les Kharotis, les Alikheil, les Souleiman Kheil. Les Tarak habitent les montagnes de Mokour et sont limitrophes de la branche occidentale; les Andar cultivent le riche district de Chilgour; les Alikheil, la plaine de Zourmoul; les Kharotis, le territoire compris entre la rivière de Gomal et les monts Souleiman. Les Souleiman Kheil occupent le nord de la chaîne occidentale des monts Souleiman : c'est la tribu la plus considérable des Ghilzais : ils comprennent des clans livrés à l'agriculture, comme les Kaisar Kheil, les Samalzais, les Soultanzais, et des clans pastoraux comme les Ahmedzais, qui poussent leurs troupeaux le long de la rivière de Caboul, de la rivière de Logar jusqu'aux collines de Jellalabad [1].

Les Ghilzais ne sont pas seulement agriculteurs ou pasteurs; ils sont aussi commerçants et bandits. Ils forment le gros de ces bandes étranges, connues sous le nom de *Povindas* ou *Koutchanis* (nomades ou voyageurs) qui, chaque automne, franchissent les passes en caravane et

---

[1] Prière de suivre sur la carte.

vont porter jusqu'à Delhi, Cawnpore et Patna les produits de Boukhara et de Candahar. Les uns viennent seuls, les autres avec leurs familles qu'ils établissent dans des campements (kirris), où elles attendent leur retour sous la garde de chiens-loups féroces, pour repartir au printemps. Le grand emporium des Povindas est sur territoire anglais, à Dera-Ismaïl-Khan, dont l'immense caravansérail, désert en été, voit passer en hiver jusqu'à cinquante mille âmes et cinquante mille chameaux. Dans la saison froide de 1880-1881, il était entré dans le district 49,000 Povindas, dont 35,000 Ghilzais.

Ces caravanes sont des armées, ou plus exactement des peuples en marche. En 1877-1878, sur 76,000 têtes entrées dans le district, il y avait 30,000 hommes armés. Aussi, le voyage ne se passe pas sans aventure. Il n'est pas rare que la caravane se détourne en route pour faire le coup de feu, au profit de quelque tribu en guerre qui l'appelle et la paye. Les Afridis de la vallée de Tira, qui sont chiites et sont en minorité infime parmi les Sounnis qui les entourent, n'ont pu se maintenir qu'avec l'aide des Povindas qui passent, en route vers Kohat, bons Sounnis eux aussi, mais tolérants quand il y a un bon coup à faire. Les Povindas, étant volables, ont fort à faire à se garer des voleurs; mais les gens volables ont aussi fort à faire de se garer des Povindas. Les Ghilzais sont à ce compte les Povindas des Povindas : ils sont fiers de leur nom qui signifie, disent-ils, fils de voleur *(Ghal-ʒai)*. D'autres disent qu'il signifie « fils de vol, » c'est-à-dire bâtard *(furto natus)* et content à ce propos une vieille histoire. Mais c'est une histoire inventée par les Douranis, pour flétrir leurs rivaux : Ghilzai est bel et bien un brave et honnête voleur. Quand un enfant naît, sa mère perce un trou dans le mur de la maison, le fait passer par là pour lui apprendre l'effraction [1] et lui dit : « *Ghal-ʒai;* sois un bon voleur, mon enfant ! » Tel est le baptême des Ghilzais.

IV

Il est assez inutile de chercher à prévoir ce qui adviendra de l'insurrection ghilzaie. Les éléments

---

[1] Les voleurs à la frontière ont une méthode d'effraction très simple : ils percent en un instant un trou dans le mur de torchis avec une sorte de vrille dite *nagab* ou *svarlai* et se glissent sans plus de cérémonie dans la maison. C'est ce qu'on appelle le *nagab ʒani.*

manquent pour l'instant, tant qu'on n'aura que les renseignements incertains et souvent dénués de sens donnés par la presse anglaise d'Europe, et qui généralement ne font que reproduire, en y corrompant les noms propres d'une façon fantastique, les bruits de bazar de la frontière anglo-afghane. Les seuls renseignements qui puissent avoir quelque valeur sont ceux qui sont fournis par le *Pioneer*, d'Allahabad, le journal semi-officieux de l'Inde, dont le principal *reporter*, toujours au courant des secrets de Simla, a fait la guerre d'Afghanistan, comme correspondant du *Pioneer* et du *Daily News*, en a écrit une bonne histoire et connaît bien les choses et les hommes du pays.

Si les Ghilzais se soulèvent en masse, la position de l'Émir sera difficile, parce que les Ghilzais sont aux portes des trois grandes villes : Candahar, Ghazni, Caboul. Cependant, même en cas d'un soulèvement général, l'Émir est sûr de triompher si le reste de l'Afghanistan reste fidèle. Son armée est bien organisée pour une armée orientale, et il est probable qu'un grand choc entre ses troupes et les bandes ghilzaies serait une répétition de l'histoire de 1801. Par malheur pour l'Émir, il a d'autres ennemis que les Ghilzais : il y a des prétendants qui n'ont pas renoncé, et il a lassé bien des dévouements.

Il serait intéressant de savoir au juste si les Ghilzais ont un prétendant national. Reste-t-il un héritier de Mir Véis et d'Abdoul Rahim? Ou bien les Ghilzais ont-ils renoncé à toute hégémonie personnelle et sont-ils prêts à se rallier aux autres ennemis de l'émir? On dit qu'ils ont offert la couronne au fils de Mouchki Alam. Mouchki Alam[1] est le mollah nonagénaire de Ghazni, qui précha la guerre sainte contre les Anglais en 1880, et dont la parole balança la fortune anglaise et amena les désastres qui la compromirent un instant; son nom est resté environné d'une auréole de sainteté, et il serait beau de voir un fils du Pierre l'Ermite afghan monter sur le trône. Le fils du mollah aurait refusé et reporté le choix des Ghilzais sur un neveu de Chir Ali, Nur Mohammed Khan. Ceci simplifierait le problème en éliminant la donnée d'une dynastie ghilzaie, mais du même coup compliquerait dangereusement la situation de l'Émir.

Une autre donnée que l'on peut éliminer est la donnée sadouzaie. La famille sadouzaie n'est pas éteinte : il y a toute une collection de petits-neveux de Chah Choudja, petits-fils en droite ligne du grand Ahmed Chah, qui, depuis près

---

[1] Mohammed Din, dit *Mouchki Alam*, « le parfum de l'univers ».

d'un demi-siècle, vivent tranquillement à Loudhiana aux frais du gouvernement anglais. Il est probable qu'ils ont oublié l'Afghanistan aussi profondément que l'Afghanistan les a oubliés.; et, quoiqu'il soit toujours utile d'avoir sous la main une ménagerie de prétendants, ce ne serait pas le moment de les lâcher tant que l'Émir tient. Ce serait d'ailleurs, même si l'Émir tombe et si un prince anti-anglais menace de le remplacer, une pauvre recommandation que de venir demander sa part à la curée avec le titre de pensionnaire des Anglais. Nous pouvons donc laisser de côté les Sadouzais. L'Émir n'aura en face de lui que des Baroukzais, des oncles, des neveux, des cousins.

Le véritable héritier du trône, s'il arrive malheur à l'Émir, c'est le petit Mousa Djan, fils de l'ancien Émir Yakoub Khan. Yakoub Khan, le fils de Chir Ali, avait été emmené prisonnier par les Anglais, à la suite du meurtre de Cavagnari; il est encore leur hôte forcé à la frontière du Nepal, dans les forêts de Dehra-Doun. Mais son frère, le brave Ayoub Khan, avait réorganisé la résistance dans la province de Hérat, proclamé Mousa Djan, et, apparaissant subitement devant Candahar, il avait écrasé le général Primrose à Maivand et assiégé à Candahar les débris de son armée. Repoussé par le général Roberts

qui était accouru en toute hâte de Caboul, il se
réfugia à la cour de Téhéran, avec l'enfant de
Yakoub Khan, Mousa Djan.

Le petit Mousa est depuis des années l'espoir
des patriotes : il promet un *Ghazi*[1]. Des gens
de la cour exilée de Téhéran, passant à Péchawer, ont conté dans le bazar qu'il ne cesse de
répéter à son oncle : « Mon oncle, déclarons la
guerre aux Anglais : ou bien ils me tueront, ou
bien je délivrerai mon père. » Le jour où il
paraîtra, il sera porté sur le cœur de la nation.
On dit que la main d'Ayoub est dans les derniers mouvements, qu'une lettre pressante à
Yakoub est dernièrement venue de lui à Dehra-
Doun; que Mahommed Hassan Khan, gouverneur de Jellalabad sous Chir Ali, est allé visiter
Yakoub à Dehra-Doun, Ayoub à Téhéran et
est allé de là joindre les rebelles[2]. Mais la position d'Ayoub à Téhéran fait intervenir dans la
question la Perse, et par derrière elle la Russie.
Ayoub Khan ne payerait-il pas volontiers de
Hérat le secours de la Perse? En 1880, il l'aurait
fait certainement. A ce moment, courait à Caboul une chanson persane qui résumait toute la

[1] *Ghazi*, soldat de la guerre sainte.

[2] *Pioneer*, 27 avril 1887, dans le *Times* du 28.

situation politique et dont presque toutes les lignes sont encore de circonstance :

> ... *Yakoub Khan est l'homme du bon droit :*
>   *Viens, petit, attrape les pruneaux* [1].
> *Mousa Khan est l'émir des Afghans :*
>   *Viens, petit...*
> *Abdoul Rahman est l'enfant des Russes* [2] :
>   *Viens, petit...*
> *Caboul est devenu l'Indoustan :*
>   *Viens, petit...*
> *Le dévergondage sera le lot de nos femmes* [3]
>   *Viens, petit...*
> *Mais il reste une grande bataille :*
>   *Viens, petit...*
> *Le signal viendra de l'Iran :*
>   *Viens, petit...*
> *La plaine est toute rouge de fleurs* [4] :
>   *Viens, petit...*

[1] Les balles ; littéralement : « Viens manger des raisins. » Le petit est, me dit-on, le général Roberts.

[2] Il ne l'est plus.

[3] Caboul étant devenu anglais. Les mœurs anglaises ont dans l'Afghanistan la réputation qu'ont les mœurs françaises en Angleterre. Le soulèvement de 1839 est attribué, par la tradition populaire, à l'indiscrétion d'un *Lât* (Lord), qui débaucha la femme d'un des principaux chefs Afghans, Abdallah Achakzaï. Abdallah l'égorgea de sa main et appela le peuple à la vengeance. En 1879 un ordre du jour de moralité du général Roberts recommandait aux soldats d'éviter les indiscrétions de la première occupation de Caboul, pour écarter les préjugés du passé « et faire que le nom anglais soit aussi respecté en Afghanistan qu'il l'est dans tout le monde civilisé. »

(HENSMAN, The Afghan War).

[4] Le sang des martyrs.

Les roses rouges sont le sang des martyrs :
  Viens, petit...
Les doubles roupies [1] volent de toute part :
  Viens, petit...
Hérat appartient à Téhéran :
  Viens, petit...
Ayoub Khan ne sait plus que faire :
  Viens, petit, attrape les pruneaux [2] !

Si Ayoub Khan prend résolument l'offensive, avec l'appui ouvert ou latent de la Perse, c'est-à-dire de la Russie, l'Émir, abandonné à lui-même, pèsera peu dans la balance. Il a semé autour de lui trop de haines, et le moment de la récolte amère pourrait être venu. Il a contre lui, outre les Ghilzais, tous les patriotes, tous les Ghazis de la guerre sainte, dont il a trahi les espérances et scandalisé la conscience, par la proscription des patriotes les plus illustres et par ses compromissions avec l'Anglais. Il a beau faire le fier au durbar, se poser en neutre entre le Russe et l'Anglais, presque en arbitre, déclarer à ses sujets qu'il n'est ni russe ni anglais, et qu'il empêchera le Russe de passer dans l'Inde, l'Anglais de passer en Turkestan ; les faits parlent plus haut que les paroles et disent que, s'il n'est

[1] Les roupies anglaises.

[2] *Gazette de Lahore*, le 15 avril 1880.

plus « l'enfant des Russes, » il est quelque chose de pis, l'enfant des Anglais. Il a contre lui le sentiment d'indépendance des tribus qu'il a voulu asservir à une règle et mettre sous la coupe d'une bureaucratie. Il a enfin et surtout contre lui le fait qu'il règne sans conteste depuis six ans et que c'est bien assez pour un émir afghan.

La situation de l'Angleterre devant ces troubles est difficile : la chute d'Abdoul Rahman serait un désastre pour elle, car elle laisserait le champ libre soit à une créature des Russes, soit à l'anarchie qui, elle aussi, sera russe. Qui sera là pour remettre en bon chemin des compagnies de Cosaques qui seraient tentées de s'égarer sur la route de Hérat? Il est de l'intérêt de l'Angleterre que l'Afghanistan, puisqu'elle ne peut l'occuper, — toute occupation serait un suicide — soit aux mains d'un chef fort, peu disposé à se laisser absorber par la Russie : Abdoul Rahman remplissait cette condition. Mais ici l'intérêt de l'Émir et l'intérêt du peuple lui-même ne sont pas identiques : la Russie peut bien offrir le trône à un candidat, mais au candidat une fois installé elle ne peut offrir que son protectorat, c'est-à-dire l'asservissement; au peuple afghan, au contraire, elle peut offrir en perspective, prochaine ou lointaine, le pillage traditionnel de l'Inde. L'Angleterre, voulût-elle entrer en con-

currence sur ce terrain, ne pourrait offrir aux
Afghans que le pillage du Turkestan. Dans la
surenchère du pillage, l'Angleterre sera nécessairement battue.

Post-Scriptum. — Depuis l'époque où ces
lignes ont été écrites (mai 1887), les événements
ont marché et simplifié les choses. Ayoub Khan,
mal gardé par ses complaisants geôliers de Perse,
s'est échappé de Téhéran en jouant une variante
du *Légataire universel.* Vers le milieu d'août, il
tomba malade dans son harem et ses femmes
étaient en pleurs. Le 23 août, le secrétaire de la
légation anglaise, trop sceptique, fait faire des
perquisitions dans son palais : Ayoub était à
cheval depuis quelques jours, en route vers la
frontière. Mais Ayoub était entré trop tard sur
la scène. L'énergie de l'Émir avait triomphé des
forces désordonnées de la rebellion. La garnison
de Hérat, dont la fidélité était douteuse, avait
été tenue dans le devoir. En septembre, un
entrepreneur anglais, au service de l'Émir,
M. Pynes, se rendant à Caboul, vit dans le
bazar une arche triomphale formée de deux cents
têtes de rebelles et reconnut sur un poteau la
tête de Taimour Chah, le chef des mécontents
de Hérat. Ayoub, repoussé des villes, erra quel-

ques semaines dans le désert et rentra bientôt chercher un refuge en Perse. Les dernières nouvelles annoncent qu'il s'est remis aux mains de l'agent politique anglais à Mechhed : l'Angleterre lui offre un abri à dans l'Inde et une pension royale. Double profit pour l'Angleterre : elle n'a plus rien à craindre d'Ayoub, et Ayoub dans sa main lui assure la fidélité d'Abdoul Rahman. L'Émir, en janvier dernier, a remis son épée à son fils aîné, Habiboulla, qui devient par là l'héritier désigné, et « la stabilité est assurée ».

LES AFGHANS DU YAGHISTAN

Le Yaghistan. — La tribu Afghane. — Mœurs politiques. — Mouqarrab Khan et les Khedou Khéel. — Le Code d'honneur afghan. — *Nannvalai*, — *Badal :* la légende d'Adam Khan et Durkhani. — *Mailmastai.*

Les Afghans du Yaghistan ou pays indépendant sont les vrais Afghans, ceux de la Reine étant *rayas*, pis que *rayas*, — esclaves de l'infidèle, — et les Afghans de l'Émir étant en voie de le devenir.

I

L'étendue du Yaghistan est naturellement indéterminée : à proprement parler, partout où il y a des Afghans indépendants, ne reconnaissant d'autre autorité que celle de leur *malik* et de leur fusil, il y a Yaghistan : le village de Djemroud, près de Péchawer, où je vous conduirai un de ces jours[1] ; les Afridis même, malgré leurs traités avec l'Angleterre ; et dans l'intérieur des pays de l'Émir mainte tribu qui se moque bien de l'Émir, sont en réalité du Yaghistan. Cependant à Péchawer et dans le Hazara, qui sont les districts Nord de la frontière anglaise, le nom est réservé à la région limitrophe, c'est-à-dire au pays qui est situé entre l'Indus et le Panj Kora et qui est habité principalement par la grande tribu des Yousoufzais.

Ce pays est arrosé par la rivière de Svat, rivière doublement illustre dans le passé : elle a

[1] Voir la huitième lettre.

entendu sur ses rives les hymnes des poètes védiques, qui l'appelaient la *Svastou*; elle a vu plus tard passer les armées d'Alexandre qui l'appelaient le *Souastès*. Elle a oublié les Richis, mais n'a pas oublié Alexandre. Les aborigènes ou *Svatis*, qui habitaient le pays avant l'arrivée des Afghans, prétendent descendre des Grecs d'Alexandre; si vous en doutez, ils vous en donneront une preuve décisive : il y a dans leur pays une tombe qui s'appelle « tombe de la fille d'Alexandre ». En fait, le pays de Svat faisait partie de ce royaume indo-grec que déposa derrière elle l'invasion d'Alexandre; le Bouddhisme y pénétra comme dans tout le reste du royaume grec, et, quand Svat sera ouvert aux explorateurs, ils y trouveront « de vieilles constructions avec des idoles, souvenir de royautés anciennes, et des monnaies des Hindous, des rois païens et du roi Sikander. »

Les Yousoufzais, qui sont originaires du pays de Candahar, n'arrivèrent dans le pays de Svat qu'à la fin du xvᵉ siècle; ils chassèrent, exterminèrent, ou asservirent les habitants, les Dilazaks ou Svatis. Puis leur chef, le Cheikh Mali, compta la population de chaque tribu et divisa la terre conquise, proportionnellement, en autant de lots qui furent tirés au sort; par le même procédé, le lot de chaque trib fut subdivisé entre les divers clans qui la composent. Comme il était impossible d'établir des lots de valeur absolument égale, les lots sont redistribués entre les clans à des périodes fixes, de sorte que les clans voyagent sans cesse d'une terre à l'autre dans les limites du territoire de la tribu. Cette coutume, appelée *vaïch*, était encore en usage chez certaines tribus du territoire anglais au moment où commença l'occupation britannique ; elle est en pleine vigueur dans le Yaghistan. Un Afghan raya, nommé Anvan-Eddin, agent de police et poète, qui a visité le pays de Svat et en a rapporté une description rimée qu'il m'a offerte, exprime en économiste les résultats de ce système :

Le pays de Svat s'engage à produire toute sorte de riz ; il produit également le maïs et le blé, la fève et les pois.

La terre de Svat est une terre d'or, et pourtant ses habitants sont des mendiants.

C'est qu'ils sont toujours à partager la terre et toujours à se faire la guerre entre eux.

Aussi n'est-elle point cultivée, étant toujours à changer de main. Si elle était sous la règle anglaise, ce serait une terre d'or.

II

L'état de guerre est, en effet, l'état normal de Svat, comme de tout pays afghan. Il y a un gouvernement rudimentaire dans la tribu, qui reconnaît l'autorité d'un *khan*, autorité généralement héréditaire et fixée dans un clan ; mais cette autorité est précaire et limitée en fait : pour toutes les mesures importantes, le khan ne peut agir que du consentement et sur l'avis de la *Djirga*, ou Conseil des anciens. Quand un khan déplaît à un parti, le parti prend les armes, à la vieille façon française, et le fusil décide. La mort d'un khan est ordinairement le signal d'une guerre civile : ses frères, ses fils, ses cousins ont chacun leurs partisans ; ce sont surtout les cousins qui sont de bons prétendants ; le mot qui signifie cousin, *tarbour*, signifie aussi rival, ennemi mortel, de sorte que le français : « Ils ne sont pas cousins », se traduirait littéralement en afghan : « Ils sont cousins ». Il arrive souvent que deux familles rivales se disputent le khanat, et chaque parti appelle à son secours quelqu'une des tribus voisines. L'an dernier, les Hassanzais, appelés par un khan svati, Muzaffar Khan, s'engageaient à brûler, moyennant 500 roupies (1000 fr.), la capitale de son rival Ghaffar Khan.

Entre les tribus indépendantes et les tribus rayas de la frontière les conflits sont de tous les jours : il ne se passe guère d'année que les gens du Yaghistan ne viennent piller les tribus soumises ou enlever les marchands hindous, hommes et femmes. Mais ici intervient le *Serkar* [1] ; le Commissaire anglais envoie demander réparation, restitution des hommes et des biens et dommages-intérêts ; la Djirga se réunit, discute, traîne en longueur ; le commissaire déclare le blocus, c'est-à-dire que tout membre de la tribu qui se présentera sur le territoire anglais sera arrêté et que ses biens seront saisis : si le blocus n'aboutit pas, on part en campagne. Dans les vingt dernières années, il y a eu une vingtaine de ces expéditions contre les tribus frontières. Généralement le blocus suffit : les tribus vivent beaucoup du commerce avec les districts voisins et, quand elles n'ont plus de débouché pour leurs bois et qu'elles ne sont pas en force pour piller une tribu

---

[1] Le gouvernement anglais.

voisine, il faut bien en passer par les conditions du commissaire.

Il y a eu justement, l'an dernier, une alerte de ce genre qui n'a pris fin que tout récemment. Une des tribus yaghies les plus redoutables du Nord est la tribu des Bounervals, qui habite les hautes montagnes de Bouner au sud de Svat ; elle dispose, dit-on, de 12,000 fusils. Des gens de Bouner avaient fait un *raid* sur leurs voisins rayas ; un officier anglais, le capitaine Hutchinson, partit avec quelques hommes pour les arrêter ; il fut tué raide mort. L'émotion fut grande sur la frontière parmi les indigènes et parmi les Anglais. Le parti militaire demandait à grands cris l'invasion de Bouner : les Bounervals n'avaient pas reçu de leçons depuis la campagne d'Ambela en 1862 [1] et sentaient le besoin d'un peu de morale en action. Le gouvernement était embarrassé ; une enquête avait prouvé que les gens pillés n'étaient pas en réalité des rayas et n'habitaient pas sur le territoire britannique, de sorte que Hutchinson avait été tué en se mêlant de choses qui ne le regardaient pas. « Si j'entre chez vous sans votre permission, me disait un politicien afghan, vous me brûlez la cervelle, n'est-ce pas ? — Sans aucun doute, c'est la cou-

____

[1] Voir la sixième lettre.

tume chez nous. — Donc, si vous entrez chez moi sans me demander la permission, j'ai le droit de vous brûler la cervelle. » Le raisonnement était sans réplique. Cependant les fournisseurs du commissariat se frottaient les mains, voyant recommencer les bonnes aubaines qui marquèrent la fin de la dernière guerre afghane :

Tout le monde a acheté les *tatous*[1] du commissariat ; pour quatre *annas*[2] les chameaux du commissariat.

En habit, bottines en main, et canne en main, se pavanent tous les *mounchis*[3] du commissariat.

Leur père et leur grand-père ne savaient pas ce que c'est qu'un âne, et les voici qui vont en *tam-tam*[4], les richards du commissariat[5].

C'était, tous les jours, dans le bazar les bruits les plus divertissants ; le Député-commissaire, le colonel Tucker, avait invité les Bounervals à envoyer une Djirga à Péchawer ; les Bounervals avaient accepté à condition que le colonel envoyât sa famille en ôtage, condition que le brave colonel pouvait accepter sans difficulté,

[1] Nom indigène du *pony*.

[2] Dix sous.

[3] Les gratte-papier.

[4] Sorte de voiture découverte.

[5] Chanson de Ghazaldin.

étant célibataire. Déjà les poètes populaires partaient pour Bouner, le *rebâb* au bras, pour chanter les prouesses des fidèles, les gloires de la guerre sainte et les yeux noirs des houris qui attendent les *ghazis*, la coupe en main, dans le Walhalla de Mahomet. Cependant le blocus avait été établi dès l'abord et fonctionnait sévèrement ; pas un chameau de Bouner ne passait le fil de la frontière. Les Bounervals se lassèrent et les journaux de l'Inde annonçaient récemment qu'ils venaient d'accepter les conditions du gouvernement.

La guerre est donc différée pour cette fois et les Bounervals en sont réduits à se tirer entre eux des coups de fusil. Rassurez-vous, d'ailleurs : l'occasion ne leur manquera pas de longtemps, tant que Dva Sara et Ilam seront sur leur base. Dva Sara et Ilam sont deux montagnes de Bouner, habitées par deux clans différents. Quand les gens de l'un en veulent aux gens de l'autre, ils vont les trouver amicalement, amènent insidieusement la conversation sur Dva Sara et Ilam, et demandent enfin quelle des deux montagnes est la plus haute, d'Ilam ou de Dva Sara[1]. « C'est Dva Sara », disent les gens de Dva

---

[1] Selon le grand atlas indien de 150 cartes, c'est Ilam qui doit s'incliner : Dva Sara a 10,121 pieds, Ilam n'en a que 9,341.

Sara ; « c'est Ilam », protestent les gens d'Ilam.
« Ce n'est pas vrai ! — Si ! — Idiots ! — Men-
teurs ! — Fils de prostituée ! — *Fils de père qui
brûle dans l'enfer !* » — Sur ce mot, qui est le mot
suprême dans le vocabulaire poissard de l'Islam,
les fusils partent d'eux-mêmes et tout Bouner
est en feu.

III

Il y a un homme, encore vivant, dont la carrière, quoique inachevée, donnera une idée assez
exacte des mœurs politiques de la tribu afghane :
c'est Mouqarrab Khan, ancien chef des Khédou
Kheil.

Les Khédou Kheil forment une des divisions
les plus importantes de Mandan et se subdivisent
à leur tour en deux tribus, les Bam Kheil et les
Othman Kheil. Mouqarrab succéda à son père
Fatteh Khan, en 1841, à Pandjtar, et régna
huit ans sans grands troubles. Mais, un jour, il
enleva, aveugla et mit à mort le *malik* des Bam
Kheil, ancien agent de son père, ce qui déplut

fort aux Bam Kheil. Au moment de l'annexion du Pendjab, il aida les Anglais, pour avoir leur appui contre ses sujets mécontents, et il se réfugia chez eux en 1857, ses sujets l'ayant chassé : il vécut longtemps à Péchawer avec une pension de trois roupies par jour.

A Péchawer, Mouqarrab entre en négociation avec les gens de Bouner, et s'assure l'appui des Amazais, avec lesquels il reprend Pandjtar en 1874 : ses ennemis font leur soumission. La Djirga, composée de quatre-vingts hommes, va le recevoir : on apporte un Coran pour jurer la paix : en ce moment, les Amazais font irruption dans la salle et toute le Djirga est massacrée. Chassé de nouveau, rétabli une fois encore en 1879, il perd, dans une nouvelle querelle avec les Bam Kheil, son fils unique, le vaillant Akbar Khan, qui fut pleuré des poètes, « belle fleur de Namir, devenue la poussière du désert ». Il achète contre les Bam Kheil les Amazais et les Gadouns ; les Bam Kheil achètent contre lui les Nourazais. Les Bam Kheil vont brûler sa capitale de Pandjtar ; lui, se fait livrer par des traîtres la place forte des Bam Khiel, Totalai. Les Bam Khiel, réfugiés sur la terre anglaise, reprennent bientôt l'offensive et la victoire, et le khan reprend à soixante-dix ans le chemin de l'exil, se réfugie chez les Anglais, qui le repoussent, et de là chez les Gadouns, où il prépare de nouvelles revanches ; il y a deux ans, las des Gadouns, il allait de nouveau frapper à la porte des Anglais ; le Commissaire, colonel Waterfield, lui donnait un bout de terrain en *free rent* : « il est si vieux que cela ne chargera pas longtemps le budget de l'Inde. » Son petit-fils est entré dans le fameux régiment afghan des guides de Mardan. Il mourra là en ruminant des plans de vengeance, rêvant à Akbar Khan ou à la Djirga massacrée.

Voici le drame du massacre, tel que le raconte une ballade récente, du poète Arsal :

Firouz (le chef du parti hostile à Mouqarrab) dit à la Djirga : « Nous ferons la paix à présent par politique. Nous renverrons les Amazais, le khan restera seul, et alors il entendra bientôt ce que nous avons à lui dire. »

La Djirga a fait la paix ; mais une pensée perfide est au cœur de chacun : « Nous mettrons à sac Ghazikot. » Ghazan était partisan du khan, il fut informé du complot.

Ghazan a informé le khan de point en point ; il lui dit : « Ne te fie pas à eux, la Djirga tout entière a résolu ta mort. Massacre la Djirga, que tu n'aies plus à t'inquiéter d'eux ! »

La Djirga et le khan se sont rencontrés. Mon appui est est dans le Dieu bon ! Avec eux étaient Ghulâm et

Cheikh Housein ; que leur front soit noirci devant le Seigneur !

Le khan dit : « Firouz ! Tu commets trahison chaque jour. Conduis-moi à Pandjtar. Moi, qui suis le prince de ce pays, je vais de porte en porte en mendiant ! »

Firouz répondit : « Tu es notre khan ! Viens, ne fais point de ravage parmi nous ! Nous ramènerons la prospérité dans ta maison. Nous te donnerons Pandjtar. Entre nous et toi, voici le Coran ! »

Le khan leur dit franchement : « Vous me prêtez serment à présent et, après cela, vous comploterez contre moi. Vous agirez en traîtres avec moi, quand mon armée sera dispersée. »

La Djirga répondit : « Pourquoi ferions-nous les traîtres ? Tu es notre khan à tout jamais. »

Les deux chefs se sont embrassés, ils se sont assis dans la Djirga... Les Amazais ont fait irruption. Un fracas s'élève, tous se dispersent. Le khan a violé sa promesse, il a menti à sa parole : le monde en a été assourdi et aveuglé.

Les Khédou Kheil étaient pris au dépourvu : ils n'avaient point idée de ce qui se passait : ils furent mis au pillage, mon ami. Cela était écrit dans leur destin.

Avec l'aide des Amazais, le khan massacra les Khédou Kheil ; il n'y eut merci pour personne, nul n'échappa. Parmi les victimes, était Mairou : c'était le malik des Mada Kheil ; il a été mis en pièces au fil des épées persanes.

La nuit se passa. Au matin, le bruit se répandit de ce qui s'était passé. Les uns étaient indignés, les autres

6

joyeux. Ce fut une grande douleur, chez les Othman Kheil; leur temps est passé.

Leur souveraineté est passée, mais ils ont trouvé la mort du martyre; que Dieu leur donne le paradis! Moi à présent, je prie pour eux, bien qu'il y ait déjà un rosier sur leur tombe[1].

Fais de leur tombe un parterre de roses, ô Dieu nourricier! Que Dieu leur donne un regard de lui, qu'il leur donne les houris avec leurs colliers, et des palais célestes en *djaguirs*[2].

La mort vient rapidement sur toi; ni khan, ni arbab n'y échappent : elle ne laisse debout ni roi ni nawab. O Arsal, ce monde est fugitif: à tout homme il ne reste que le regret.

Le poëte, sans approuver précisément Mouqarrab, comprend bien au fond que le khan ne faisait que se défendre; à y regarder de près, quel est l'homme qui, à sa place, n'en aurait pas fait autant? Mais les membres de la Djirga, ayant été assassinés, sont martyrs; ils auront donc place au paradis, et, de toute la scène d'horreur, il ne reste dans le cœur du poëte que le sentiment édifiant de la vanité de la vie et de la nécessité de faire son salut.

---

[1] Le sang des martyrs fait pousser des roses.

[2] *Djaguir*, fief.

IV

En effet, aucun Afghan de sang-froid n'oserait blâmer Mouqarrab. L'Afghan, par une contradiction, qui n'est qu'étrange en apparence, est fier et franc, mais ne se sent pas lié par sa parole. Il regarde en face, même l'Anglais ; il parle librement, il n'emploie pas les formules écœurantes d'humilité de l'Hindou, traite d'égal à égal avec l'Européen. « Nous autres, me disait l'un d'eux, nous ne connaissons pas les *houzour* (Votre Excellence) et les *farmâyid* (Daignez !) » Il a l'idée de l'honneur et il a même un mot pour la chose : *nangi pukhtâna*, « l'Honneur afghan ». Par malheur, la loyauté n'est pas parmi les vertus de l'honneur afghan.

L'Honneur afghan, tel qu'ils le définissent eux-mêmes, comprend trois lois, *nanavatai*, *badal*, *mailmastai*, loi d'asile, loi de revanche, loi d'hospitalité.

Une fois passé le seuil de l'Afghan, vous êtes

sous sa garde, fussiez-vous son ennemi mortel ; il vous protègera contre ceux qui vous poursuivent, fût-ce au prix de sa vie : une fois dehors, il reprend tout droit sur votre tête. C'est le *nanavatai*.

Vous connaissez la légende corse, contée par Mérimée, du père tuant son fils qui a indiqué aux gendarmes la cachette du proscrit : la poésie afghane a la même légende, mais avec un degré de plus dans le tragique : ici, c'est le fils qui se fait justicier sur le père. Dourkhani, amante d'Adam Khan, poursuivie par un fiancé odieux, s'est réfugiée sous le toit d'un ami de sa famille, Pirmamai : celui-ci la livre pour cent roupies, pendant l'absence de son fils Goudjar Khan :

Goudjar Khan, parti en voyage, revient à la maison ; les pans de son turban flottaient sur ses épaules.

On lui dit : « O Goudjar Khan, ton père a livré Dourkhani à Payavai ; Payavai l'a emmenée prisonnière. »

Goudjar Khan cria : « Où est mon père? Dis-le-moi! Le feu me sort du corps. »

Pirmamai s'abritait derrière un mur ; il entendit ces mots.

Vite, il sauta à cheval et courut de l'avant ; la terreur lui faisait ruisseler la sueur.

Goudjar Khan galopait sur un cheval blanc, il le lâcha à la poursuite de Pirmamai ; il laissa flotter les deux rênes sur le cou du cheval.

Il fit cinq *kros*[1], mes amis; la salive se desséchait dans la bouche de Pirmamai.

Goudjar Khan l'atteignit du bout de sa lance; les côtes de Pirmamai furent transpercées de part en part.

Il fit rouler Pirmamai de cheval à terre : Pirmamai pleurait et suppliait Goudjar Khan.

Pirmamai disait : « O Goudjar Khan! je suis ton père. J'ai fait cette action par folie. »

Goudjar Khan répondit : « Je le jure, je ne te laisserai pas là. Tu as couvert du rouge de la honte des générations de Pouchtouns[2]. »

Il tira son épée persane et l'abattit; les os de Pirmamai furent réduits en fine poussière.

Goudjar Khan galopa sur son cheval blanc et disparut : les chairs de Pirmamai furent dévorées aux chacals.

Bourhan[3] dit : « Goudjar Khan a fait acte de Pouchtoun. »

Le *badal* est la vendetta : elle est chez les Afghans ce qu'elle est chez les Corses, chez les Albanais, héréditaire et imprescriptible :

Morts sont les pères, mais les fils sont vivants,

dit notre Chanson des Lorrains. Sur le territoire

---

[1] Dix milles.

[2] D'Afghans. Ses ancêtres et ses descendants,

[3] Nom du poëte, encore vivant; il m'a lui-même récité son poëme à Abbottabad. C'est l'habitude que le poëte introduise son nom dans le dernier vers de la pièce.

britannique, la justice fait la guerre au badal,
mais sans succès : c'est là un des crimes pour
lesquels nul témoin ne parlera. Il est peu d'Afghans dans la montagne qui n'ait un ennemi
héréditaire dont il vise la tête ou qui vise la
sienne. Il n'est pas rare qu'un sipaye afghan du
Yaghistan demande un congé « afin d'aller au
pays pour affaire : » c'est qu'il y a là-bas quelque
tête de loup qui lui appartient[1].

Le *mailmastai* est la grande vertu afghane :
c'est l'hospitalité au sens le plus large du mot.
L'Afghan doit l'abri et la nourriture à tout voyageur, à tout étranger qui frappe à sa porte. C'est
un devoir de la commune aussi bien que de l'individu : la *houdjra* ou maison commune est l'asile
de ceux qui n'en ont pas. Même dans les districts anglais, le maire de village, le malik ou
lambardar, perçoit un revenu spécial, le revenu
de *malba* ou d'hospitalité, pour traiter les voyageurs qui passent. Le délit de vagabondage est
impossible chez les Afghans. Pauvre ou riche,
le devoir est le même pour tous ; le pauvre reçoit
en pauvre, le riche reçoit en riche. Il arrive souvent que le pauvre veut recevoir en riche et le

---

[1] Le contingent afghan comprend beaucoup d'hommes d'au delà
de la frontière, Afridis, Gadouns, etc.

riche veut recevoir en prince : ils s'endettent et deviennent la proie des prêteurs hindous pour échapper à l'épithète de *choum*, ladre, la pire qui puisse s'adresser à un Afghan, surtout à un Afghan de haute volée. Le vieil Afzal Khan, le descendant de la famille royale des Khatak, est universellement méprisé, non pour ses crimes et ses trahisons, mais parce que c'est un ladre, parce qu'aussitôt qu'il voit de loin paraître un hôte, au lieu de le recevoir tout d'abord, il lui demande : « D'où viens-tu ? » l'assassine de questions de pied en cap et « ouvre la bouche comme un puits vide [1]. »

Telles sont les trois vertus cardinales de l'Afghan, tel est le Code du Pouchtoun, le *Pouchtounvalai*. On voit que dans cette liste ne paraît pas *rastiya*, la loyauté. Un serment, un traité n'engagent qu'autant qu'on a intérêt à les tenir. Dans la lutte de la vie, la parole n'est qu'une arme et la promesse n'est qu'un filet de chasse comme un autre. La Djirga des Khédou Kheil avait oublié la terrible maxime de leur nation : « C'est quand tu t'es réconcilié avec ton ennemi que tu dois te défier de lui. »

---

[1] Chanson de Mahmoud. Voir la treizième lettre.

V

Ainsi divisés et incapables de s'élever à l'idée de patrie, il n'y a que deux choses qui puissent les unir momentanément par une idée commune ; une grande guerre de pillage ou la guerre sainte. Les gens de Cachemire, qui ont été soixante-dix ans sous leur joug, leur prêtent ce dicton : « C'est œuvre pie *(garẓ)* que de *prier*, et devoir « strict *(farẓ)* de *piller*. » Toutes les grandes coalitions se sont formées en vue du *loot* ou du *djihad* [1]. Les dernières grandes guerres de pillage furent celles d'Ahmed Chah, le Dourani. C'étaient par un certain côté des guerres saintes : il s'agissait de piller l'Inde idolâtre, et, de tous les principes de l'Islam, nul ne va plus au cœur de l'Afghan que celui-ci : « Le bien des infidèles appartient aux croyants. »

---

[1] *Loot*, « pillage » et « conquête », mot hindoustani qui a pénétré en anglais et qui mérite d'entrer dans toutes les langues de l'Europe du dix-neuvième siècle. — *Djihad*, guerre sainte.

Le malheur des temps et la présence des Anglais rendent aujourd'hui la guerre sainte moins profitable, et c'est un sentiment sincère, une haine désintéressée qui arme à présent les Ghazis. Il y a peu de butin à gagner, rien que le paradis. Dans l'Afghanistan propre, c'est la guerre sainte néanmoins qui a produit toutes les grandes coalitions afghanes du siècle, d'abord contre les Sikhs, puis contre les Anglais. C'est un mollah de quatre-vingt-dix ans, Mouchki Alam, de Ghazni, qui, il y a sept ans, soulevait d'un coup l'Afghanistan subjugué contre l'envahisseur qui croyait tout fini. C'est son fils, dit-on, qui, à présent, guide les Ghilzais.

Dans le Yaghistan, deux hommes dans ce siècle ont exercé une véritable dictature et un pouvoir plus que royal ; ce sont deux saints, Seid Ahmed et le Sahib de Svat. Ces deux hommes, rivaux et ennemis, morts l'un et l'autre, l'un il y a un demi-siècle, l'autre il y a cinq ans, sont encore les vrais maîtres du Yaghistan ; car ils ont créé une force qui subsiste encore et qui fera sentir son influence dans les complications de l'avenir. Voici leur histoire.

LE COBLENTZ MUSULMAN

Seïd Ahmed et les Wahabites. — Le Maître de Svat. —
La Campagne d'Ambéla.

EN juin de 1886, comme j'étais à Nathiagalli, en visite chez M. Fryer, le
Député Commissaire de Hazara, vint
en grande cérémonie une douzaine de grands
gaillards à figure patibulaire. C'était le corps
diplomatique des Afghans Gadouns, qui habitent de l'autre côté de la frontière. « Qu'y
a-t-il pour votre service? demanda poliment
M. Fryer. — Il y a, Sâb[1], que les Hindoustanis
veulent descendre chez nous : pouvons-nous les

---

[1] Sâb, prononciation vulgaire de Sahib, Monsieur.

recevoir sans danger ou nous ferez-vous la
guerre ? » M. Fryer leur dit d'être bien sages,
les renvoya au Commissaire de la division, le
colonel Waterfield, qui leur donna quarante
roupies et ils s'en retournèrent enchantés dans
leurs montagnes. Quand les hommes d'état de
la frontière veulent se procurer quelques roupies,
ils se font envoyer en *djirga*, sous prétexte de
complication politique, parce que c'est l'usage
que le gouvernement anglais défraye les envoyés
des tribus ; il y a là quelques sous à gagner ;
la diplomatie est en tout lieu un bon métier.

Ces Hindoustanis, apparaissant subitement
de l'autre côté du Border, m'intriguaient fort ; je
m'informai et appris l'histoire suivante qui vaut
la peine d'être contée, car c'est une des plus
curieuses de l'Inde contemporaine, et elle n'est
pas encore finie.

I

Au commencement du siècle, parmi les Grandes Compagnies qui se disputaient les dépouilles

de l'Inde, il y en avait une qui était commandée par un Pathan, nommé Amir Khan, un des bandits les plus atroces du temps; il faisait le pays de Malva et le Radjpoutana. Sur le tard, le métier devenant peu profitable devant les progrès grandissants de la Compagnie anglaise, il se rangea, fit sa paix et se retira comme nawab de Tonk.

Parmi les hommes du bandit, il y avait un certain Seid Ahmed, de Rao-Bareilli, dans le Rohilkhand. Je ne sais ce qu'il faisait dans le camp du Pindari, s'il pillait ou s'il priait; quoi qu'il en soit, il le quitta, décidé à réformer le monde. Vers 1816, âgé de trente ans, il alla étudier à la mosquée de Delhi sous un docteur fameux, Chah Abdoul Aziz, et, après trois ans de noviciat, se mit à parcourir l'Inde, en dénonçant les abus qui s'étaient introduits dans l'Islam et en prêchant le retour à la foi primitive. Il commença par le Rohilkhand et fut prophète dans son pays : il descendit de là dans la vallée du Gange, renouvelant les merveilles des temps apostoliques. A Patna, le pays même où, vingt-deux siècles auparavant, le Bouddhisme avait pris naissance, il se trouva à la tête de tant de prosélytes qu'il put organiser un gouvernement de la secte, nommer un grand prêtre et quatre califes ou lieutenants. Il descendit le Gange jusqu'à Calcutta, convertissant et organisant partout sur son passage : à Calcutta, telle était l'affluence des prosélytes, qu'il lui devenait impossible de les initier individuellement en leur mettant à chacun la main sur la tête : il déroulait son immense turban et tous ceux qui le touchaient devenaient siens.

En 1822, pour compléter sa propre initiation, il se rendit à la Mecque. Il en fut chassé. Les docteurs, en s'entretenant avec lui, avaient reconnu avec horreur les doctrines wahabites. Le Wahabisme est une secte puritaine dont les principes sont : unité de Dieu ; — égalité des hommes ; — point d'intermédiaire entre l'homme et son Dieu. Comme conséquence : toute prière et tout culte aux saints, condamnés comme œuvres d'idolâtrie ; — toutes les cérémonies introduites depuis le Prophète, proscrites ; — la guerre sainte érigée en devoir sacré. Les Wahabites, fidèles à leurs principes, avaient chassé d'Arabie les Turcs corrompus, saccagé les deux villes saintes, profané les tombeaux des saints, dépouillé la Caaba des offrandes accumulées de onze siècles. Le Séid de Bareilli, arrivé par ses réflexions solitaires aux doctrines d'Abdoul Wahâb, rentra dans l'Inde à la fin de 1823, décidé, non plus à prêcher, mais à agir. Sans s'arrêter à Bombay, où il retrouvait dès ses premiers pas l'apothéose de Calcutta, il rentra dans le Rohilkhand, où il enrôla plusieurs centaines de ses compatriotes les plus ardents et il se dirigea vers les montagnes de Péchawer pour prêcher la guerre sainte parmi les Afghans, qui sont proches cousins des gens du Rohilkhand.

Séid Ahmed n'était point allé là au hasard. A la date de 1824, le grand ennemi de l'Islam était, non pas l'Anglais, encore lointain, mais le Sikh, maître du Pendjab, idolâtre et persécuteur. Depuis les dernières années d'Ahmed Chah, la guerre sainte était en permanence entre le Sikh, profanateur de mosquées, et le Pathan, égorgeur de vaches. Après avoir parcouru tout le pays afghan, de Péchawer à Candahar, en annonçant la conquête du monde infidèle « depuis les Sikhs jusqu'aux Chinois, » il lança son Manifeste et annonça l'ouverture de la guerre sainte pour le 21 décembre 1826. Les *Sardars* de Péchawer, princes mondains et tout à leurs plans d'ambition personnelle, ne purent marcher contre le courant et joignirent leurs troupes aux bandes hindoustanies d'Ahmed, gonflées de milliers de montagnards. Ahmed enveloppa les Sikhs à Saïda; mais au commencement de la bataille, les Sardars, gagnés par la politique sikhe, abandonnaient Ahmed; ce fut un immense carnage des Afghans; Ahmed s'enfuit à Svat presque seul.

Il semblait perdu : il se releva plus fort que jamais. La défaite n'avait point ébranlé son prestige et le succès de sa fuite l'avait rehaussé. On disait qu'il réduisait les canons au silence et rendait les balles inoffensives. Fatteh Khan, de Pandjtar, le père de ce Mouqarrab Khan dont je vous contais dernièrement l'histoire, se mit à son service et bientôt toutes les tribus des Yousoufzais le reconnurent pour maître et lui payèrent la dîme. Ces tribus, à qui la force n'avait jamais pu imposer de maître, s'appelât-il le Grand Mogol, en prenaient un d'elles-mêmes et c'était un vaincu, un fugitif. Un des Sardars de Péchawer, un des traîtres de 1826, Yar Mohammed, vint l'attaquer dans ses montagnes : Ahmed le surprit de nuit, le tua et s'empara de tout son camp.

Il n'y aura jamais de chef pareil à Yar Mohammed. Mais l'automne est venu pour lui et le voici jonché à terre.

Ses frères sauront bien le venger, chacun en est convaincu, que ce soit Pir Mohammed qui vienne, ou Rahamdil de Kandahar.

Avant de mourir, il a envoyé un messager à Pir Mohammed : « Vite, accours : une terrible catastrophe « s'est produite. »

Les rossignols [1] ont tordu leurs pattes roses. O palais, tu es désolé.

---

[1] Les femmes du palais de Yar Mohammed.

Chevaux, couleuvrines, faucons et tentes ont été abandonnés au Séid : Khataks, Khalils et Mohmands sont revenus à pied et vaincus.

Le palais de Yar Mohammed et celui de Khalaq Dad sont devenus le bien de l'héritier. Garde-toi, ô Noureddin [1], de faire tort aux Séids.

Les Sardars ne vengèrent pas leur frère ; ils s'inclinèrent devant le Séid, payèrent tribut, reçurent un de ses lieutenants à Péchawer. Séid Ahmed ne pouvait périr que par Séid Ahmed. Maître des Yousoufzais par le seul ascendant de la force morale, il ne sut pas voir les limites de cet ascendant. Il crut qu'étant Prophète il pouvait être réformateur et osa s'attaquer à une des coutumes les plus immorales des Afghans, la vente des femmes.

Les Afghans sont musulmans fervents ; mais, sans qu'ils s'en doutent, ils sont Afghans avant d'être musulmans. Or, chez eux, le père vend sa fille en mariage ; une femme vaut en moyenne cinq cents roupies ; c'est le bénéfice le plus net de la famille, c'est l'excuse que la fille a de naître. Je ne sais point de chanson plus sinistre que la chanson des fiançailles afghanes : la veille des noces, les compagnes de la fiancée viennent la

____

[1] Nom du poète.

voir et la consoler, comme une fille de Jephté, et chantent :

Tu restes assise dans le coin et tu nous pleures en face.
Que pouvons-nous faire pour toi ?
Ton père a reçu l'argent.

Séid Ahmed déclara abolie la vente des femmes. Les Afghans avaient supporté l'insolence de ses soldats hindoustanis, les exactions de ses collecteurs d'impôt : ils ne supportèrent pas cette atteinte aux *droits sacrés de la famille*. Un complot fut formé et, à un signal donné par un feu de joie, tous ses soldats et ses agents par milliers furent égorgés sur toute l'étendue du pays. Le Séid, protégé par son fidèle Fatteh Khan, échappa à ces Vêpres afghanes, s'enfuit avec quelques hommes au delà de l'Indus et trouva enfin un refuge dans la vallée de Pakli, district de Hazara. Sur la route, il enterra les canons qu'il avait enlevés à Yar Mohammed et qu'on n'a pas retrouvé.

Les survivants de ses fidèles revinrent le chercher à Pakli : les volontaires affluaient dans le Hazara. Mais « sa fortune s'était endormie pour toujours. » En mai 1831, le général Sikh, Chir Singh, conduisit une armée contre lui et rencontra la bande désespérée à Balakot : elle lutta jusqu'à la mort. « Les Houris vinrent en toute hâte lui apporter la coupe du martyre : que le Seigneur lui ouvre en plein le Paradis ! » Chir Singh fit ensevelir le cadavre du Séid ; mais ses Akalis l'exhumèrent et le jetèrent à la rivière ; la rivière le rejeta au bord et les Sikhs le coupèrent en morceaux ; un fidèle recueillit une jambe qu'il ensevelit à Pallikot. Mais au Bengale où, à la même époque, à six cents lieues du champ de Balakot, ses disciples venaient de livrer aux Anglais la première bataille de la guerre sainte, les *Califes* annoncèrent que le Séid n'était pas mort ; des témoins déclaraient l'avoir vu emporté au ciel, au plus épais de la mêlée, dans un nuage de poussière : il avait lui-même prédit sa disparition et prié Dieu que sa tombe fût invisible, comme celle de Moïse, pour être soustraite à un culte sacrilège. Le Tout-Puissant l'avait enlevé du milieu d'une génération sans cœur : quand tous les Musulmans de l'Inde marcheront comme un seul homme à la guerre sainte, le Séid reparaîtra pour les conduire à la victoire [1].

---

[1] Pour toute cette histoire de Séid Ahmed et du complot de Patna, je me sers surtout du beau livre du Dr Hunter, *The Indian Musulmans*, 1871.

II

La colonie hindoustanie ne fut anéantie ni par les Vêpres yousoufzaies ni par le désastre de Balakot.

Il y a dans la montagne un village nommé Sitana, que les tribus de Bouner avaient donné en lieu d'asile à un saint homme exilé pour meurtre. Le petit-fils du saint homme, Séid Omar Chah, avait été trésorier de Séid Ahmed. Ayant hérité Sitana de son grand-père, il y appela les débris de l'armée apostolique.

Cette armée grandit, recevant des renforts d'hommes et d'argent, non pas des Afghans qui ne tenaient pas à se confondre avec les Hindoustanis et qui sont peu donnants, mais de l'autre extrémité de l'Inde, des populations fidèles du Bengale. Patna était le centre d'une immense propagande qui, par la presse clandestine et par les missionnaires, rayonnait sur toute l'Inde musulmane du Nord. Le système du Califat, institué par le Séid, fonctionnait après sa mort comme devant. Les agents des Califes levaient les contributions des fidèles dans toutes les villes et les campagnes où avait passé le Prophète. Il y avait des localités où les ouvriers envoyaient la dîme de leur salaire. Il est de dogme en Islam que tout fidèle qui le peut doit abandonner son pays, si la loi de l'infidèle y domine. Une foule de volontaires s'en allaient donc à Sitana rejoindre l'armée de la guerre sainte : bandits échappés de prison, criminels se dérobant à la justice, aventuriers en inquiétude, et aussi humbles fidèles, rêvant le salut du monde et la béatitude éternelle. Pendant vingt ans, les « Fanatiques hindoustanis », comme on est convenu de les nommer *(Hindustani Fanatics)*, firent peu parler d'eux hors du Pendjab : la querelle sur la frontière était toujours entre Sikhs et Musulmans. Cependant ils commençaient à rendre justice aux Anglais que leurs frères de Patna connaissaient trop bien ; dans la première guerre d'Afghanistan, ils envoyèrent un corps considérable au secours des Afghans, et des centaines d'entre eux se firent tuer à Ghazna.

En 1849, les Anglais prennent la place des Sikhs dans l'empire du Pendjab comme dans la haine du *Border*. De 1850 à 1857, ils eurent à envoyer contre les tribus seize expéditions distinctes

III

Cependant, un pouvoir nouveau grandissait à Svat, de même nature que celui de Séid Ahmed, mais différent de caractère et de tendances : celui d'Abdoul Ghafar, dit le Sahib ou Maître de Svat.

Abdoul Ghafar était né à Siki, près d'Akora, dans le district de Nauchéhra. Il n'était pas Pathan de naissance, il était *Goudjar*, une des basses castes du Nord-Ouest : mais chez les Musulmans, un homme de race inférieure peut s'élever par l'austérité. A dix-huit ans, il entra dans l'ordre d'Abdel Qader Ghilani, — l'ordre auquel appartint le Mahdi, — et s'établit dans une petite île de l'Indus, près d'Attock : il y vécut douze ans en reclus, d'herbe sauvage et de lait de buffle. Il rentra alors dans le monde ; c'était le moment où paraissait Séid Ahmed : les deux hommes se rencontrèrent et se heurtèrent. Abdoul Ghafar était avant tout un théologien et un orthodoxe, non pas un homme d'action et un réformateur; il aimait peu le politique et haïssait le Wahabite. Séid Ahmed était alors tout puissant : Abdoul Ghafar fut forcé de s'enfuir et se réfugia dans le pays de Svat, à Sédou; sa réputation de sainteté l'y avait précédé et il devint le Pape du pays; quand le « Maître de Svat », le Sahib Svat, avait parlé, il n'y avait plus à discuter.

Durant les vingt années qui suivirent la mort de Séid Ahmed, le prestige du Sahib Svat ne fit que grandir : il était l'autorité suprême pour tout l'Islam du Nord et de l'Asie centrale. A Sédou, il recevait des milliers de visiteurs, qui venaient de tous les coins du monde musulman prendre ses oracles et demander sa bénédiction. Ses *fetvas* sur les cérémonies religieuses et les observances séculaires faisaient loi et font encore loi chez tous les Sunnis du Nord-Ouest : le tabac est le seul pouvoir contre lequel ait échoué leur autorité. C'était plus qu'un grand fakir, c'était un *Ghaus*, c'est-à-dire un de ces saints merveilleux que, d'âge en âge, le ciel envoie à la terre, pour lui rappeler qu'il veille toujours sur elle.

Si détaché qu'il fût de la politique militante, le Sahib de Svat ne put voir sans inquiétude les Anglais devenir les voisins de Svat. Il engagea les Svatis à nommer un chef, un roi, à qui ils payeraient la dîme de leur moisson pour entretenir un corps d'armée défensif. Il fit nommer Séid Akbar, frère de Séid Omar, de celui-là même qui avait appelé à Sitana les Hindoustanis fugitifs. C'était un pas en avant vers la politique d'action et une avance aux Hindoustanis. Si Séid Akbar avait encore été là au moment de la grande rébellion, la position des Anglais devenait critique ; mais, par un de ces coups merveilleux de bonne fortune dont les Anglais ont été coutumiers *(iqbal)*, il mourut le 11 mai 1857, le jour même où éclatait la rébellion. La mort du Séid Akbar fut le signal de la guerre civile : le fils d'Akbar, Mobarak Chah, réclamait son héritage ; mais les Svatis étaient déjà las de la dîme et de la royauté. Sur ces entrefaites arrivèrent cinq cents cipayes, déserteurs de l'armée anglaise : Mobarak Chah les prit à son service ; mais après la première bataille, ils demandèrent mille roupies de solde, ce qui rompit la bonne intelligence. Le Sahib de Svat, tranquillisé pour l'instant du côté des Anglais, sa rallia au parti populaire ; le roi Mobarak fut chassé, et les cipayes congédiés allèrent périr de faim et de misère dans les ravins et les montagnes. C'était un grand coup porté indirectement aux intransigeants de Sitana ; un coup plus direct leur fut porté l'année suivante. Les Hindoustanis ayant fait une incursion sur le territoire britannique et surpris la camp anglais, le général Cotton répondit en allant les chercher à Sitana, qu'il mit en flammes, avec l'aide des Othmanzais. Séid Omar fut tué dans la lutte. Les Othmanzais et les Gadouns s'engagèrent à ne jamais donner aux Hindoustanis ni asile ni passage.

Les Hindoustanis s'étaient de Sitana retirés à Malka dans le massif du Mahâban. Cinq ans plus tard, ils étaient réinstallés à Sitana, du consentement des Gadouns, menaçaient et pillaient le territoire britannique, enlevaient des marchands et écrivaient aux officiers anglais pour réclamer leur rançon. Une expédition fut décidée, et, dans la nuit du 19 octobre 1863, une armée de 7,000 hommes entra dans la passe d'Ambéla, nom alors inconnu, qui allait devenir inoubliable dans la mémoire des Afghans.

IV

La passe d'Ambéla tourne le territoire des Gadouns et conduit droit à la forteresse des Hindoustanis : cela dispensait d'attaquer de front le massif inabordable de Sitana ; par malheur, la passe appartient à des tribus neutres. Le général anglais, Chamberlain, ne les avait pas averties de ses intentions, pour ne pas donner l'éveil aux Hindoustanis : il comptait arriver en un jour ou deux à Sitana, la détruire et, la chose faite, rentrer aussitôt en territoire britannique. Les neutres ne le prirent pas ainsi : voyant venir 7,000 hommes avec 4,000 mules de bagages, ils prirent peur, se dirent qu'on leur en voulait, et barrèrent la route. Chamberlain dut s'arrêter : quatre jours plus tard, les 12,000 fusils de Bouner prenaient parti ; bientôt le Sahib de Svat lui-même, le pacifique fakir, débordé par l'opinion des tribus et par les reproches de sa conscience, déclarait la guerre sainte. On vit accourir deux mois durant, à côté des Svatis, des Gadouns et des Bounervals, des bandes innombrables de toutes les tribus qui s'étendent jusqu'aux confins du Yaghistan de Caboul, Houssainzais, Akazais, Amazais, Ranizais, Tchigazais, les Madakheil, les Khudakheil, les Bajaours, et d'autres dont on n'avait jamais entendu le nom ; aux derniers jours arrivait le clan lointain de Dher, avec son chef Ghazan Khan. Ce qui ne devait être qu'une razzia contre une bande de 2,000 hommes devenait une guerre de races ;

60,000 hommes, toutes les forces du Yaghistan, venaient, à tour de rôle, barrer la passe d'Ambéla et dire au Firanghi : Tu n'iras pas plus loin.

Malgré des renforts répétés, Chamberlain resta des semaines entières à l'entrée de la passe, sans avancer d'un pas : tel pic fut trois jours de suite pris, perdu et repris ; il est resté célèbre, chez les Afghans, sous le nom *Qatal-garh*, le château du massacre. Les Afghans montrèrent une folie d'héroïsme que les derviches du Mahdi ont seuls égalée depuis ; ils chargeaient sans armes sur les canons pour les boucher avec leurs manteaux. La ténacité de résistance des Anglais épuisa enfin la constance des coalisés : toute coalition de tribus est chose capricieuse, le temps est sûr de l'user ; « les jalousies, une panique, un malentendu la font fondre en un instant comme une neige de printemps. » La diplomatie anglaise et les roupies accélérèrent le mouvement de décomposition. Certains clans des Bounervals se retirèrent soudain ; c'était le signal de la débandade ; la défiance était entrée dans le grand corps et chaque membre ne songea plus qu'à lui-même. Ce fut chaque jour une nouvelle défection, et à la fin, faisant volte-face complète, la Djirga générale des Bounervals offrait ses services au général anglais et acceptait de le guider à travers les montagnes jusqu'au camp des Hindoustanis et de le réduire en cendres.

L'objet de l'expédition était atteint, et l'armée anglaise revint par la passe d'Ambéla, sans avoir à tirer un coup de fusil. Mais elle avait laissé à l'entrée, en tués ou blessés, le dixième de son effectif. Cette campagne, qui se terminait officiellement par un succès, avait révélé d'une façon frappante et le fort et le faible des deux races en présence. Elle laissa un souvenir sinistre dans le Pendjab, et les Afghans, qui s'inquiètent toujours fort peu du résultat final, chantèrent Ambéla comme une victoire. Ils avaient raison au fond, sinon dans la forme, et la poésie populaire poussa un cri de triomphe épique, d'une éloquence farouche, et qui, après vingt-cinq ans, retentit encore dans la montagne :

Sur la crête de Qatal-garh les Firanghis ont eu longue douleur ; il y a eu des cris de terreur. La nuit passait sur eux quand ils voyaient les Ghazis ; le désespoir a fondu sur eux.

Sur la crête de Qatal-garh les Firanghis ont réuni leurs troupes : de loin s'abattaient sur eux les Bounervals, tels que des faucons ; j'ai été stupéfait de leur élan.

Les jeunes gens portaient des ceintures rouges et des boucliers à deux couleurs ; des cris s'élevaient de tout côté : les balles de rifles pleuvaient comme la pluie.

Les balles de rifles pleuvaient en pluie fine. Le Député dit au Commissaire : « Ils ont avec eux un fakir « puissant contre lequel on ne peut combattre. » Les régiments des Blancs[1] pleuraient à cause du Pir[2] : « Quand serons-nous délivrés? Ils escaladent nos rem- « parts, nous ne pouvons arrêter les Ghazis, l'épée ne « laisse pas trace sur eux. »

O Maître, je te le dis, bénie soit ta patrie, la terre sacrée de Bouner et de Svat !

Le général s'écria : « Je n'ai plus le souffle au « corps : quelle catastrophe ! Mon armée a été mise en « pièces. Je n'y reviendrai plus, à quoi bon? Je n'ai « pu réduire Svat. »

O Seigneur, fais une charogne de cet impie de Lahore : il sera repoussé et brisé. Les uns s'enfuient à quatre pattes, les Ghazis font une boucherie des autres, ils n'atteindront pas Tchimla.

Ils s'enfoncent dans les taillis, mais ils n'en seront pas sauvés, les bandits, les serpents. Ils n'osent tourner le front pour la lutte; les Ghazis les ont fait fuir le long de la vallée; l'Islam a fait grande fête sur eux.

Six mois[3] les Firanghis ont lutté aux bords du Surkavi; ils y ont péri en masse. Du haut d'un rocher

[1] On appelle *Blancs* (Gaura) les soldats anglais et *Noirs* (Kala) les sipayes.

[2] Pir, *vieux* : chef religieux.

[3] En réalité deux mois.

élevé, le Maître a prononcé le *tekbir* ; car il est le boucher qui les égorge [1].

L'ombre de la robe du héros couvre les Ghazis.

La grande figure du héros, le Sahib de Svat,
dominait toute la lutte. On disait qu'il était venu,
monté sur un âne, à la tête de quarante mille
cavaliers. Comme il se tenait prudemment à
l'abri des balles, on disait qu'il avait le don de
se rendre invisible :

Fuyez, ô Firanghis, si vous voulez vous sauver ; le
Sahib chevauche et les Akouzais le suivent. Dans les
ravins d'Ambéla gisent les Blancs avec leur ceinture
rouge, la tête hérissée.

La miséricorde du Seigneur fut sur le Babadji [2] ; car
il a repoussé les Firanghis jusqu'à Calcutta.

O Babadji, puisses-tu avoir un fils qui étendra son
pays jusqu'à Calcutta !

Par malheur il y a des tièdes, il y a des
traîtres : qu'ils soient maudits !

Par l'intercession du Prophète, ô Maître, agréez
cette demande de moi : rendez boiteux des deux pieds
quiconque me fait la guerre ; lancez la maladie sur sa
famille, faites descendre le malheur sur lui.

---

[1] Pour égorger les bestiaux selon le rite, le boucher doit prononcer sur eux le *tekbir*, c'est-à-dire la formule *Allah Akbar* : Dieu
est seul grand.

[2] Le Père, le Sahib.

Que Zeid Ullah Khan[1], de Dagar, tremble devant
Dagar, ô Seigneur! On sait bien à Dagar que le nom
de Zeid Ullah est *nihang*[2].

Les Ghazis s'étant réunis, il s'en est allé au milieu
de la nuit et en a informé les Firanghis. Il dit à James[3]:
« Aujourd'hui ta vie est en grand danger. »

James lui répondit : « Zeid Ullah, je te comblerai.
« Tu auras à perpétuité de moi dix sous par jour. »

Nur Chali dit : « O Zeid Ullah, tu as perdu l'Islam.
« O Seigneur! je t'en supplie, frappe de lèpre toute
« sa famille! »

V

La campagne de 1863, pas plus que celle
de 1858, pas plus que le désastre de Balakot,
ne fut la fin des Hindoustanis. Le camp rebelle
en fut quitte pour se déplacer : il trouva asile à
Palosa, chez les Hassanzais. L'année même qui
suivit la campagne d'Ambéla, un procès resté
célèbre, le procès de Patna, dévoilait les rap-
ports du camp rebelle de la frontière avec le

[1] Un des premiers déserteurs.
[2] *Nihang*, crocodile, traître.
[3] Le Député Commissaire.

Bengale musulman, et les immenses ramifications d'un gouvernement occulte qui, par un système admirablement organisé de missions, d'impôts et de caravansérails espacés sur toute l'étendue de l'Inde du Nord, envoyait régulièrement et en toute sécurité, de Calcutta à la frontière afghane, des fonds, des hommes et des armes.

La découverte de cette conspiration, qui durait déjà près d'un demi-siècle, est tout un roman. Ce n'est point à l'administration anglaise qu'en revient l'honneur, car elle fit tout ce qu'elle put pour ne rien voir. Dans la campagne de 1858, on avait avec étonnement remarqué parmi les morts des hommes qui avaient, à ne pouvoir s'y méprendre, le type bengali : petite taille, teint basané, barbe rare. Cinq ans plus tard, un agent de police pendjabi, nommé Guzan Khan, qui avait fait la campagne d'Ambéla, rencontre sur la grande route quatre voyageurs dont le type lui rappelle les morts de 58. Il entre en conversation avec eux, les fait parler, apprend qu'ils viennent du camp de Malka et qu'ils se rendent à Patna pour chercher des fonds et des hommes. Il les arrête, malgré leurs supplications, leurs appels à leur foi commune de Musulmans, leurs offres d'or et d'argent, et les traîne devant le magistrat de Karnal : celui-ci, qui connaît l'imagination romanesque de la police indigène et sa façon de faire chanter les gens paisibles, renvoie les quatre voyageurs et tance le policier trop zélé.

Le Pendjabi, froissé au cœur de voir mises en doute son honnêteté et son intelligence, rêve la vengeance et, avec une admirable fidélité d'esclave, se chargera, en risquant ce qu'il a de plus cher, de dessiller les yeux des étrangers qu'il sert. Ne pouvant quitter son poste, il écrit à son fils, qui vivait dans un village de la frontière, d'aller à Malka, de s'enrôler parmi les rebelles et de ne point revenir sans les noms des chefs qui organisent la conspiration sur le territoire britannique. Le fils part, traverse les postes anglais au risque d'être pendu comme rebelle, arrive au camp, s'enrôle, pénètre tous les secrets et, un jour, revient exténué de fatigue, de dénuement et de maladie, frapper à la cabane de son père. Il rapportait les noms des trois organisateurs du parti : le grand prêtre Yahya Ali, l'écrivain public Jaffir, et le boucher Mohammed Chafi : ce dernier était le pourvoyeur en chef de l'armée anglaise du Pendjab. Ils furent condamnés à mort, puis, par commutation, déportés aux îles Andaman.

L'organisation de Patna était brisée ; mais le « camp rebelle », le Coblentz de l'Hindoustan, est toujours là et reçoit encore, quoique d'une façon intermittente et irrégulière, les recrues de l'Hindoustan. Les émigrés sont toujours là, faisant la veillée des armes. Ils ne se mêlent pas aux querelles des tribus entre elles; car ils sont là pour l'infidèle, non pour les Musulmans. C'est même la cause qui m'a valu le plaisir de voir en juin dernier la Djirga des Gadouns. Les Hassanzais, chez qui les Hindoustanis étaient refugiés, étant en guerre contre les gens de Nandihar, les avaient invités à venir avec eux : les Hindoustanis répondirent : « Nous sommes ici pour faire la guerre sainte, le *djihad*, non pour faire la guerre à des Musulmans : si nous étions tués en combattant contre des fidèles, nous deviendrions des *charognes* (mourdar), au lieu de devenir des *martyrs* (chahid). » Là-dessus, les Hassanzais leur ont dit de détaler et ils sont allés frapper à la porte des Gadouns. Mais sur ces entrefaites, on a appris que les gens d'Agraor, qui sont des *rayas*[1], ont aidé les gens de Nandihar et ont des « fusils du gouvernement »; là-dessus, les Hindoustanis ont dit aux Hassanzais : « Il y a de la guerre sainte là-dedans : nous sommes à vous. »

[1] *Rayas*, sujets des Anglais.

SEPTIÈME LETTRE

LES AFGHANS DE LA REINE

Les Afghans sous les Mogols. — Les Afghans sous les Sikhs. — Hari Singh et Avitabile; Afghans et Français; M. Allard. — Un fonctionnaire Afghan. — Le Clephte : la ballade de Naïm Chah. — Les trois ӡ. — Les Afghans et la justice anglaise.

Les Afghans de la Reine occupent la rive droite de l'Indus, qu'ils franchissent dans le Hazara; ils dominent dans les quatre premiers districts qui descendent le fleuve, Péchawer, Kohat, Bannou et Déra-Ismaïl-Khan. A la Déra suivante, celle de Ghazi-Khan, commencent les Béloutchis qui vont jusqu'à la mer.

Les deux tribus les plus considérables parmi

les Afghans de la Reine sont les Yousoufzais, au nord de Péchawer, et les Khataks au sud. Ces Yousoufzais appartiennent à la même tribu que nous avons déjà rencontrée au Yaghistan; ils forment environ un dizième de la tribu totale.

Les Afghans de la Reine sont les plus civilisés des Afghans. Cela ne tient pas seulement à la domination anglaise, laquelle est récente, quarante ans à peine. Il y a plus de trois siècles que les Afghans connaissent l'étranger; pendant deux siècles ils ont été sous les Mogols; englobés au siècle dernier dans l'empire afghan des Douranis, ils ont passé de là sous le joug des Sikhs et sont tombés de la main des Sikhs dans celle des Anglais. Quoique ce long apprentissage de la servitude n'ait pas fortement entamé le caractère national, surtout dans la montagne, il leur a pourtant appris vaguement l'existence de la règle. En même temps, leurs grands chefs, inféodés au Grand Mogol, ont appris à la cour de Delhi des élégances qu'ils ne soupçonnaient pas : chez les Khataks surtout l'instinct littéraire s'est éveillé et, au temps d'Aurengzéb, leur khan, Khouchal Khan, devenu l'élève des poètes hindoustanis et persans, mais gardant toute la sève sauvage des passions nationales, créait une poésie nouvelle, à la fois savante et vivante, rapidement dégénérée parmi ses successeurs, mais souverainement originale chez lui, parce que c'était une âme jetée dans un moule plus rare [1].

Les Afghans étaient semi-indépendants sous les Mogols : ce sont les Sikhs qui les premiers les matèrent et leur apprirent qu'un Afghan même peut être asservi : les Sikhs mâchèrent la besogne pour les Anglais, qui n'eurent qu'à recevoir de leurs mains la matière toute préparée.

La grandeur des Sikhs commençait quand Ahmed Chah fondait son empire ; ils avaient inquiété ses derniers moments et n'avaient fait que grandir entre le Grand Mogol en ruines et l'empire dourani, déjà en décomposition. Le fanatisme de Mahomet rencontrait enfin en face de lui un fanatisme plus jeune, aussi ardent et mieux organisé, celui de Govind, et il plia la tête.

---

[1] Voir la treizième lettre.

Pendant vingt ans, les Afghans du pays de Péchawer furent écrasés par deux hommes qui ont laissé chez eux un long souvenir d'admiration et d'horreur, le Sikh Hari Singh et l'Italien Avitabile. Chaque année Hari Singh, suivi de ses invincibles *Akalis*, allait lever l'impôt chez les Yousoufzais, les traquant dans la montagne et dans leurs repaires les plus inacessibles. Longtemps après sa mort, les mères disaient à l'enfant qui pleure : « Tais-toi, ou Hari Singh va venir » ; et aujourd'hui encore les vieillards montrent la place où « le tigre (le Singh) les chassait comme des moutons ». Il est tel village, niché sur son aire d'aigle, qui considère comme son titre de noblesse de n'avoir pas vu Hari Singh.

Hari Singh périt dans la victoire, à Djemroud, et fut remplacé par Avitabile. Avitabile, Napolitain de naissance, était un de ces officiers de la grande armée, qui, après Waterloo, allèrent chercher fortune en Asie : c'était un homme d'un grand talent administratif, mais d'une énergie atroce. Il fit aux montagnards une guerre d'extermination, d'extirpation ; tout montagnard pris, armé ou non armé, était envoyé au gibet. Il lui fallait tous les jours, à déjeuner et à dîner, deux Afghans pendus à sa fenêtre. Donnant

Chamkanni en *djaguir*[1] au khan Kamreddin, il spécifiait une redevance annuelle de vingt têtes d'Afridis. Un jour, il faisait précipiter du haut d'un rocher des prisonniers Afridis ; un de ces hommes, en tombant, se raccroche à une branche d'arbre, remonte à terre, et lui dit : « Dieu m'a fait grâce : ne me feras-tu pas grâce, toi aussi ? » Avitabile fait signe à ses gens de le rejeter dans l'abîme et dit à l'homme : « Je te donne une nouvelle chance. » Des Adrets, le boucher des Cévennes, avait été plus clément.

Les Afghans, au fond, n'en ont pas gardé mauvais souvenir ; ils admirent Avitabile, reconnaissant en lui un homme de leur trempe. Et un fait curieux, c'est qu'Avitabile a beaucoup rehaussé chez eux le prestige de la France. Comme la plupart des officiers au service de Rundjet Singh, ou du moins les plus distingués, Court et Allard, et d'autres, étaient des patriotes Français, qui étaient allés chercher au bout du monde un coin de terre où relever les trois couleurs, les Afghans firent aussi d'Avitabile un *Prachich* (les Prachich, c'est nous ; un Français se dit en persan *Franciss*, ce que les Afghans trouvent plus harmonieux de prononcer *Prachich* : affaire de goût). A Péchawer, où, après cinquante

____
[1] Fief.

ans, le souvenir d'Avitabile est toujours vivant, il n'y avait pas d'Afghan avec qui j'avais affaire, qui apprenant que j'étais *Prachich*, ne me parlât aussitôt avec beaucoup de déférence de mon compatriote Avitabile; j'avais beau décliner l'honneur et honnêtement rendre Avitabile à l'Italie, j'y perdais ma peine, et Prachich il restait. *Prachich*, vous comprenez, tout le monde connaît ce nom-là; mais s'il y avait un peuple italien, cela se saurait. Je me résignai donc et tâchai de profiter pour mon propre compte de la considération dont jouissait Avitabile.

La légende populaire est capricieuse dans sa justice. M. Allard, l'ami de Jacquemont, le plus illustre des officiers de Rundjet Singh, est oublié, et son plus beau fait d'armes, son merveilleux passage de l'Indus, a passé au compte de Rundjet. C'était en 1823, après la bataille de Nauchéhra, la première victoire des Sikhs sur les Yousoufzais, mais victoire chèrement payée er qui rendait le Radjah pensif. Il campait sur la rive gauche de l'Indus, où il avait affaire avec les Afghans de Gandgarh. Les Yousoufzais, se voyant à l'abri derrière le fleuve qui, en cet endroit, est très rapide et très profond, se mirent à insulter les Sikhs et à égorger des vaches, — outrage sans nom pour un Hindou et surtout pour un Sikh. Rundjet, hors de lui, ordonne de passer le fleuve : ses officiers lui remontrent le danger ; il persiste, et lance un premier corps, qui est emporté par le courant : en quelques minutes, sept cents cadavres flottaient à vau-l'eau. M. Allard, à cette vue, fait avancer le régiment de cavalerie qu'il avait dressé à la française et entre dans le fleuve : la colonne serrée, cheval contre cheval, fend en ordre et d'une seule masse la rivière paralysée et aborde à l'autre rive au complet. Les Yousoufzais, frappés de terreur, s'enfuient sans essayer de résistance, poursuivis par les Sikhs qui massacrèrent toute une semaine. Ce passage de l'Indus resta dans l'imagination populaire comme un des prodiges de Rundjet Singh. On en fit des ballades et l'on conta que Rundjet était un saint, un *Bouzourg*[1], qu'il avait dit à « la Grande rivière », l'*Aba-Sind* : « Arrête-toi ! » et la rivière s'était arrêtée. C'est en effet un des traits les plus intéressants du fanatisme dans l'Inde de n'être pas exclusif : la force est la force, où qu'elle se révèle, et il y a dans toutes les religions des *Bouzourgs* qui font de grandes œuvres. L'Hindou va prier à la *Ziârat* du saint musulman et lui adresser ses vœux. Kabir était-il hindou ou musulman? Nul

---

[1] Bouzourg, « un Puissant », c'est-à-dire un saint doué du don de miracle.

ne l'a su, de ses adorateurs. L'Afghan rendra justice aux vertus surnaturelles de Rundjet, et le Sikh s'agenouillera plus tard devant Nicholson, homme et Dieu. L'avatar plane sur toutes les races et sur toutes les religions.

A force d'être traqués et fusillés par les Sikhs, les Afghans les prirent en estime et en amitié. Quand les mauvais jours vinrent pour la *Khalsa*[1], les Afghans se levèrent pour elle et vinrent à temps pour partager la dernière défaite. Huit ans plus tard éclatait la grande rebellion et l'empire britannique était aux abois. Il fut sauvé par les Sikhs et les Afghans, combinés pour sauver leurs vainqueurs de la veille. Le génie de Nicholson, ramassant dans sa main, comme autant d'armes, la haine et le mépris du Pendjab pour l'Hindoustan, l'amour du massacre et du pillage inné au montagnard, et la fascination sur ces natures brutes d'une volonté invincible comme le destin, lança contre Delhi tous ces vaincus encore frémissants.

[1] La communauté religieuse et militaire des Sikhs.

II

Vous rencontrez à Péchawer des Afghans qui ressemblent bien peu au vieux Mouqarrab Khan dont je vous contais naguère les exploits. Tel est l'honorable Kazi-Tila Mohammed, qui me fit le premier les honneurs de Péchawer. Tila Mohammed est un fonctionnaire en retraite : il était secrétaire au Commissariat, il parle l'anglais, il écrit l'anglais, il est membre du Conseil municipal de Péchawer. Aussi me conduit-il tout d'abord au Town-Hall (l'Hôtel de Ville), il m'introduit dans la salle des délibérations : ce fauteuil-ci est le fauteuil du colonel Tucker, Député-commissaire du district et président du Conseil ; et cette chaise rembourrée qui, ma foi, n'est qu'à deux sièges du fauteuil présidentiel, est la chaise de Tila Mohammed lui-même. Il me conduit de là au *tehsil* [1], car du haut du *tehsil* la

---

[1] Administration du canton ; chaque district est divisé en plusieurs *tehsils*, division surtout financière : le *tehsildar* est chargé de la perception du revenu et a un certain pouvoir judiciaire. Le *tehsildar* est toujours un indigène.

vue est splendide sur l'amphithéâtre des montagnes afghanes ; et de plus, Tila Mohammed siège souvent au *tehsil* comme juge criminel, dans les cas de moindre importance, bien entendu, car il ne pourrait pas pendre un homme, n'étant pas *Sessions-judge*. Le *tehsildar*, qui est accroupi dans son bureau, entouré de contribuables et de plaignants, se lève devant Tila Mohammed et lui donne un respectueux *salam*, car Tila Mohammed est un grand personnage et un familier du Commissaire.

Tila Mohammed est Afghan pur. Dans mon ignorance de *Griffin* [1], je lui demande s'il est Yousoufzai ou Afridi et ne m'aperçois qu'à son air de dignité blessée de ce qu'il y a d'offensant duns l'alternative. Les Afridis sont des *paharis* et des *djangalis*, « des montagnards, des sauvages » ; Tila est de la noble tribu des Yousoufzais. Les Yousoufzais sont, il est vrai, eux aussi, des *paharis* et des *djangalis ;* mais sa famille, à lui, a émigré à Péchawer, il y a deux siècles, et il parle l'anglais, il écrit l'anglais, il est membre du Conseil municipal de Péchawer. C'est un des hommes les plus savants de la frontière ; il parle le persan, il lit l'arabe, et il est membre du jury pour les examens de langue *pouchtoue* que doivent

---

[1] Le *Griffin* est l'Européen nouveau venu dans l'Inde.

passer, comme vous le savez, tous les officiers et fonctionnaires de la frontière. Mais voici cinq heures qui sonnent ; il est grand temps de se rendre à la prière du soir, le *namâzi châm*, ou le *mâkhâm*, comme nous prononçons, nous autres Afghans. Que dira-t-on à la mosquée si Tila Mohammed est en retard ? Un ancien fonctionnaire du gouvernement est tenu plus que tout autre à ses devoirs envers Dieu. Mais il me promet de revenir me voir, car il a une brochure à m'offrir, une brochure en langue anglaise où il expose des vues très neuves : il m'en apportera cinq exemplaires pour les distribuer parmi le peuple français.

III

Le paysan ne laboure plus avec le fusil en bandoulière et ne quitte plus la charrue pour courir à son village au bruit du tambour d'alarme : il vend ses armes aux tribus du *Border*, car il n'en a plus besoin pour lui-même, et les armes se vendent toujours bien là-bas. De nombreux émigrants du Border viennent chercher sur le territoire anglais la sécurité qu'ils ne trouvent point dans leur pays. Une chose nouvelle a fait son apparition dans le pays afghan, une chose plus étrange que le railway même : la justice, la loi. Les villageois qui, autrefois, réglaient entre eux leurs querelles d'après les prescriptions du code d'honneur afghan [1], vont maintenant en justice :

> Car les Sahibs ont la même loi et pour le faible et pour le fort. Ils exercent à la perfection et la justice et l'équité et ne font pas différence dans un procès entre le fort et le faible.
> L'homme d'honneur, ils le traitent avec honneur, et ne couvrent point le bandit, le coquin, le joueur. Ils exercent la royauté comme il convient à des rois et se font payer le tribut par radjahs et nawabs [2].

« Cependant, dit un des hommes qui ont le mieux connu les Afghans et qui ont le plus contribué à ces changements, quoique sous notre règle la vie et la propriété soient sans aucun doute mieux assurées et que la justice soit accessible à tous, je crois que la masse du peuple aimerait mieux revenir à la barbarie et à l'anarchie d'autrefois [3]. » S'il n'y a plus de guerre de

[1] Voir la troisième lettre.
[2] Chanson de Mahmoud.
[3] *Gazetteer of the Peshawar district*, 1883-1884.

village à village, et si l'Afghan a appris tous les trucs de la loi, les attentats individuels sont toujours hors de toute proportion avec ce qu'ils sont dans le reste de l'Inde. Le brigand est toujours le héros national et le favori des poètes populaires. Il en est mort un récemment, dont la gloire est dans toutes les bouches : c'est Naïm Chah. Voici comment on m'a conté son histoire :

Naïm Chah était d'un village situé près de la station militaire de Chérat qui est dans la montagne des Khataks. Il avait un frère qui allait jouer à Nauchéhra, où le *kotval*, ou commissaire de police, un Sikh nommé Phula Singh, autorisait les gens de la montagne à venir jouer moyennant redevance. Nauchéhra est une place assez importante ; c'est le siège d'un des *tehsils* de Péchawer, avec un cantonnement pour deux régiments. Elle est située sur la rive droite de la rivière de Caboul qui déferle là, en pleine saison sèche, avec de furieuses poussées de vague qui rappellent le Rhône à Lyon.

Un jour, le *kotval* souffleta le frère de Naïm Chah et le chassa de Nauchéhra ; l'Afghan alla porter plainte au commandant du cantonnement qui l'envoya promener : n'obtenant pas justice du gouvernement, il alla demander justice à son frère. Naïm Chah envoie au kotval, qui la communique au commandant, une lettre en *pouchtou*, où il disait : « Tu as fait du mal à mon frère, je te ferai du mal. » Le commandant appelle un mounchi afghan, qui lui traduit la lettre en *ourdou*, et le commandant d'éclater de rire, disant : « Qu'il y vienne ! » Il y vint, la nuit même ; il envahit Nauchéhra à la tête de cent hommes ; il la livre au pillage, s'installe au *kotvali*, s'érige en juge, a le temps de condamner et de faire pendre un homme : c'était, comme vous voyez, un homme sérieux, un anarchiste de gouvernement. Cependant le bruit de la chose se répand au cantonnement et éveille le commandant qui vient juste à temps, en carabinier d'Offenbach, pour voir Naïm Chah filer du côté de la rivière : il l'y suit ; son mounchi afghan l'avertit en vain qu'il est dupe : « Naïm Chah n'est pas un poisson pour se sauver dans la rivière ; Naïm Chah est l'homme de la montagne... » En effet, la garde cherchait encore au bas du fleuve qu'il était déjà en sûreté dans son repaire de Khatak, bien sûr qu'on ne viendrait pas l'y traquer.

Un jour, Naïm Chah rencontre *le* général. Le général l'admirait beaucoup et lui dit : « Veux-tu entrer à mon service ? — Volontiers, répond le brigand ; mais il faut d'abord que tu mettres à mort le kotval de Nauchéhra. » Le général refusa et le marché fut rompu ; mais il lui envoya en cadeau, comme marque de son estime, un fusil, un pistolet, un sabre, deux cents roupies et une vache laitière. Naïm Chah, touché de ce procédé, promit de ne plus voler : il se contenta de tuer et de laisser voler ses gens.

Je ne sais si c'est avant ou après cette entrevue qu'il fit son fameux coup de Chahkot : il s'était introduit dans le cantonnement, avait assassiné la sentinelle et coupé les cordes d'une tente, qui avait enseveli, en tombant, le piquet endormi. Il avait alors égorgé à l'aise les hommes paralysés et s'était retiré tranquillement en emportant une vingtaine de fusils nouveau système. Un bon fusil coûte là-bas six cents francs : c'est toute une fortune pour un pauvre homme, et de plus un outil admirable pour un travailleur sérieux.

L'Afghan qui me contait cette histoire était un Afghan nouvelle couche, un homme civilisé, instruit, parlant et écrivant admirablement l'anglais, sujet loyal et prêt, dit-on, à tous les services. Cependant, malgré lui, il jubilait en contant les prouesses de Naïm Chah ; l'admiration et la sympathie lui sortaient par tous les pores. « On ne tue pas toujours pour piller, me disait-il ; on tue aussi pour se faire un nom. » Il était beau à voir dans son extase : un petit rire passait sur ses lèvres sèches et pincées, animait sa physionomie sombre, et le bandit étouffé éclatait sous la grimace de civilisation.

Naïm Chah devint si incommode que le gouvernement ne sut plus que faire de lui et offrit 3,000 roupies de sa tête. C'est un moyen infaillible ; le clepthe, surpris dans son sommeil, fut blessé à mort avant d'avoir pu se mettre en défense. La poésie populaire fut en pleurs : Mohammed Téli, le grand poète de Nauchéhra, chanta sa vie et sa mort. Voici, sur la fin du bandit, une ballade du poète Yasin, qui peut prendre place, il me semble, auprès des plus belles de Fauriel :

Les hommes sont tombés sur lui à l'improviste et l'ont fait prisonnier. Naïm Chah était le faucon des montagnes noires. Il était l'homme au grand cœur.

C'est Dieu qui a tiré sur lui ; car lui était plus fort qu'un nawâb. Il ouvrit ses yeux endormis et cette fois les coups du tigre manquèrent.

Et le tigre parla de cette façon : « Oh ! si la bataille était dans la plaine ! C'est le regret qui me reste au cœur. »

C'est la Mort même qui l'avait amené à Kohi et rien ne pouvait le sauver. La Mort lui dit : « Ne va pas plus loin ! C'est ici, sous cet arbrisseau de vigne. » Et les ennemis sont venus de devant et de derrière.

C'étaient des gens qui n'avaient pas la peur de Dieu.
Il a péri.

Ce qu'a écrit le Destin ne s'altère pas. Ces gens-là
n'avaient pas la peur de Dieu : que la malédiction
pleuve sur eux! Il avait encore le souffle au corps,
quand vint près de lui le thanadar [1].

Le thanadar lui dit : « Dis-moi comment tu t'es
endormi en si mauvais lieu. Les fusils t'ont dévoré de
loin. » Il expliqua la chose au thanadar et expira.

On le transporte au poste de police de Péchawer et tout le monde accourt pour le voir,
comme Cacus, mais c'est un Cacus regretté
d'Hercule même :

'Il n'y aura jamais de héros comparable à Naïm Chah
et le gouvernement anglais fut fâché de sa mort.

(Naturellement, il aurait voulu le pendre).

Sa mère est sortie de la maison [2] pour se rendre
près de lui ; l'Anglais se tenait devant lui, tête découverte, et disait : « J'en ai du chagrin noir le cœur. »

Yasin dit : On éleva sur son corps un tumulus de
terre.

[1] Chef de police.
[2] Ce que ne fait jamais une femme afghane.

IV

Il n'y a plus de Naïm Chah, mais sa monnaie circule encore. En fait, la sécurité n'a pas suivi le progrès des mœurs et est moindre à présent qu'elle n'était il y a une quinzaine d'années. Cela tient à la détente de la dictature. Autrefois, les pouvoirs judiciaires était concentrés dans la main du Député-commissaire ; imaginez un préfet d'Algérie, qui serait en même temps président de Cour d'Assises, ayant pour tout jury deux assesseurs indigènes, nommés par l'autorité et qui n'ont que voix consultative : c'est le système qui est encore en vigueur dans la province d'Oude. Il a été abandonné sur la frontière, et le pouvoir judiciaire dans les affaires criminelles est passé, comme dans les anciennes provinces, à un véritable magistrat, le *Sessions-Judge*. Le Député-commissaire jugeait d'après sa connaissance personnelle des hommes et sur certitude morale, excellent système chez des populations peu faites aux subtilités de la loi : le *Sessions-*

judge juge sur preuve matérielle. Or, cette preuve, il ne peut guère la trouver, parce qu'il ne trouve pas de témoins. Le résultat, c'est que, sur six crimes, cinq échappent impunis [1]. On a essayé d'un expédient : on a renvoyé à la *djirga*, au conseil de la tribu, nombre de causes où les témoignages font défaut ; les Afghans, qui se croiraient déshonorés de témoigner devant le juge anglais, ne craignent pas de comparaître devant leurs compatriotes, et les crimes qui sont tels aux yeux d'un Afghan aussi bien qu'aux yeux d'un Anglais ont quelque chance d'être frappés. Mais ce n'est qu'une proportion infime, parce que la définition du crime n'est point la même pour les deux races. C'est là la grosse difficulté et le grand obstacle à la formation de la *conscience légale*.

Le crime, chez les Afghans, a généralement pour motif un des trois ẓ, à savoir ẓar, ẓamin ou ẓan, l'argent, la terre ou la femme. Or, s'il n'est pas impossible de faire comprendre à un Afghan que l'homme qui tue pour les deux premiers ẓ doit aller à la potence, il ne comprend pas qu'un

---

[1] Une commission a été nommée récemment pour la répression du crime à la frontière ; mais elle n'a pas encore abouti et l'on continue comme devant à assassiner dans Péchawer, à empoisonner et incendier dans le Hazara ; c'est la grande différence entre les deux districts : Hazara n'est point afghan pur, ce qui fait que le crime y est plus sournois.

coup de couteau donné pour le troisième ; con-
duise du même côté. Il ne comprend pas non
plus qu'un meurtre de vendetta, l'accomplissement du devoir de *talion*, soit crime dans le *kat-
chéhri* du juge, quand c'est devoir et honneur
dans la *houdjra*. Il y a une vingtaine d'années,
une femme quittait son mari pour aller vivre
avec son amant, laissant un enfant d'un an à son
mari ; le mari meurt, l'enfant est élevé par sa
famille, et à vingt ans apprend qu'il a son père
à venger. Il va au village de sa mère et l'assassine
avec son amant : c'était la première fois qu'il la
voyait. Cet Oreste s'est sauvé en Yaghistan. Le
Sessions-judge lui tresserait un collier de chanvre
et les Afghans une couronne.

Une autre chose que l'Afghan ne comprend
pas, c'est que l'on porte la main sur un saint, ce
que parfois se permet l'Anglais. Il y a, entre
autres, une race qui est inviolable aux yeux des
Afghans de la Reine : ce sont les Kaka Kheil.
Les Kaka Kheil sont les descendants d'un saint
très vénéré qui vivait il y a deux siècles, Rahamkâr, dit Kaka Sahib [1]. Il est encore fêté tous
les ans, à sa ziârat, près de Péchawer. La fête
appelle, toute une semaine, des milliers de
pèlerins, et les descendants du saint servent à la

---

[1] Voir la légende de Rahamkâr dans la treizième lettre.

foule des chaudrons de *pilau*; les fidèles se ruent
en bêtes fauves sur les chaudrons et plongent
leurs mains dans la masse bouillante, car ceux
qui mangent de ce pilau sont sûrs du paradis.
Tout Kaka Kheil est sacré : une caravane chargée
d'or, avec le drapeau rouge du saint dans la main
d'un enfant, passait sans crainte les passes de
Khaiber, au plus mauvais temps des Afridis : le
seul européen qui soit allé en Yaghistan, le
capitaine Macnair, l'a fait sous la conduite d'un
Kaka Kheil. Or, il y a trois ou quatre ans, deux
Kaka Kheil, compromis dans une affaire de
meurtre, furent condamnés à la corde. Il y eut
un frémissement dans toutes les tribus du district
et du *Border*: le Serkar oserait-il pendre un
Kaka Kheil? Il osa : il le fit en plein jour et en
plein cantonnement, toute la garnison sous les
armes et les canons braqués. Il n'y eut pas une
tentative de soulèvement du côté des fidèles,
pas plus qu'il n'y eut de miracle du côté du
saint.

Ce jour-là, une idée nouvelle entrait dans le
dur cerveau afghan, c'est qu'un Kaka Kheil est
pendable. Cette propagande par le fait pourra
finir par créer une morale.

LA COUPE DE DJEMCHID

Djemroud. — Les Afridis et les voleurs gendarmes. — Le couteau de Djemchid. — La tombe de Hari Singh. — La chapelle des Loups. — Les Saints de quarante mètres.

Il y avait jadis en Perse un grand roi nommé Djem ou Djemchid. Il régna sept cents ans ; je ne saurais vous dire à quelle date au juste, mais « tant qu'il régna, il n'y eut dans son empire ni mort, ni maladie, ni vieillesse, et tous les hommes marchaient dans la taille de jouvenceaux de quinze ans ; il n'y avait ni chaleur ni froidure, et jamais ne se desséchaient les eaux ni les plantes ! [1] » Mais le

[1] Zend-Avesta.

pauvre Djem n'avait point la tête solide, et, comme il faisait des immortels, il se crut Dieu et voulut être adoré. Aussitôt, le *Farri Yazdân*, c'est-à-dire la gloire royale qui vient de Dieu, l'abandonna : un serpent à trois têtes, nommé Zohak, vint de l'Arabie et lui prit son trône ; il s'enfuit dans l'Inde et y resta caché mille ans durant ; puis, un beau jour, s'étant aventuré hors de sa retraite, il fut livré au Serpent, qui le scia en deux avec une arête de poisson.

Entre autres merveilles, le roi Djemchid, au temps de sa splendeur, possédait une coupe magique où il voyait tout l'univers et tout ce qui s'y passe. Certains savants prétendent que cette coupe était le soleil qui voit toute chose ; d'autres, que c'était un globe terrestre mis au courant, et il me souvient qu'il y a deux ans, prenant le thé dans un café de Stamboul avec un sage d'Ispahan, nommé Habib, la conversation tomba de la tasse de thé à la coupe de Djemchid, et Habib, me mettant le doigt au front, me dit : *Djâmi Djemchid, dili âgâh :* « la coupe de Djemchid, c'est le cœur de l'homme de science. »

A quelques milles de Péchawer, il y a un village nommé Djemroud, avec un fort qui est le point extrême occupé par les Anglais. Ce nom de Djemroud m'inquiétait vaguement et un jour je demandai à mon maître et ami, le Pir Mohammed Ali, de Sifid Dhéri, la raison de ce nom. Il me répondit que le village s'appelait Djemroud à cause d'un ruisseau voisin du même nom. — « Mais pourquoi ce ruisseau s'appelle-t-il Djemroud, le ruisseau du Djem ? — Oh ! Sâb, c'est une vieille histoire. Il y a là un étang desséché, un *talab*, où le roi Djemchid a jeté sa coupe magique. — Comment, Mohammed, vous en qui j'avais confiance ! Voilà un mois que je suis à Péchawer, il y a du Djemchid à Péchawer, et voilà la première nouvelle que tu m'en donnes. Peux-tu me conduire au *talab* ? — Volontiers, Sâb, mais vous savez qu'il faut une passe : le *talab* est au delà du fort. »

Il faut vous dire que nul Européen ne peut sortir des lignes anglaises sans la permission du gouvernement et sans une escorte. Le gouvernement est représenté, d'une façon fort aimable, par le major Warburton, chargé des relations diplomatiques avec les tribus de la passe de Khaiber ; l'escorte est formée d'une dizaine d'Afridis : ceci demande explication.

I

Les Apridis, — car tel est leur vrai nom, Afridi est la prononciation persane, — les Apridis sont des gens bien logés ; ils occupent la passe de Khaiber et le pays des alentours ; or, comme Khaiber est le passage nécessaire des caravanes se rendant dé Caboul dans l'Inde, ils sont admirablement placés pour vivre aux dépens d'autrui. Il y a un proverbe afghan d'une noblesse stoïque : « Si tu as, mange ; si tu n'as pas, meurs. » Je ne sais s'il y a beaucoup d'Afghans qui suivent la maxime ; ce ne sont pas en tout cas les Afridis : « Si tu n'as pas, prends ». Et il y a double plaisir à prendre, quand on prend sur des Persans, des Caboulis, des Parsivans, des Boukhariotes, et autres créatures de ce genre, dont pas mal, d'ailleurs, sont hérétiques. Les caravanes, il est vrai, sont armées ; mais l'Afridi est chez lui et vise d'en haut : aussi le plus sage, en général, était-il encore d'en passer par les conditions de ces douaniers sans mandat et de se racheter du pillage en espèces sonnantes.

Aussi l'Afridi était-il l'ogre du pays. Si vous demandez à un Péchawéri pourquoi on appelle ces gens-là Afridis, il vous répondra sans hésitation : parce que ce sont des *Afrith*, des démons. Il y a bien une autre version sur l'origine du nom : la première fois qu'on amena des spécimens de la race à la cour mogole, l'empereur, qui était Akbar, frappé de leur apparence sauvage, demanda quels animaux c'étaient là, et son ministre, philosophe indulgent, répondit : « Ham *afrida and*, c'est-à-dire : ce sont, après tout, des créatures du bon Dieu. » Le populaire n'est point de l'avis du philosophe, quoiqu'au fond, à y regarder de près, les deux formules reviennent bien au même.

Ces pillards de marchands sont à l'occasion une puissance : c'est quand l'invasion souffle à droite ou à gauche de la passe. L'ouragan ne passera pas sans leur permission : ils tiennent la clef de l'outre aux tempêtes. Le jour où la Société des amis de la paix voudra empêcher sérieusement un conflit entre la Russie et l'Angleterre, elle n'aura qu'une chose à faire : envoyer à la *djirga* afridie une *djirga* composée de ses membres les plus éloquents et négocier, argent comptant, la neutralisation de la passe. Nadir

Chah, qui, de la conquête de la Perse, marchait au pillage de l'Inde, fut arrêté un mois dans les passes et dut en frémissant acheter à prix d'or le laissez-passer de cette poignée de sauvages. Les Anglais, en 1842, plus regardants, eurent à regretter amèrement les économies de M. Mac Naghten : ils les payèrent avec le sang de 15,000 hommes. En 1879, mieux avisés, ils payèrent sans regarder et s'en trouvèrent bien. La guerre achevée, ils eurent une idée de génie : ils proposèrent aux Afridis de faire la police des passes aux frais de l'Angleterre. Les financiers afridis calculèrent ce que rapportait, bon an mal an, le pillage des caravanes, déduction faite des risques et mirent en balance les avantages d'un revenu fixe et assuré, fût-il un peu inférieur. Les négociations furent longues et laborieuses ; cette commission du budget entendait ses devoirs et l'intérêt du pays. Enfin, en février 1881, une *djirga* générale, représentant toutes les tribus de Khaiber, apposa son sceau au traité à présent en vigueur. Le gouvernement britannique reconnaissait l'indépendance des Afridis, qui s'engageaient, de leur côté, à n'entretenir de relations politiques qu'avec ce gouvernement. Ils s'engageaient, moyennant une subvention régulière, à maintenir l'ordre dans la passe et à entretenir un corps de *djezailchis* pour la protection des caravanes. Ces *djezailchis*, ainsi nommés du *djezail*, — cet interminable fusil que l'Espagne mauresque appelait le *gazil* et qui a donné leur nom à nos vieux amis les *alguazils*, — sont au nombre de sept cents et commandés par leur *malik* [1] : c'est la seule force militaire payée par le gouvernement de l'Inde qui soit commandée par un indigène.

Le subside des tribus et la paye des alguazils sont pris sur le produit des douanes de Djemroud. Chaque chameau paye à l'allée 2 roupies, soit 4 francs environ, et autant à l'arrivée : le produit annuel est d'environ trois *lacs* ou 300,000 roupies, environ 600,000 fr. Il y a, je crois, 35,000 roupies pour les deux tribus voisines des Adam Kheil et des Kouké Kheil, qui renoncent en échange à leur part du droit d'épave. Les tribus sont responsables pour chacun de leur membres et, à la moindre peccadille, l'agent politique de la passe arrête les subsides jusqu'à ce que réparation soit faite : elle ne tarde jamais. Ajoutons que depuis cet accord pas une caravane n'a été pillée ; la terrible passe de Khaïber est aussi sûre que la première route indienne venue, plus sûre que les rues de Paris ou de Londres, et les Afridis sont définitivement entrés dans les voies de la civilisation, qui est la

---

[1] *Malik,* prince, chef.

substitution de l'exploitation réglée à l'exploitation irrégulière.

Le fort de Djemroud est anglais, mais le village de Djemroud est indépendant : le *talab* de Djemchid est sur le territoire du village, de sorte que pour y aller il faut une passe de l'agent politique et une escorte du malik. C'est, en effet, un principe du gouvernement de l'Inde de se considérer comme responsable, et par conséquence de considérer les indigènes comme responsables envers lui, de la vie de tout Européen qui passe de son territoire dans celui des tribus. Que vous soyez Anglais, Français ou même Russe, si un malheureux Afridi vous détrousse ou vous égorge, les trompettes sonnent, et en marche : le *prestige* anglais est en jeu. C'est d'une politique assez fière, mais peu raisonnable au fond, et c'est une des causes qui font que les Anglais savent si peu de chose d'un pays et d'un peuple qu'il leur importerait si fort de connaître. Comme les moindres démêlés avec la plus infime tribu peuvent aboutir à une levée en masse et que la moindre étincelle peut allumer toute la traînée de poudre qui court le long des frontières, — on le vit bien à Ambéla[1], — le

[1] Voir la sixième lettre.

gouvernement arrête toute entreprise indivi-
duelle qui exposerait son auteur au moindre
risque. Un officier peut se faire tuer aussi sotte-
ment et aussi inutilement qu'il lui plaira, pourvu
que ce ne soit pas au delà de la frontière, où
une vie d'homme, sacrifiée à propos, pourrait
pourtant porter intérêt.

Il y a une vingtaine d'années, un capitaine
T..., en garnison à Kohat, se dit un jour, en
voyant en face de lui le pays de Tira où personne n'était jamais allé : « Que peut-il bien y
avoir là-bas? » A force d'y réfléchir, il se dit que
pour savoir à quoi s'en tenir, le mieux à faire
était d'y aller. Il demande un congé de quelques
semaines et, se croyant libre, puisqu'il est en
congé, part pour le Tira, le traverse dans tous
les sens, dresse le plan des routes, recueille tous
les renseignements possibles sur la population,
apprend entre autres choses avec étonnement
que les habitants sont *chiites* et par suite en
haine sourde avec le gouvernement de Caboul
et le reste des Afghans et que ce sont des
alliés, gagnés d'avance, de tout envahisseur.
De retour à son poste, il envoie au gouvernement un rapport confidentiel; il attendait au
moins un merci : il reçoit un blâme sévère
et est dégradé ; les Russes en auraient fait un
général. A la dernière guerre, un corps d'armée

est envoyé dans la vallée de Kouroum et doit déboucher dans le pays de Tira : on s'aborde dans l'état-major : « Qu'est-ce que le Tira ? Connaissez-vous le Tira ? — Non, et vous ? » Quelqu'un par bonheur se rappelle l'aventure du capitaine T... On déterre son rapport et l'indiscipline de l'officier se trouve avoir réparé d'avance l'insuffisance du commandement. On dit que le gouvernement de l'Inde commence à s'apercevoir que ce souci trop paternel du bien-être des gens n'est pas sans inconvénient, et qu'il y aurait quelque profit à laisser les amateurs de chasse ou de géographie aller passer leurs congés, si la chose leur plaît, en Yaghistan, à leurs risques et périls ; au surplus, Cachemire commence à s'épuiser et l'on y passera bien vite ses trois mois sans rencontrer le moindre bout de corne de *barasing* [1]. Un tour en Yaghistan a peut-être plus de risques, et plus d'un touriste partira sans revenir ; mais la connaissance d'un fait nouveau vaut bien, après tout, quelques vies d'hommes, puisque les hommes passent et que les faits demeurent.

---

[1] *Barasing*, antilope à douze cornes.

II

La caserne des *djezailchis* est en face du fort. Le *malik* est dans son *durbar*, assis à quatre genoux, comme on dit là-bas, c'est-à-dire à la tailleuse, avec un tas de paperasses devant lui et quatre ou cinq *katibs*[1], la plume en main, autour de lui; c'est un gros homme obèse et qui ressemble plus à un pacha turc ou à un négociant Borah qu'à un prince des Afridis. Je lui présente la lettre de l'agent politique; un ami Parsi, qui m'a accompagné, le jeune Péchotanji Mihirjirana, que vous connaissez déjà[2], lui explique l'objet de ma visite et lui fait l'énumération de toutes les langues que je suis supposé connaître; le malik m'examine longuement avec attention, puis dit avec gravité : « Il a l'air très savant. » Cette constatation faite, il appelle un de ses lieutenants

[1] *Katib*, scribe, greffier.
[2] Voir page 61.

et nous partons, le Pir, le Parsi et moi, escortés de huit alguazils.

Nous arrivons au fameux *talab* : c'est un bassin carré dont on ne voit pas le fond, que hérisse une splendide moisson de blé : au milieu s'élève une plateforme carrée. — « Djezailchi, qu'est-ce que c'est que ce *talab* ? — C'est le *talab* de Djemchid, Sâb. — Qu'est-ce que c'était que Djemchid ? — C'était un roi, Sâb. — Quand vivait-il ? — Je ne sais pas, Sâb. Mais voici le *sifid rich* du village, Nik Mohammed, qui est un grand savant. » Je m'approche du *sifid rich* [1], qui m'apprend que le *talab* a été creusé exactement cinq siècles avant Mahomet ; la chose est certaine, car on a trouvé au fond un couteau de fer qui portait une inscription de Djemchid, ainsi conçue : « Ce *talab* a été creusé par moi, Djemchid, cinq cents ans avant l'Hégire. » J'admire cette version imprévue du fameux « nous autres hommes du moyen âge. » « Vous avez vu vous-même ce couteau ? — Oui, Sâb. — Où est-il ? — Chez Sékelgar qui l'a découvert. — Où demeure Sékelgar ? — Il demeurait à Péchawer, mais à présent il est mort. — Qu'est devenu le couteau ? — Dieu le sait. »

---

[1] *Sifid rich*, barbe blanche, le Nestor du village.

Je quitte le *sifid rich*, en regrettant ma mauvaise chance : quelle gloire pour la science française, si j'avais rapporté au Louvre le couteau de cuisine de Djemchid! Du coup, j'égalais presque l'archéologue qui rapportait naguère en Angleterre la bibliothèque de Noé, que ce patriarche prévoyant avait enfouie, comme on sait, à Sippara, à la veille du déluge. Quant à la coupe, ni homme ni Dieu ne put me dire ce qu'elle était devenue. Le Pir pense que, si on pouvait faire des fouilles dans le *talab*, on la retrouverait sans peine; mais on ne peut pas, puisqu'on y plante du blé. — Et je vis Djemchid se lever de son trône d'or, sur le pilier central du lac aux eaux pures : il tenait en main la coupe précieuse, où tant de fois il avait puisé le breuvage de science. Mais le sifflement du Serpent et de son armée sort de la passe noirâtre; le roi se retourne, il voit la fumée du dragon qui monte au ciel, il jette un dernier regard sur la coupe où le soleil miroite, et la lance, en fermant les yeux, dans les eaux :

Il était un roi de Thulé...

Elle n'a pas été retrouvée, la coupe de Djemchid, non plus que la coupe du roi de Thulé, et c'est pour cela qu'il n'y a plus parmi les hommes ni science ni amour.

Le *talab* est à gauche de la route; à droite sont quelques dalles, débris de quelque vieil édifice, peut-être d'un de ces palais hindous qui aiment toujours à se baigner dans un étang sacré. C'était, me dit le *sîfîd rich*, la maison de bain de Djemchid, son *hammam*. Cependant, en homme consciencieux et qui a le sentiment de la critique scientifique, il observe que la chose n'est point certaine et que rien ne prouve que le *hammam* ait été construit en même temps que le *talab*; vous comprenez, on n'a pas trouvé de couteau.

Au delà du *talab*, sur la colline noire, se détache un village rouge, le *Surkhai*. Cette maison que vous voyez là-haut est célèbre dans tout le pays; car c'est de là que, le 30 août 1837, à la bataille de Djemroud, Mohammed Khan, *arbab* du clan des Khalil, tira le fameux coup de fusil qui abattit Hari Singh, la terreur des Afghans, Hari Singh que Rundjet pleura si longtemps[1]. Le bienheureux fusil est gardé comme une relique dans la famille de l'arbab, au village de Teh-Kal.

[1] Voir plus haut, page 134.

Comme je m'avance pour voir de plus près la maison légendaire, mes huit alguazils se précipitent pour me ramener en arrière : mesure préventive pour empêcher les complications diplomatiques. J'ai oublié de vous dire que les huit cents habitants de Djemroud sont en état de guerre civile. Djemroud, en effet, n'appartient ni aux Anglais, ni à l'Emir : il appartient aux Djemroudiens ; or, comme les malheureux Djemroudiens n'ont pas de voisin avec qui se battre, il faut bien qu'ils se tirent entre eux des coups de fusil. Le *talab* est, à ce point de vue, merveilleusement placé et tout à fait providentiel, car il divise le village en deux parties à peu près égales et l'on sait de cette façon sur qui l'on doit tirer. On se barricade des deux côtés, et tout ce qui montre la tête d'un côté ou de l'autre, feu !

C'est pour cette raison que les abords du *talab* sont vides aujourd'hui : il n'y a là de Djemroudiens que le *sifîd rich*, sur qui on ne tire pas, et quelques enfants. Vous comprenez bien qu'en temps de paix, à la nouvelle qu'un Firanghi est venu visiter le *talab* de Djemchid, toute la population mâle serait sur pied, et il y aurait toute une semaine de discussions à la mosquée ou à la *houjra*, entre les fortes têtes du village, pour savoir quel peut bien être le *matlab* du Firanghi,

c'est-à-dire l'objet réel, le but caché et profond
de sa visite; sans doute, quelque trésor à découvrir, quelque talisman à emporter. Mais comme
la discussion s'anime, les têtes se montent, les
chiens s'abattent, les fusils partent : on court se
barricader chacun de son côté, et Djemroud
rentre dans l'état normal.

III

La route de Djemroud à Péchawer est assez
vide, mais chacune des grandes périodes du Pendjab a laissé là un débris ou une légende. Faites
d'abord un tour au fort de Djemroud ; c'est un
fort à moitié français : il a été construit ou restauré par les officiers au service de Rundjet Singh.
Du troisième étage, la vue domine tout le fer à
cheval des montagnes afghanes. Ce ruisseau desséché devant vous est le ruisseau de Djemroud.
Il est sept heures du matin; le soleil monte et une
immense nappe de lumière blanche inonde l'horizon comme une rivière céleste. Dans un coin
du fort est une *samadh*, ou tombe hindoue; elle

contient les cendres de Hari Singh : un *sadhou*[1],
nommé Fatteh Singh, entretient la tombe du
vieux chef; il reçoit pour cela du gouvernement
anglais trente roupies : il est là depuis dix-huit
ans, seul avec les mouches, avec l'ombre de Hari
Singh et avec le livre saint, l'*Adi Granth*, qui
repose sur une sorte de prie-Dieu, enveloppé
d'autant de mouchoirs de soie que jamais Mas-
carille eut de gilets. Pour faire honneur aux touristes, le *sadhou* développe le livre et récite quelques vers en agitant le chasse-mouches en plume
de paon[2], afin d'empêcher les mouches d'impor-
tuner le livre sacré, qui est vivant.

La légende est un fleuve qui jamais ne tarit.
Un sergent anglais, fier de montrer sa connaissance des choses du pays, me dit : « Non, le
fort n'a pas été construit par Hari Singh, mais
par un autre Sikh célèbre, nommé Djemroud,
du temps où les Sikhs dominaient tout le Pendjab. »

C'est demain départ de caravane : nous rencontrons les anneaux de la chaîne qui se rejoi-
gnent au caravansérail de Djemroud, où l'on passera la nuit, pour partir le lendemain avant le

---

[1] *Sadhou*, religieux sikh.
[2] Le mor.

jour. Çà et là passe un chameau avec toute une famille, et les petites filles portent aux tresses de leur chevelure des *mouhours*[1] d'or qui pendillent sur leur front. Un petit garçon, malade, pâle comme la mort, passe solitaire, solidement attaché sur la bosse d'un chameau qui connaît bien le chemin de Caboul, car il marche seul et sans guide : l'enfant dort, les cheveux rabattus sur son front blême et, à la marche saccadée de l'animal, sa pauvre petite tête oscille effroyablement de droite à gauche, comme une chose mal attachée.

Près du *borj*[2] de Hari Singh, des amas de pierres, avec des haillons de drapeaux aux arbustes. C'est la *ziârat* des Sharmakh, c'est-à-dire « la *ziârat* des loups », me dit le Pir. Deux frères, voyageant dans le pays, furent assassinés là par les Afridis : tous les vendredis, les loups y viennent le soir en pèlerinage et on les entend hurler leurs prières. Un petit garçon, fils du gardien de la *ziârat*, qui vient près de nous, me répète la même histoire. « As-tu vu toi-même les loups? — Non, Sâb; mais mon père les a vus. — Appelle ton père. — Mon père est absent et ne

___

[1] *Mouhours*, pièces de monnaie d'or, portées en parure.

[2] *Borj*, tour, fort.

reviendra que demain. » En ce moment, deux Afridis s'approchent et font leurs dévotions à la *ziârat*. Le Pir a raison, les loups viennent ici en pèlerinage, mais ce n'est pas seulement le vendredi.

Nous avons les faiseuses d'anges ; les Afghans ont les faiseurs de saints. Il est très utile pour un village d'avoir une tombe de martyr ; le martyr vous attire la bénédiction du ciel, les pluies, etc., sans compter les pèlerins qui sont toujours d'un bon revenu pour les fakirs et pour les voleurs. Or, la confection d'un martyr, d'un *chahîd*, est beaucoup plus facile chez les Musulmans que chez nous autres. Le martyr à la façon d'Occident est assez rare en pays d'Islam, depuis que les Croisades ont pris fin : est dit *martyr* tout fidèle qui est tué en combattant contre les chrétiens ou les idolâtres, ou bien tout fidèle mis à mort innocemment. Il suffit d'être assassiné pour être un martyr, faire des miracles et recevoir les prières et les vœux de l'Afridi qui passe. Il y a quelques années, les Afridis assassinèrent un saint homme qui vivait parmi eux, afin de s'assurer la possession de sa tombe : lui, devenait du coup *chahîd*, *vali*, *bouzourg* et tout le monde y gagnait.

A quelques pas de la *ziârat* des loups, s'élèvent

trois tumulus, débris du bouddhisme. Le pauvre
Lœwenthal fit là jadis des fouilles heureuses, y
découvrit des idoles bouddhiques et de ces monnaies indo-grecques et indo-scythiques que les
fidèles aimaient à entasser dans les *stoupas*. Toutes
les fois qu'il y a averse aux environs de Péchawer, le bazar est le lendemain inondé de ces
monnaies d'argent et de cuivre vieilles de vingt
siècles, auxquelles les marchands mêlent innocemment de belles monnaies d'or au coin des
mêmes rois, qui datent de la seconde moitié du
dix-neuvième siècle.

Au pied d'un de ces tumulus, un fakir s'est
creusé une sorte de tombe à demi couverte, où
dormir plus au frais, maintenant et plus tard.
Il répète d'autres formules que le *bhikchou* des
temps jadis : la vue d'un *bout* [1] le mettra hors
de lui et le plus beau Bouddha du monde ne
lui passera pas entre les mains sans y laisser
au moins le nez et les oreilles ; et pourtant, je
crois qu'en dépit de tout le Maître l'eût volontiers reconnu pour sien, car ils ont compris la
vie de la même façon : mendier, prier, rêver,
dormir. Quelque fidèle charitable a planté pour
le fakir, auprès de sa tombe, deux figuiers,

---

[1] *Bhikchou*, mendiant bouddhiste ; *bout*, idole (corruption du mot
Bouddha).

protégés par une cuirasse de terre contre la dent des chèvres ; au-dessus flotte un petit drapeau, qui les garde du mauvais œil.

A quelques pas de là s'étend un de ces longs tombeaux de pierre que l'on appelle des *nau gaza*, des « neuf mètres ». Quand un vrai fakir meurt, son corps s'allonge dans la tombe jusqu'à la taille de neuf *gaz*. Quelquefois il va jusqu'à quarante et on l'appelle alors *tchehel gaza*; mais les « quarante mètres » sont naturellement beaucoup plus rares, car ils demandent une sainteté beaucoup plus haute. On raconte qu'un jour, aux premiers temps de l'occupation du Pendjab, l'officier chargé du *settlement* de Péchawer, le major James, reçut la visite d'un fakir qui lui tint ce langage : « Je suis gardien de la tombe de Pir un tel ; or, cette nuit, il m'est apparu en songe et m'a dit qu'il est trop à l'étroit dans sa tombe, parce qu'il a grandi d'un mètre. Il demande donc que vous lui donniez un mètre de terrain — en *mauf* bien entendu, c'est-à-dire franc d'impôt comme terre sacrée. — Accordé, » répond James, qui ne veut pas se mettre mal avec les saints. Un mois plus tard, nouvelle visite ; le saint a grandi encore, il lui faut deux mètres de plus : « Je ne veux pas gêner sa croissance, répond James ; va pour deux mètres. » Le saint, mis en appétit, grandit, grandit toujours. James

commence à s'inquiéter. Un jour, enfin, le fakir
vient lui annoncer que le saint a maintenant
quarante *gaz* de long et qu'il lui faut... — « Ah!
cette fois, c'en est trop, s'écrie le Commissaire :
est-ce que ton saint veut me chasser du cantonnement? » et il signifie au fakir que le Pir ait à
revenir à des proportions plus honnêtes, ou
qu'autrement il en coûtera à son porte-paroles.
Le fakir se le tint pour dit et, depuis ce jour,
le saint resta tranquille dans sa tombe.

Au fond, c'est le fakir qui avait raison. La
tombe n'est-elle point la seule mesure où prendre la taille des hommes et distinguer le mort
du vivant, la créature anéantie de celle qui vit et
grandit toujours? Que d'orateurs, de guerrriers,
de romanciers, de dramaturges bruyants, qui
semblent dépasser les hommes de vingt coudées
et qui, à la mort, prennent des proportions si
minuscules qu'il faudra pour les redécouvrir le
microscope de l'érudit et pour s'éprendre d'eux
l'intelligence faussée d'un candidat à l'Institut!
Et, à côté de ceux-là, quelques-uns qui ont passé
anonymes et invisibles, inconnus d'eux-mêmes,
morts de leur vivant, et qui se réveillent dans la
tombe, y grandissent sans terme, remplissent du
souffle de leur âme les générations qui passent
là-haut. Je sais bien que la tombe aussi a ses

charlatans et que les intrigues des vivants
s'étendent jusqu'aux spectres ; que les souffles
de la vogue agitent la cendre des morts ; que le
néant même a ses hasards et qu'il est, flottant
dans l'espace, plus d'une grande âme éternelle-
ment perdue : mais, malgré tout, la tombe est
encore le seul lieu de terre où il y ait un peu de
justice, où chacun prenne le pouvoir et la durée
selon sa force et selon ses œuvres, et quand vous
feuilletez Spinoza ou l'*Imitation*, songez au Fakir
de Péchawer.

PHILOSOPHIE AFGHANE

Un Afghan libre penseur. — Le Maître des Ténèbres et l'Akhoun Darvéza. — Les Djinns. — La fille de Séid Omar. — Économie politique afghane. — Idées d'un Afghan sur la police. — Politicien afghan. — Le Mahdi.

J'AI rencontré sur la frontière un philosophe afghan qui m'a beaucoup ouvert les idées. Il se nomme Séid Omar. C'est un saint et un libre penseur.

Séid Omar est d'origine illustre : car il descend en droite ligne de Séid Jélal Boukhari, qui est adoré par les uns sous le nom de Chah Ismaïl (le roi Ismaïl), et par les autres sous celui de Seigneur des créatures ; il naquit à Boukhara la Sainte, le 8 février 1307, et il repose à Outch, qui fut bâtie par Alexandre, sur les bords de l'Indus qu'il sanctifie.

Séid Jélal de Boukhara descend en droite ligne du Vieux Maître, du Pir Sahib, Séid Abdelqader Ghilani, qui se mit en route pour la demeure de l'immortalité en l'an 1175 et qui, aujourd'hui, tient la corde parmi les saints musulmans. Il est bien connu en France; car c'est le patron de l'Afrique du Nord; notre Abdelqader lui avait été voué par son père et lui dut tous ses exploits; le pauvre Mahdi de Khartoum était son fidèle. Il domine également dans l'Inde musulmane, qui l'invoque sous les noms de *Dastguir*, « celui qui vous prend par la main », de *Pirani Pir*, « le maître des maîtres », de *Bala Pir*, « le maître suprême, » de *Mahbubi subhani* ou *Mahbubi samdani*, « le bien-aimé de Dieu, » de *Mohyeddin*, « celui qui vivifie la foi, etc. ; les Afghans l'appellent aussi *Loé djavàn*, le « grand jeune homme. » Je sais une litanie, contenant les onze noms d'Abdelqader, qui vous assure l'accomplissement de tous vos vœux : il suffit de la prononcer avec foi onze jours de suite, le matin, après l'ablution *vouzou*, agenouillé sur un voile bien propre et la face tournée vers la *qibla* de la Mecque. Je ne puis malheureusement vous en faire profiter, ne l'ayant obtenue pour moi-même que sur promesse formelle de ne point la communiquer aux infidèles. Le saint homme qui me la dictait, le Maulevi M. I. Kh. — il me saurait mauvais gré de donner son nom — refusait même de me la laisser écrire dans le caractère arabe original, ce qui aurait été une profanation. J'ai été obligé de la transcrire en caractère *firanghi*, ce qui en diminue un peu l'efficacité ; je l'emploie quelquefois pour mon usage personnel et ne m'en suis jamais trouvé mal.

Abdelqader lui-même descendait en droite ligne du Prophète (béni soit-il !), par Ali et Fatimah ; de sorte que mon ami Séid Omar remonte à Mahomet en personne, comme l'indique d'ailleurs son titre de Séid. Il est vrai que, par le temps qui court, il y a beaucoup de gens qui se font Séids et que c'est un bon métier que de descendre du Prophète. Il circule par le Pendjab un méchant proverbe qui dit : « L'an dernier, j'étais tisserand (comme qui dirait de basse caste) ; cette année-ci, je suis *Cheikh* ; l'an prochain, si la récolte est bonne, je serai *Séid*. » Mais, si mon Séid n'est pas Séid, comme l'insinuent ses ennemis, il est digne de l'être et en vaut beaucoup qui le sont ; et d'avoir choisi comme ancêtres intermédiaires, entre lui et le Prophète, deux saints de la valeur de Séid Boukhari et du

Pir Sahib, prouve un jugement, une décision et un sens du divin absolument remarquables.

Avec toute sa noblesse, Séid Omar n'est pas plus fier. C'est un petit homme mince, humble, modeste, timide, et que j'ai toujours trouvé loyal et honnête. On m'avait prévenu contre lui. Mohammed Khan, qui ne souffre point de rival, m'avait dit d'avance : « Défiez-vous de Séid Omar ; j'en sais de belles sur lui ; ah ! si je parlais !... » et il ne parlait pas, sachant bien qu'il est bon de sous-entendre quand on n'a rien à dire. Aussi quand le Séid vint me voir pour la première fois, je le reçus avec une certaine froideur ; il me demanda le *matlab* de mon voyage ; je lui répondis que j'étais venu du pays des Francs pour étudier le pouchtou ; sur quoi il battit des mains joyeusement, en s'écriant *khob khob* (bravo ! bravo !). Cette démonstration d'enthousiasme me parut exagérée et me déplut, me rappelant les mauvaises paroles de Mohammed Khan. Je reconnus plus tard que je m'étais trompé, que Basile était un des saints du loyal Mohammed, et le Séid et moi devînmes grands amis.

Séid Omar est tolérant : il n'a pas des Firanghis la haine bête et béate commune aux Afghans fervents. En voici un exemple. Une après-midi qu'il faisait fort chaud, je lui offris

une tasse de thé; il accepta, puis devint visi-
blement *uneasy;* il ne pouvait tenir sur sa chaise;
il jetait des regards inquiets sur la porte, et
quand il vit paraître le *khidmatgar* avec la coupe
et la soucoupe, il se leva et me pria de l'excuser
ou de le laisser au moins prendre le thé dans la
cuisine avec son coreligionnaire le *khidmatgar.*
Là-dessus, il me confia que pour lui-même il ne
voyait aucun mal à accepter le thé d'un Firanghi, ni même à manger à sa table, pourvu, bien
entendu, qu'il n'y eût ni viande impure ni
liqueur. Mais un jour, étant au service de ce
pauvre capitaine Wiseman, qui fut tué dans la
dernière guerre, il tomba malade, et le capitaine
le soigna comme un frère. Or, quand il fut
rétabli et rentra dans son village, il fut mis en
quarantaine pour avoir partagé le menu d'un
Firanghi. Son père, qui a cent ans et qui est
le plus grand théologien du pays, le défendit,
Coran et *hadis* en mains, et tint tête à tous les
mollahs des deux côtés de la frontière; il les
écrasa sous les textes, il leur ferma la bouche et
prouva démonstrativement qu'un bon Musulman peut manger à la table d'un Firanghi,
pourvu qu'il n'y ait ni viande impure ni liqueur
forte; et, depuis ce jour, Séid Omar, ayant
établi son droit, s'est juré de n'en jamais user,
parce que, voyez-vous, quand on a prouvé une

chose, après tout, ça ne prouve pas grand'-
chose : le devoir des gens éclairés est d'éclairer
la foule, et d'agir comme elle, pour éviter le
scandale.

Séid Omar est un esprit libre : il admire le
Pir Rochan et méprise l'Akhoun Darvéza. Le
Pir Rochan ou « Maître de Lumière » et l'Akhoun
Darvéza vivaient il y a longtemps, il y a quatre
siècles : on lit beaucoup l'Akhoun Darvéza, mais
on ne lit plus le Pir Rochan, parce que l'Akhoun
a fait brûler ses livres, faute de mieux. Le Pir
Rochan avait fondé un système que l'on ne connaît guère que par la réfutation de l'Akhoun, et
qui, paraît-il, aurait pris des libertés singulières
avec le culte, avec les prières, et aussi avec la basse-
cour et le harem du prochain. On prétend qu'il
prêchait la communauté des biens et celle des
femmes, et résumait ces deux points dans ces
deux jolis aphorismes : « Un coq n'est après tout
qu'un oiseau : il appartient à qui l'attrape. — Une
femme est une fleur : chacun a bien le droit de la
respirer. » Vous voyez que les communistes de ce
temps-là avaient plus de grâce que ceux du nôtre,
lourdes gens. L'Akhoun changea le surnom
du Pir Rochan en celui de *Pir Tarik*, « le Maître
des Ténèbres », qui lui est resté, et le réfuta
dans un gros livre de quatre cents pages où le

Pir est appelé à toutes les deux lignes impie, menteur, misérable, damné, porc maudit, etc. C'est, comme on voit, un livre éloquent et fortement raisonné; aussi est-il resté classique et a-t-il donné le ton de la littérature sérieuse des Afghans : c'est un texte de langue, qu'il importe fort d'étudier, si l'on vise à un style relevé.

Mais le Maître de Lumière ou de Ténèbres, comme vous voudrez, fit école; il eut bientôt toute une armée autour de lui, et les *Rochaniens* tinrent pendant un siècle contre les armées du Grand Mogol : ils furent extirpés à la fin. On prétend qu'il en reste quelques centaines parmi les Afridis de la vallée de Tira, et qu'il y a un exemplaire des ouvrages du Pir Rochan dans les mains d'un de ses descendants. Le commissaire de Péchawer, Edwards, était arrivé à se procurer un de ces ouvrages; il se l'était fait traduire en hindoustani par Séid Omar, et devait lui-même le publier en anglais; mais le manuscrit a disparu dans la bagarre de la grande rébellion; Edwards est mort, et le Maître des Ténèbres est rentré dans sa nuit. Séid Omar, qui a lu cinq autres ouvrages du Ténébreux, me déclare qu'il n'y a rien trouvé qui ne respire la morale la plus pure; je lui ai demandé ce qu'il y avait dedans : malheureusement il ne se rappelle pas bien. Mais il l'admire beaucoup, malgré les anathèmes des mollahs, ce qui prouve un certain courage moral.

Un jour, Séid Omar me demande à brûle-pourpoint : « Croyez-vous aux djinns ? » Je n'ai, pour ma part, aucune bonne raison de n'y pas croire ; néanmoins, pour le piquer, je fis l'incrédule. Il me dit vivement : « Vous avez tort : les djinns existent, je le sais ; j'en ai vu deux fois dans ma vie et ne voudrais en revoir pour rien au monde. Une fois, comme je sortais de la maison, un djinn mâle est venu, m'a saisi la main sans mot dire et l'a serrée à la rompre : j'ai pris peur et j'ai crié au secours ; on est arrivé, mais le djinn avait disparu. Une autre fois, le soir, la porte s'est ouverte et j'ai vu entrer ma femme ; furieux, je lui criai : « Pourquoi es-tu sortie sans ma permission ? » et je levais la main pour la battre quand, regardant à droite, je la vis endormie sur le lit. Je compris que *l'autre* était un djinn femelle. » On reconnaît les djinns à ce qu'ils ont les yeux fendus verticalement ; cela ne doit pas être très beau ; et j'avais fort envie de lui demander si c'était à cela qu'il avait cru reconnaître sa femme ; mais j'ai eu peur que la question ne parût indiscrète. Vous connaissez le proverbe afghan : « Tout ce que tu voudras sur ma mère, ma fille, ma sœur; mais pas un mot de ma femme ! »

Séid Omar a une fille et deux manuscrits. Un jour, il m'apporte les deux manuscrits et me demande si je veux les acheter, car les temps sont durs. L'un est en prose et est de Babou-Djan, le fameux théologien ; l'autre est un *Divan*[1] du poète Talab Chah. Il me laisse les manuscrits, et, le lendemain, je lui réponds que je les prends : il se trouble, barbotte, puis enfin me dit qu'il ne peut me céder que le *Divan*, qu'autrement il aurait affaire à sa fille. « Car j'ai une fille de dix-huit ans, qui est belle, et *parda-nichine*[2], et qui lit le Coran illustre aussi bien que le meilleur mollah. Quand elle a appris que je vous avais apporté les deux manuscrits, elle s'est écriée : « Mon père, si nous sommes si pauvres, « vous pouvez vendre au Firanghi le *Divan* de « Talab Chah, qui ne contient que des poésies « d'amour et traite de choses profanes, mon-« daines et passagères. Mais je n'admets pas « que vous vendiez le Babou Djan, qui est un « livre plein de pensées pieuses et d'histoires

[1] Recueil de poésies lyriques.

[2] *Parda-nichine*, assise sous le rideau, qui n'a jamais vu le regard d'un homme.

« édifiantes, et qui élève l'esprit qui le médite
« de la créature et des choses passagères vers
« le Créateur et le monde éternel. N'est-il
« pas vrai, grand-père? » — Mon vieux père
Mohammed Goul, qui était là, et qui est le
plus grand savant du pays afghan, a branlé la
tête et a dit : « Oui, je crois que Dourkhani a
« raison, tu ne peux pas le vendre, » et j'ai
pensé en mon cœur, Sâb, que ma fille et mon
père ont raison. » — Je ne tenais pas assez
à Babou Djan, et j'avais l'esprit trop peu
tourné vers les pensées d'édification et vers le
monde éternel pour acheter ma part de paradis
au prix de la paix domestique de Séid Omar et
du déplaisir de la belle et pieuse Dourkhani. Je
rendis au Séid le livre édifiant et me contentai
du livre profane et périssable. Six mois plus
tard, en effet, il périssait sous la dent des rats
de Bombay. Avec lui périssait aussi un magnifique *Livre des Rois*, aux belles miniatures chi-
noises et aux marges d'or fleuries comme le paradis. Je le rapportais fièrement de Lahore; mais
Dieu n'aime pas les orgueilleux, et un matin je
le trouvais rongé, près du cadavre de Talab
Chah. Cela se passait en plein Bombay : à
quoi pense la police municipale? Si bouddhiste
que l'on soit de cœur, il est dur d'acheter un
Firdousi et un Divan pouchtou pour traiter une

bande de rats. J'espère du moins qu'ils l'ont trouvé bon.

Sur les restes de Talab Chah, j'ai longtemps songé à Dourkhani, qui est belle et *parda-ni-chine*.

Séid Omar est sujet loyal et ce n'est pas lui qui ira prêcher la guerre sainte dans la mosquée. Cela ne l'empêche pas de juger le *Serkar* [1] avec une grande liberté d'esprit. Il ne cache pas qu'il regrette les temps de l'empereur Akbar : voilà quatre cents ans qu'on n'a vu les pareils. En ce temps-là on payait l'impôt en nature et les terres des hommes de Dieu étaient *maâf*, terres franches. Sans doute le régime firanghi a ses beaux côtés, et, me montrant du doigt les vases de fleurs et les coupes à thé étalées sur ma cheminée : « Moi aussi, dit-il, je mange dans des assiettes; j'ai des fourchettes, j'ai des *findjân*, j'ai des *zourouf*, j'ai des *martabans*; j'ai une montre et je sais lire l'heure; — vous voyez, il est quatre heures et demie et il faut bientôt que je vous quitte pour aller à la mosquée; — j'ai des lunettes; » et il tira de sa poche une paire de lunettes à branches de nickel qu'il ouvrit avec soin et affermit dans la rainure du nez avec une

---

[1] *Serkar*, le gouvernement.

satisfaction visible; « mais pour tout cela il « faut payer, et les roupies s'en vont : ce n'était « pas comme cela autrefois. » J'essaye de lui faire comprendre qu'il ne peut guère en être autrement; que des lunettes ne peuvent venir sur un nez d'homme sans qu'un certain nombre de roupies sortent de sa poche et que cela serait contraire aux lois les mieux établies de l'économie politique; qu'il est impossible, d'autre part, que le gouvernement se charge de fournir de lunettes, aux frais des contribuables, tous les nez de mollahs, car ce serait tomber dans les errements funestes, vingt fois condamnés, du socialisme d'État. Il me répond d'un air ennuyé : « Oui, vous avez raison. » Mais je vois bien que c'est pour se débarrasser poliment de moi, et que mes arguments orthodoxes n'ont pas ébranlé sa conviction.

« Les Engriz[1] sont justes, il n'y a pas à dire le contraire : ils font respecter la vie et la propriété du faible comme du fort, et il n'y a plus de guerre entre les tribus et les villages. Cela n'empêche pas que l'on était aussi en sûreté et peut-être mieux, au temps ancien. La preuve, c'est qu'il a fallu établir une police de

[1] Les Anglais.

djeçailtchis pour protéger les caravanes dans la passe de Khaïber[1]. Or, autrefois, quand vous vouliez voyager, vous n'aviez pas besoin d'une police qui coûte cher : vous vous adressiez au Khan de l'une des tribus dont vous aviez à traverser le territoire, et il vous donnait un *badraqa*, c'est-à-dire, un guide qui vous servait de sauf-conduit ; la tribu, qui vous voyait accompagné d'un *badraqa* donné par son Khan, se gardait bien de vous piller, et les autres tribus vous respectaient aussi, pour ne pas s'attirer une mauvaise affaire avec un chef puissant. Il ne vous en coûtait que quelques *bakhchich* sagement distribués çà et là et on arrivait plus d'une fois à destination sans être pillé ni égorgé. »

Séid Omar est grand politicien, comme tous les Afghans. « Chez nous, dit-il, tout le monde s'intéresse aux choses de l'Etat et les comprend, et vous entendrez des enfants de dix ans discuter avec des *Sifid rich*[2] sur les affaires d'Hindoustan, d'Iran et de Rouss, si bien que vous ne sauriez distinguer quel est l'enfant et quel est le *Sifid rich*. Nous sommes informés de tout ce qui se passe dans le monde plus vite que les

[1] Voir la huitième lettre.
[2] Des barbes blanches.

Engriz avec leur fil à éclair. Car toutes les fois que vient un voyageur d'un des pays lointains, nous nous informons de tout ce qui touche ce pays ; à combien de *kroh* il est d'ici et quel est le *Serkar* ; si c'est un pays d'Islam ou d'infidélité ; si le gouvernement est juste ou tyrannique ; si les Musulmans y sont bien traités ou opprimés ; combien il y a de soldats, combien de fantassins et combien de cavaliers. Aussi nous savons beaucoup de choses, beaucoup de choses, continua-t-il en clignant les yeux, que les Engriz ne connaissent pas. » Je m'en aperçus en effet et j'appris bien des choses nouvelles de Séid Omar : j'appris par exemple qu'il y a douze mille Musulmans à Londres et neuf mosquées ; que l'Islam y avait été prêché par un clergyman converti, — ou perverti, comme disent les Anglais, — le Révérend Green ; qu'il avait fait tant de prosélytes que la reine, alarmée, l'avait mis en prison ; qu'il avait abjuré, mais que les nouveaux Musulmans étaient restés fidèles au Prophète et que, tous les vendredis, ils parcouraient la ville en chantant des prières. Le pauvre Omar avait combiné et sanctifié, par un effort de charité synthétique, l'histoire du ritualiste Green et des momeries salvationnistes, dont des bribes, par je ne sais quel canal, étaient allées le trouver jusqu'à Péchawer.

Séïd Omar n'est pas seulement bien informé, il est perspicace. Il y a eu ces jours-ci à Péchawer bien des étrangers : d'abord deux officiers *Rouss*, revenant des grandes manœuvres de Delhi et qui sont allés visiter les fortifications de la frontière ; puis deux officiers *Prachich*[1], qui, faisant le tour du monde, étaient curieux de voir quelles ombres fait sur la passe de Khaiber la forteresse d'Ali-Mesdjid ; puis un baron australien (lisez autrichien — mais l'Australie est plus connue dans l'Inde que l'Autriche), qui promène un appareil photographique avec lui. Voilà bien des étrangers et cela promet des événements. Mon séjour prolongé à Péchawer l'intrigue aussi : les *Prachich* ont été jadis quasi maîtres du Pendjab ; ne serais-je pas envoyé par le gouvernement prachich pour étudier le terrain ? Un jour, il me demande de but en blanc « Qui « préfère-t-on dans votre pays, les Musulmans ou « les Hindous ? » Je lui réponds sévèrement, en bon Français nourri dans les principes de liberté, d'égalité et de fraternité, que chez nous tous les hommes sont égaux et que nous ne faisons pas la moindre différence, à Paris, mais pas la moindre, entre un Musulman et un Hindou. Je m'aperçois à sa mine que je viens de commettre

---

[1] Français ; voir plus haut, page 125.

une grosse faute diplomatique : Séid Omar
voulait tâter le terrain, et préjuger la ligne que
pourrait bien suivre la politique prachiche entre
les deux religions hostiles : ma réponse vient
de gâter toutes les chances de la France. Il
me fait observer un peu sèchement que cette
impartialité est étrange ; que si des Firanghis
étaient en guerre contre les Hindous, les Musulmans considèreraient, eux, comme un devoir
sacré d'aider les Firanghis, parce que les Firanghis sont après tout « peuple du livre » et que les
Hindous sont de purs païens, des *kafirs*.

Pour changer la conversation, je passe en
Afrique et lui demande ce qu'il pense du Mahdi.
— « Quel Mahdi ? — Celui de Khartoum. —
Je ne connais pas. » Je lui conte l'histoire du
Mahdi, qu'au fond il connaît aussi bien que moi.
Mon histoire achevée, il me demande, avec un
léger accent d'ironie, à quoi je le reconnais pour
Mahdi. « Mais ! sa piété, ses signes, ses vic-
toires ! — Le Sahib de Svat était aussi pieux
qu'à pu l'être votre Mahdi et a battu les Engriz
à Ambéla[1] sans s'arroger pour cela le titre de
Mahdi. Et pourtant, lui, venait de l'Orient et
non du Couchant, comme cet imposteur. Et

---

[1] Voir plus haut, pages et 121 suivantes.

qu'est-il devenu votre Mahdi? — Ce qu'il est devenu? mon Dieu, il est mort. — Ah! il est mort! Un Mahdi qui meurt! » fait le Séid avec un geste de pitié. J'avais oublié et nous avions tous oublié en Europe que le Mahdi doit naître à la Mecque. Aussi, si les Anglais étaient moins ignorants, ils s'épargneraient la peine inutile et ridicule de faire vacciner tous les enfants dans l'Inde ; car vous savez qu'un des signes du Mahdi est qu'il aura du lait dans les veines, et c'est pour cela que le vice-roi fait vacciner tous les enfants, afin de découvrir, à la blancheur du sang, l'enfant prédestiné, et de le mettre à mort.

Pour faire la paix avec le Séid, je lui parle du grand empereur afghan, Ahmed Chah, le Dourani, qui écrasa les Mahrattes et le Grand Mogol et régna de Hérat et Kandahar jusqu'au Soutledj et jusqu'à Delhi ; à mon grand étonnement, il reste froid. « Ahmed Chah, lui dis-je, n'était-il pas un grand homme? — Non ! il n'y a pas de grands hommes : il y a eu des hommes et il y en a beaucoup qui valent Ahmed Chah ; mais, lui, est venu dans un siècle de foi, et quand vient la foi la victoire suit. La foi s'en va, et revient ; elle est partie, elle reviendra, et avec elle reviendra la puissance afghane. Les Mogols sont venus, ont levé l'impôt et sont partis, les Afghans sont restés; puis sont venus les Sikhs et les Prachich: ils ont levé l'impôt, ils sont partis et les Afghans sont restés; puis sont venus les Engriz, qui lèvent l'impôt à présent; ils partiront et les Afghans resteront; les Rouss viendront à leur tour, lèveront l'impôt, disparaîtront, et les Afghans seront toujours là. Ils ont *louté*[1] Delhi à trois reprises et la *louteront* plus d'une fois encore. Car le monde est comme cette montre dont l'aiguille fait toujours le même chemin bien que le temps passe; l'aiguille revient toujours au même endroit, quand la montre est bien remontée : et c'est Dieu qui la remonte. »

[1] *Louté*, pillé.

ABBOTTABAD

En route sur Abbottabad. — La Brigade circulaire. — Petit Fakir
en robe verte. — L'Été. — Le Bengalow hanté. — Les Chacals.

SI jamais quelque heureux hasard vous amène au fond du Pendjab, voici ce que je vous souhaite : — vous attarder à Péchawer jusqu'en mai, « le joli mois de mai » qui, hélas ! ici, n'amène que l'enfer des chaleurs sèches et les escadrons des mouches de sable qui, comme Macbeth, tuent le sommeil ; — vous débattre une semaine durant et, chassé enfin par le cauchemar du soleil, errer tout un jour dans la morne Nauchéhra, sous les flammes stupéfiantes d'en haut, dans l'attente vaine de la *tonga* qui court vers Takhti Bahi et les ruines des rois bouddhistes ; —— passer la nuit dans la gare déserte et affamée d'Attock, sous un ciel noir, aux bords d'un Indus sans rêves ; —— le lendemain, pour tuer le temps, parcourir Hasan Abdal dans une de ces microscopiques et abominables *ekkas*, dans lesquelles je souhaite à mon pire ennemi de faire le tour du monde ; —— vous traîner au jardin et à la tombe anonyme de Baba Vali de Kandahar, le *couli* devenu fakir et saint ; puis à l'étang de Gourou Nanak, le prophète Sikh, qui a laissé sur le mur l'empreinte sacrée de sa main ouverte, le *Pir Panjah* ; —— attendre de nuit, dans le Dak Bengalow ¹ désolé, la voiture d'Abbottabad ; partir, épuisé d'insomnie et de fièvre, à trois heures du matin, dans le froid et la brume ; monter, sous la pluie fine et pénétrante, le long des pentes abruptes et nues, heure après heure, secoué par le cahot haineux de la *tonga* ; —— voici, soudain, que le soleil tardif perce à travers la bruine ; des cèdres et des déodars se lèvent au lointain ; une brise enivrante descend au-devant de vous, vous soulève vers elle du fond de l'accablement ; c'est déjà la vie qui coule à plein

---

¹ Petit caravansérail entretenu par le gouvernement dans les principales localités : les voyageurs y passent la nuit pour une roupie ; ce ne sont pas des palais.

bord de quelque fontaine mystérieuse ; la roche verdit et tremble au vent ; les *lignes* [1] d'Abbottabad paraissent ; les petits soldats Gourkhas, en gris uniforme, s'arrêtent pour voir passer la *tonga* qui file ; elle file joyeuse, emportée sur le plateau, entre les haies parfumées, par ses deux chevaux d'attelage mogol, et toutes les branches et toutes les tiges se penchent sur votre front au passage et vous murmurent le vers d'Hafiz :

« La brise du matin répandra le musc une fois encore et le monde vieilli sera jeune à nouveau. »

I

Abbottabad date de 1848, l'époque de la conquête du Pendjab. Le major Abbott, un des héros de l'épopée pendjabie, le seul qui survive encore, montait la route de Hasan Abdal à Murree, en quête d'un sanatorium pour les troupes — c'est la première chose que cherche un

[1] Les *lines*, rangées de maisons faisant caserne.

chef anglais quand il prend possession d'un pays nouveau. Arrivé à mi-chemin, à un petit plateau où la route s'élargit, il fut frappé des avantages de la place, qui, à la différence de Murree, est accessible en hiver, et il y établit son camp, ou, comme on dit là-bas, son *chaoni :* le *chaoni* prit son nom et s'appela « la ville d'Abbott », Abbottabad.

Montant de la fournaise de Péchawer, Abbottabad, aux premiers jours de mai, est une ivresse. La joie de vivre ou de revivre flotte dans l'air embaumé, sous l'azur pâle et souriant de l'Inde; ce sont des orgies de fleurs tout le long des haies, avec leurs roses blanches, leurs roses roses, leurs roses rouges; avec les étoiles blanches des *phulvaris,* les fleurs de grenades en taillis; et puis, de tout côté, tout de suite dans la colline! Montez cette colline qui domine le camp et que l'on appelle, je ne sais pourquoi, la *Brigade Circulaire :* le clocher de l'église émerge d'un taillis de verdure, où percent çà et là les toits rouges des bengalows; au bas de la colline l'inévitable *lawn tennis,* le cimetière, et l'étang sombre où nage le lotus; plus à droite, le champ de course ou de *polo* et les lignes des casernes; tout cela, un petit point vert; et à l'entour, de toutes parts, les hautes rangées de montagnes, à perte d'horizon; tout près Thandiani, la froide; plus au loin, les cimes noires de Kaghan, et par derrière, les crêtes d'argent de Cachemire, où je n'irai point. Les collines proches sont nues et stériles : si le sommet de la Brigade Circulaire ondule de sapins et de cèdres, ne croyez pas qu'ils soient là de leur gré : c'est que le Député-commissaire leur a donné l'ordre de pousser là. Mais sous le soleil qui s'incline, leurs flancs brunis prennent dans la brume indienne des nuances si douces, de tels sourires tremblants, que l'on dirait l'âme nuageuse de la montagne qui laisse passer sur son front toutes les ombres du rêve changeant qui l'agite. Le soir tombe, la brise s'élève ; qui donc a dit :

> *Le vent qui vient de la montagne*
> *Me rendra fou.*

Le voici qui passe, le vent de la montagne, et il emporte toute tristesse du corps et de l'âme, l'inquiétude de la pensée et du souvenir, angoisses du passé et de l'avenir, regrets, blessures, désirs et toute la fatigue d'être. C'est une chose étrange, dans l'Inde, comme la victoire reste toujours à la brise dans le duel de la brise et de l'âme.

J'aime la Brigade Circulaire, parce que c'est la paix, le repos, l'extase du ciel, et quelquefois aussi parce qu'elle laisse deviner au lointain les passes d'où sont descendus ici les Hellènes et les Scythes et les Parthes, et Timour avec ses Tartares, et Baber avec ses Mogols, et Ahmed avec ses Afghans ; parce que les fantômes de l'histoire se dressent sur toutes ces crêtes, et que c'est une belle chose de voir défiler de la montagne les grandes chevauchées d'images ; et je l'aime aussi parce qu'on y rencontre, guitare sous le bras, *dast pandh* [1] en main, de petits fakirs en robe verte.

— Petit fakir en robe verte, quel âge as-tu ?

— Quatorze ans, Sâb, s'il plaît à Dieu, au prochain Moharrem.

— Petit fakir en robe verte, pourquoi portes-tu la robe verte ?

L'enfant redressa fièrement sa taille frêle et sa tête franche et dit : « Je suis Séid et je descends de Fatimah, fille du Prophète.

— Quel est ton père et que fait-il ?

— Mon père est un *Bouzourg* [2].

— C'est vrai, Sâb, interrompit le *saïs* ; son père est un grand Bouzourg et qui fait beaucoup

---

[1] *Dast pandh*, protége-main, long tison de fer qui sert aussi d'appui dans la marche.

[2] *Bouzourg*, un Puissant ; c'est-à-dire un saint doué du don du miracle.

de miracles ; quand la pluie manque trop longtemps, il prie et la pluie finit par tomber. Et
l'enfant aussi est déjà un petit Bouzourg, et il
fera aussi des miracles. Il s'appelle Séid Chah
Din.

— Que fais-tu de cette cithare sous le bras ?

— Je chante les louanges du Prophète et de
Fatimah.

— Où habites-tu, petit fakir, et de quel village
es-tu ?

— Je ne sais pas, Sâb ; je vais de place en
place, en priant Dieu.

— Où passes-tu la nuit ?

— Au feu des bergers quand il fait froid, et
sur la dure quand il fait chaud.

— Et que fais-tu du matin au soir ?

— Je récite le Coran illustre ; je prie pour
les hommes et pour moi, et je chante le Prophète.

— Prends ces quatre annas, petit fakir.

— Merci, Sâb, que ferais-je avec de l'argent ?
Les pauvres gens me donnent du pain lorsque
j'ai faim, et il y a toujours de l'eau à la rivière
ou dans la citerne de la route.

— Adieu, petit fakir en robe verte, et prie
pour moi le Prophète.

— Adieu, Sâb, que Dieu vous bénisse !

Et le petit fakir descendit rapidement la pente

de la montagne, appuyé sur son *dast panah*, et la tache verte se fondit dans les buissons. La nuit tombait : les hauteurs de l'Orient étaient noires ; la lumière frêle de l'Occident flottait dans des remous de couleur, — vapeurs des rizières, fumées du sol, neige des montagnes ; — par instant, dans une éclaircie de nuages, le soleil qui succombe derrière la montagne redressait vers le ciel un dernier éventail de rayons pâles.

II

Entre les parois des montagnes coule une rivière qui, en cette saison, monte à peine au garot du pony, mais qui est torrentueuse en hiver. Le lit a été creusé par la volonté séculaire du vent qui fouette et de la pluie qui ronge ; le fond est jonché de cailloux charriés des montagnes lointaines et façonnés par la main convulsive des éléments ; sur la face des parois ravagées, deux rangées parallèles de galets indiquent la place des anciens lits, parlent de deux

révolutions anciennes, séparées par des milliers
d'années, de drames obscurs dont la brise et le
vent vous murmurent encore des lambeaux d'histoire. La rivière jadis coulait plus haut et plus
près des cimes ; par deux fois, elle s'est affaissée
dans les convulsions de la montagne : tom-
bera-t-elle plus bas, plus bas encore ? Le ciel est
pur, la brise est clémente : la paix de Dieu soit
sur vous, montagnes austères !

Tout le sol du pays jusqu'à Cachemire glisse
et s'affaisse ; il y a deux ans, Cachemire a trem-
blé tout entière et deux mille cadavres ont vogué
sur le Tchenab. L'an dernier, tout Abbottabad
a branlé ; tous les bengalows ont penché la tête
et ont laissé tomber à terre leurs cheminées et
leurs girouettes ; aujourd'hui encore, en plein
azur et en plein parfum, deux ou trois fois par
semaine, la terre tremble sous vos pieds et murmure discrètement le dernier mot de la sagesse
humaine : *Nolite confidere !*

L'été, qui gravit plus tardivement la montagne, est enfin monté au sommet d'Abbottabad.
Abbottabad, à la hauteur de ses 1,500 mètres,
se rit de la plaine qui se pâme ; mais du haut
de leurs 3,000 mètres, les montagnes qui l'en-
veloppent, de Murree à Mansehra et de la Tchan-
gla-Galli à Thandiani, à leur tour l'oppressent

et la suffoquent, et le soleil y roule sa lave comme dans le fond d'un cratère. Passé dix heures du matin, vous voici prisonnier entre les murs épais du bengalow, et si vous vous aventurez de sortir, la main du soleil vous frappe au front et au visage, et vous repousse trébuchant en arrière. Le soir, la vie revient; mais vous vous apercevez alors qu'il manque une chose à Abbottabad : la vue des vagues et l'ouverture du ciel, et que c'est une oppression étrange que d'être prisonnier de la montagne.

La Galli[1] de Tchangla est sans doute plus haute encore et plus âpre, et l'œil de trois côtés se heurte aux noires sapinières surmontées des neiges sublimes et, de pic en pic, monte au lointain jusqu'au pic suprême, le Nanga Parvat[2]; mais du moins à gauche, l'œil, fuyant la montagne où il se brise, peut se reposer sur l'Indus lointain; il peut descendre délicieusement sur la pente des collines entassées; il descend jusqu'au Jehlam; il coule avec lui dans la plaine infinie du Pendjab, la plaine ardente et infernale qui pourtant, vue d'ici, soulage la poitrine et le regard, comme l'air libre rouvert à l'oiseau en cage, soit que les longues lignes de calcaire

---

[1] *Galli*, route prise sur une pente abrupte de montagne.

[2] Flèche de 9,000 mètres.

brillent comme l'argent sous le soleil apoplecti-
que, soit que par la pluie les nuages blancs, à
quelques mille mètres sous vos pieds, fassent de
la montagne et de la plaine une immense nappe
de neige. Au Gor Khatri de Péchawer, le grand
fer à cheval des montagnes afghanes vous enserre
des trois côtés ; mais par devant s'ouvre la plaine
que sillonne un filet d'argent, la rivière qui vient
de Caboul et qui va, languissamment d'abord,
puis avec frénésie, chercher l'Indus au pont
d'Attock. Et bien loin d'ici, par derrière Bombay, les Ghattes qui montent à Pouna et Khan-
dalla, ont cette grâce et cette beauté que de
tous côtés elles vous ouvrent la montagne, y
fendent de larges brèches de plaine et de ciel,
de sorte que l'œil ne perd point prise sur l'infini
de l'azur et que l'âme y respire à l'aise dans la
grandeur des choses.

Ici, au contraire, tout est vaste et tout est
fermé : pas une ouverture de montagne qui
laisse le regard voguer sur la vallée, pas un
petit ruisseau d'argent qui brille au soleil et
qui vous dise en souriant : « Je suis libre
et le monde est vaste, et je m'en vais vers
les larges plaines et les vastes océans là-bas. »
L'âme se sent opprimée dans la hauteur solitaire : mais c'est une oppression sans angoisse et
non sans charme : la pensée s'éteint et garde

juste assez d'elle-même pour jouir de son anéan-
tissement; car la félicité, c'est le seul sentiment
du mourir, ce n'est point le néant même de la
mort, le néant aveugle et sourd, où ne passe
ni l'écho des paroles sonores ni le reflet des
images r" lieuses. On appelle Abbottabad *the
sleepy Hollow*, « le trou qui dort », et elle est en
effet, l'été durant, lourde de sommeil, mais non
sans rêves; et le soir, quand la pensée se réveille,
elle flotte languissamment sur la brume des montagnes brunes, s'y engloutit et s'y fond comme
si elle était de la même matière, et enveloppe
dans son naufrage tout le monde des choses et
celui des âmes,

> *E 'l naufragar mi piace in questo mare.*

III

Il n'y a point d'hôtel à Abbottabad; rien que
le Dak Bengalow, où l'on dort mal et mange
à l'avenant, et où l'on est exposé à chaque ins-

tant à être expulsé par un nouveau venu. Heureusement, je trouvai à louer un bengalow, celui du chapelain d'Abbottabad, le Révérend J. M... Le Révérand allait s'établir plus haut sur la colline, à la Galli de Dungla, qui est sur la route de Murree, et d'où il va sur sa jument blanche porter la parole de Dieu, à tour de rôle, aux divers cantonnements épars au-dessus et au-dessous de la Galli.

Mon bengalow était hanté. Voici l'histoire telle que me l'a contée Mohammed Ismaïl Khan, le Mounchi bien connu :

« Le premier locataire du bengalow, Sâb, était le docteur C..., du régiment des Gourkhas ; il était marié à une femme jeune et jolie, ils n'avaient point d'enfants. Un jour, en 1864, — je me rappelle bien l'année, car c'est celle où j'ai été nommé Mounchi du régiment, — le Doctor Sâb[1] partit pour visiter le dispensaire de Haripour, qui est, vous savez, à mi-chemin sur la route d'Abbottabad à Hasan Abdal ; il dit à la *Mèm Doctor Sâb*[2] qu'il reviendrait le lendemain. Il fit son travail plus vite qu'il ne comptait

---

[1] Monsieur le Docteur.

[2] Madame la Docteur : *mèm* est la prononciation indienne de *Madame, Ma'am*.

et revint le même jour ; il appela la Mêm Sâb,
mais la Mêm Sab ne vint pas et il chercha dans le
bengalow sans la trouver. Il demanda au *bearer*[1]
où était la Mêm Doctor Sâb : le bearer répondit
qu'elle était partie pour Thandiani avec un autre
Sâb. Le Doctor Sâb en fut irrité. Deux jours se
passèrent sans que la Mêm Sâb revînt et le Doctor Sâb courait dans toute la ville sans dire un
mot. Le troisième jour au matin, la Mêm Sâb
revint, et voyant le Doctor Sâb, lui dit : « Bon-
jour ! » Le Sâb lui dit : « Où êtes-vous allée ? »
Elle répondit : « A Thandiani. — De quel
droit êtes-vous allée là, sans me demander la
permission ? » Elle répondit : « Vous allez à
Haripour, j'ai bien le droit d'aller à Thandiani.
— Vous êtes allée avec un Sâb ; qui est-il ! » Elle
le regarda en face ; il avait l'air très en colère ;
elle se détourna sans dire un mot, entra dans sa
chambre, en ressortit, puis entra dans la salle du
bain, celle de gauche, la referma et tout à coup
une détonation retentit. Le Doctor Sâb, qui
avait tout regardé sans bouger, tant il était
étonné, se précipita, enfonça la porte et trouva
la Mêm Sâb morte ; elle s'était assise sur une
chaise et s'était appliqué un pistolet sur la tempe :
la balle fracassa la tête, puis troua la porte : vous

---

[1] Le principal domestique.

voyez ici la trace du trou de la balle. Et le Doctor Sâb courut hors de la maison sur la route,
et il arrêtait tous les coolies qui passaient et
demandait : « Avez-vous vu la Mêm Sâb ? » et
il a continué comme cela tout le reste de sa vie,
parce qu'il était devenu fou.

« Or, presque tous les soirs depuis ce mo-
ment-là, les gens du *compound* voyaient le spectre de la Mêm Sâb se promener dans le jardin.
Les Sâbs qui ont repris le bengalow ne l'ont pas
vue ; mais un jour, comme le capitaine Rupple
jouait du piano dans votre bureau, il entendit
frapper à la porte de la salle de bain. Il dit :
« Entrez », et la porte s'ouvrit, et une Mêm
Sâb [1] en blanc entra dans la chambre ; elle regarda autour d'elle, puis traversa la chambre et
ouvrit la porte du jardin. Le Captain Sâb courut
pour la suivre, il la vit traverser le jardin et elle
disparut ; il demanda aux gens du compound s'ils
l'avaient vue ; ils l'avaient vue aussi, mais ils ne
savaient pas ce qu'elle était devenue. Le lendemain matin, le Captain Sâb, allant déjeuner au
Miscot [2], raconta aux Sâbs ce qu'il avait vu ; mais
les Sâbs se moquèrent de lui.

[1] Une dame.

[2] Le mess des officiers.

« — Et vous, Sâb, qu'est-ce que vous en pensez ?

— Je ne sais vraiment qu'en penser, Ismaïl.

— Avez-vous vu la Mêm Sâb, Sâb ?

— Non, Ismaïl, je ne joue pas du piano.

— Ah ! c'est sans doute pour cela. »

Pauvre Mêm Sâb ! Si j'étais de tempérament imaginatif, j'aurais pu sinon la voir, du moins l'entendre.

Car chaque jour, la nuit tombée, une plainte étrange s'élève ; c'est une clameur aiguë qui vient du lointain, un cri désespéré ; il s'approche, s'abaisse en s'approchant, s'adoucit comme traversé d'une espérance, puis remonte, se prolonge en un *crescendo* d'agonie et s'en va mourir au lointain, comme meurt toute clameur humaine. Ce n'est point le gémissement de la Mêm Sâb, qui est morte sans pousser un cri ; c'est le cri des chacals affamés qui prennent possession de la nuit. C'est une clameur sinistre la première fois qu'on l'entend : peu à peu, en dépit de vous, elle prend un charme lugubre dont on a peine à se défendre. Pour qui écoute dans la sincérité du cœur, toutes les voix de la nature prennent un sens et une âme qui, sourdement et à la longue, parlent une langue de plus en plus claire, et toute une philosophie de la vie s'envolait sur les ailes de cette plainte amère.

Tous les soirs, sur la route du mess, à l'aller et au retour, il y avait deux charmes. A l'aller, au soleil couchant, c'étaient les massifs de chambélis blanches, s'ouvrant pour saluer le soir et emplissant l'espace de leur ivresse. Au retour, sous le croissant d'argent qui inonde le ciel indien de lumière, tandis que les grenouilles coassent dans l'étang, que des myriades de grillons et d'insectes assourdissent la nuit de leurs concerts et que les vers-luisants incendient les haies, tout à coup éclatait cette clameur désespérée des fauves se disputant une charogne et pérorant sur le *struggle for life* et le problème du monde. Je ne les ai jamais vues que sous forme d'ombre, quand elles fendaient la route comme une flèche et allaient se perdre dans la nuit lointaine. Quand la nuit s'avançait sans que j'eusse entendu ces voix, il manquait quelque chose à mon repos. Elles me manquèrent longtemps quand je quittai Abbottabad : quelques mois plus tard, en décembre, je les retrouvai avec plaisir comme de vieilles amies sur la colline de Kumbhala, à Bombay, au bord des vagues qui se brisent, quoiqu'elles fussent bien pâles et bien faibles, effarées du bruit de la civilisation voisine et dépaysées comme dans une terre étrangère. Et depuis, rentré dans notre sombre et sinistre Europe, dans la clameur des partis et des nations acharnés, dans le hurlement des uns, le glapissement des autres, que de fois, jusque dans ces derniers jours, que de fois j'ai regretté vos cantiques, ô mes pauvres chacals d'Abbottabad!

Londres, le 30 août 1887.

ABBOTTABAD

ET

LA VIE DE GARNISON

Un député commissaire. — Les Béloutchis. — Baudelaire en prison. — Gourkhas et Sikhs. — Le Polo. — Le Mess. — Le prince héritier de Boukhara. — La jument du Révérend. — Une bibiothèque modèle. — Le *Darahra*.

I

ABBOTTABAD est à la fois le chef-lieu du district de Hazara et le quartier-général de l'armée de la frontière. C'est donc le centre d'une double administration, l'administration civile d'un district, et l'adminis-

tration militaire des six districts limitrophes :
Hazara, Péchawer, Kohat, Bannou, Déra Ismaïl
Khan et Déra Ghazi Khan.

L'administration civile, comme dans tout le
Pendjab[1], est aux mains d'un Député-Commissaire (Deputy Commissioner), sorte de Préfet,
ou mieux de Préteur, cumulant les fonctions
d'administrateur, receveur d'impôts, magistrat,
ingénieur, agent politique ; c'est un Dictateur
au petit pied, qui fait la vie et l'unité du District
et le rattache à l'Empire. Sur les districts frontières, le rôle politique et diplomatique du Député-Commissaire est prédominant. Il a à surveiller les tribus voisines, à se tenir au courant
de tous les mouvements qui s'y produisent et qui
peuvent si facilement se répercuter dans les tribus
du territoire britannique ; il a l'œil sur toutes les
intrigues et toutes les agitations de la frontière,
et parfois il y a la main. Le poste de Député-Commissaire à la frontière est un poste de confiance, d'honneur et de danger.

---

[1] Et généralement parlant dans les provinces non réglementées
(*Non regulation provinces*) ; ce sont les provinces nouvellement conquises et où la part du pouvoir personnel est plus large que dans
les autres. Dans les provinces anciennes, le chef de district, appelé
Magistrat ou *Collecteur*, à moins d'initiative et ressemble davantage
à nos préfets. Ce qui rappelle le plus le Député-Commissaire, c'est
l'*Administrateur des Affaires indigènes* de nos anciennes provinces de
Cochinchine.

Le Député-Commissaire de Hazara, dans les premiers temps de mon séjour à Abbottabad, était M. Fryer, le plus beau spécimen du genre que j'aie rencontré. Grand et fort, avec le tempérament flegmatique des blonds, il avait le calme et l'énergie imperturbable, une force de travail illimitée et la volonté d'être juste, quelques-unes des qualités qui imposent le plus aux races mal civilisées et leur enseignent le respect. Il avait passé une dizaine d'années à la Déra de Ghazi Khan, parmi les Béloutchis britanniques, et, grâce à la connaissance profonde qu'il avait acquise de la race, il avait obtenu, pendant la dernière guerre d'Afghanistan, le concours des Béloutchis indépendants, ce qui assurait l'aile gauche de l'armée d'invasion. Il y avait deux ans que le gouvernement l'avait arraché à ses chers sauvages, pour le transporter au milieu des Afghans, autres sauvages, mais si différents : car en dépit des apparences, il y a autant de diversité entre sauvages qu'entre civilisés. Les Béloutchis ont un proverbe pour définir leur caractère national : « Le Béloutchi qui n'est pas allé en prison, qui n'a pas tué son voisin ou enlevé sa femme, n'est pas un Béloutchi » ; et il faut dire qu'il y a beaucoup de Béloutchis parmi les Béloutchis. Les Afghans acccepteraient volontiers le proverbe pour leur propre compte ; la grande différence, c'est qu'ils mentent par nature, tandis que le Béloutchi ne ment pas ; il ne sait pas comment s'y prendre : quand il essaie, la chose lui semble si drôle qu'il éclate de rire et son rire le trahit et l'accuse.

Exilé dans le Hazara, M. Fryer regrettait ses bons sauvages de Ghazi Khan, mais ne s'en était pas moins mis tout entier à sa tâche nouvelle ; il avait appris le Pouchtou, avait étudié le pays et les gens, et à force de tact, de calme et d'énergie avait réussi à se faire non seulement estimer, mais aimer, de gens qu'il méprisait. Il réussit si bien qu'il y a deux ans, quand il fallut pacifier la Haute-Birmanie, on se dit : Fryer ne connaît rien de la Birmanie, ni des Birmans, mais il s'est si bien tiré d'affaire avec les Béloutchis et les Afghans, que c'est l'homme qu'il nous faut là-bas. Il est à présent à Mandalay et je ne doute pas qu'il n'y fasse merveille : il a la *méthode*.

II

Le seul bâtiment notable d'Abbottabad est la geôle qui sert aussi de *tehsil*. Je la visitai en compagnie du juge assistant, M. Parsons. Parmi les prisonniers se trouvait un nommé Mohammedji, condamné à six mois de prison pour avoir, dans une rixe, cassé la jambe d'un Hindou. Mohammedji est poète ambulant et de plus il est fou : il se croit roi. C'est un habitué de la geôle qu'il a souvent visitée et qu'il visitera souvent encore, si Dieu lui prête vie. Voici une de ses chansons qui, à elle seule, aurait dû lui en ouvrir les portes, petit chef-d'œuvre de mièvrerie et de passion, « moitié Baudelaire[1], moitié Cantique des Cantiques » :

Hier soir je me suis promené dans le bazar des tresses noires; j'ai fourragé, comme une abeille, dans le bazar des tresses noires.

Hier soir, je me suis promené dans le bosquet des tresses noires; j'ai fourragé, comme une abeille, dans la volupté des grenades. J'ai enfoncé mes dents dans le menton vierge de ma tendre amie : j'ai aspiré le parfum de la guirlande au cou de ma reine, le parfum de ses tresses noires.

Hier soir, je me suis promené dans le bazar des tresses noires; j'ai fourragé, comme une abeille, dans le bazar des tresses noires.

— Tu as aspiré le parfum de ma guirlande, ô mon ami, et c'est pour cela que tu es ivre. Tu t'es endormi comme Behram sur le lit de Sarasia : mais, après cela,

---

[1] Voir *La Chevelure* (Fleurs du mal, XXIX).

quelqu'un te fera périr, car tu as fait le voleur sur mes joues. A présent, il est en grande colère contre toi, le *tchaukidar*[1] des tresses noires.

— Il est en grande colère contre moi, ô ma petite? Dieu me gardera, n'est-il pas vrai?

Allonge comme un bâton, pour me défendre, tes longues tresses noires, veux-tu?

Livre-moi ton blanc visage! Rassasie-moi, comme le *touti*[2], veux-tu? Et pour une fois lâche-moi dans la grange des tresses noires.

— Je te donnerai accès, mon ami, dans le jardin de la blanche poitrine. Mais, après cela, tu te détourneras de moi, et t'en iras dédaigneusement. Pourtant, lorsque je montre mon blanc visage, la lumière de la lampe s'éclipse.

— Le Seigneur t'a donné la beauté sans pareille. Jette un regard sur moi, ma charmante. Le serpent m'a mordu au cœur, le serpent de tes tresses noires.

— Je charmerai le serpent de mon souffle; ô mon petit, je suis une charmeuse. Mais moi, pauvre malheureuse, je suis déchirée en ton honneur. Viens, quittons Pakli; j'ai en horreur le vilain[3]. Je te donne le plein pouvoir sur les tresses noires.

— Mohammedji a plein pouvoir sur les poètes de Pakli. Il lève l'impôt : il est parmi les Emirs de Delhi. Il gouverne son royaume : il le dirige avec les tresses noires.

---

[1] Le mari. — *Tchaukidar*, gardien, agent de police; voir plus haut, page 34.

[2] Le perroquet indien, amoureux de la *maïna*. Il reçoit aux Indes les mêmes honneurs que chez nous le rossignol.

[3] Le mari.

Le pauvre Mohammedji avait déjà la tête fêlée quand il chantait ces jolis vers, où passe un rayon de folie délicieuse. Mais s'il n'était pas roi de Delhi, il était mieux, roi des poètes de Pakli ; le sceptre embaumé qu'il maniait de ses mains amoureuses vaut mieux qu'un sceptre d'or qui ne portera fleur ni fruit et j'en ai recueilli le parfum pour que la brise le porte jusqu'à vous.

III

Abbottabad est avant tout une ville de garnison. Sanatorium à l'origine, elle s'est développée autour du camp, autour « des douze pierres du *chaoni* ». C'était le centre des bureaux militaires, avant d'être le centre de l'administration civile, qui était d'abord à la ville plus ancienne de Haripour.

Abbottabad est le quartier général de l'armée de la frontière ou, pour employer l'expression officielle, de la Force Irrégulière de la frontière du Pendjab *(Penjab Irregular Frontier Force)*, qui veille à la sécurité des six districts. Cette troupe spéciale a son histoire. Elle date de la conquête du Pendjab en 1849. Le pays conquis, il fallut le pacifier, c'est-à-dire le conquérir en détail. On organisa une série de corps de police militaire, plus mobiles et irréguliers qui, à mesure que la pacification avança, rentrèrent de plus en plus dans les cadres de l'organisation normale, mais sans être jamais appelés en service en dehors des six districts, sauf durant la grande tourmente de 1857. Jusqu'au dernier temps, elle dépendait du gouvernement de Lahore, plus proche de la frontière, et mieux en état que le gouvernement de Calcutta de voir, d'apprécier et d'agir. A la longue, cette indépendance de l'armée de la frontière amena plus d'une fois des conflits d'autorité et des incertitudes dans l'action, surtout quand des troupes de l'armée du Pendjab avaient à coopérer avec celles de la frontière. Un décret de Juillet 1886 a mis fin à cette situation : depuis le 1er août 1886, la Penjab Irregular Frontier Force est ramenée sous les ordres du quartier général de Calcutta et ne sera bientôt plus qu'une tradition historique. Les hommes de ce corps, qui monte à dix mille hommes environ, étaient connus dans l'armée sous le nom de *Piffers*, nom formé des initiales du titre officiel : Penjab Irregular Frontier Force.

Les *Piffers* seront bientôt une chose du passé : ils ont cessé virtuellement d'exister. Mais ils reparaîtront bientôt à l'autre extrémité de l'Empire, en Birmanie. Le Pendjab a fourni à la Birmanie, non seulement son personnel, mais aussi ses procédés de pacification. Chacun des régiments de la frontière a fourni des soldats d'élite, placés sous le commandement d'officiers du Pendjab et qui ont formé le corps de police mobile, une sorte de Burma Irregular Frontier Force, les *Biffers* de l'avenir.

La garnison d'Abbottabad comprend [1] deux régiments et une batterie d'artillerie. La batterie est pour l'instant en Birmanie. Les deux régiments sont le 5e Gourkha et le 2e des Sikhs. Le régiment est en réalité un bataillon européen (il en a le nom, au moins chez les indigènes qui appellent le régiment un *paltan*) ; il compte environ 850 hommes, formant huit compagnies. Chaque compagnie est commandée par un capitaine indigène ou *soubehdar*, avec une série de sous-officiers indigènes sous ses ordres : le régiment est commandé par un colonel anglais, assisté d'un état-major d'officiers anglais, capitaine et lieutenants. Ces grades de colonel, capitaine, lieutenants ne répondent pas, comme dans les

---

[1] Été de 1886.

armées d'Europe, à des fonctions différentes, mais seulement à des différences de stage, d'âge et de paie. C'est là dans le système anglais le trait qui déroute le plus l'étranger : il dérive de la nécessité de maintenir absolument indépendants l'un de l'autre le corps d'officiers indigènes et l'état-major européen, le commandement de détail étant indigène, le commandement d'ensemble européen. Il arrive tous les jours que le colonel délègue le commandement du régiment à un lieutenant de vingt-deux ans, frais sorti de Sandhurst, et les Soubehdars, à vingt ans de service, viendront prendre respectueusement ses ordres.

Des deux régiments d'Abottabad, l'un est à demeure permanente, c'est le régiment Gourkha ; l'autre change tous les trois ans : c'était pendant mon séjour le 2ᵉ Sikhs. Ce régiment, malgré son nom, n'est composé de Sikhs que pour une partie de son effectif : c'est un des principes de l'administration militaire anglaise de ne composer aucun régiment d'un seul élément : c'est là une des leçons que lui a enseignées la Grande Rébellion. On mêle autant que possible les races et les religions, pour les paralyser l'une par l'autre : sur les huit compagnies du 2ᵉ Sikhs, il y en avait trois de Sikhs proprement dits, trois d'Afghans, une de Pendjabis musulmans, une de Dogras :

quatre races et trois religions[1]. Ce composé, abandonné à lui-même, ferait une cohue anarchique : l'état-major anglais lui donne une tête et en fait un corps. Les régiments Gourkhas seuls sont homogènes.

Les Gourkhas, comme on sait, sont la caste guerrière du Népal. Dans l'invasion anglaise de 1816 ils résistèrent avec tant de bravoure, que les Anglais se dirent qu'il valait mieux prendre à leur service ces soldats incomparables que de se faire écharper par eux. Il fut stipulé dans le traité de paix que le Râja du Népal permettrait à ses sujets de prendre service dans l'armée anglaise. Chaque année les officiers recruteurs se rendent à Bharaitch, sur la frontière du Népal — car l'entrée du Népal leur est fermée ; — les candidats viennent se présenter en masse et le recrutement fait son choix. Une fois enrôlé, le Gourkha n'a plus qu'une patrie, le drapeau ; il appartient à ses chefs, corps et âme : car il est étranger dans l'Inde, autant que l'Anglais, et son isolement assure sa fidélité. Il est étranger de race, car il est d'origine Mongoloïde ; de religion, il appartient nominalement au Brahmanisme, mais c'est un Brahmanisme bien imparfait, qui

[1] Sikhs, Musulmans (Afghans et Pendjabis), Hindous (les Dogras ; les Dogras sont une caste guerrière du Nord-Ouest qui a fourni au Cachemire sa dynastie présente).

scandalise singulièrement ses coréligionnaires hindous et leur rappelle trop bien qu'il n'a renoncé que depuis peu au Lamaïsme et à ses impuretés. Le Gourkha fume comme un Anglais ; il mange du buffle et du porc ; il fait ses ablutions en deux minutes, avec de l'eau plein le creux de la main. Il a un profond dédain pour les gens de l'Inde et ne fraie qu'avec Tom Atkins. Petit, trapu, avec les paumettes saillantes, les yeux à fleur de tête, le nez plat du Mogol, le regard bête et bon enfant, toujours prêt à saluer le Sahib qui passe, on ne se douterait jamais, à le voir marcher en se balançant lourdement comme un paysan breton mal dégrossi, que c'est le tueur le plus effrayant de l'Inde et que, une fois lancé dans la bataille, le *kirki* à la main, la voix de l'officier et le clairon de la retraite seront impuissants à l'arracher à la besogne sanglante.

Les Sikhs sont de tout autres hommes ; grands, forts, crinière de lion, fiers et calmes. Ce ne sont pas des bêtes fauves comme les Gourkhas ; mais ils sont nés soldats. Ils se font tuer sur leurs pièces en silence et sans reculer d'un pas. Ils savent agir par masse : ils ont l'esprit de la phalange. Dans la conquête de l'Inde ce sont les seuls adversaires qui n'aient point lâché pied devant les Anglais, et il fallut pour les dompter la trahison de Tej Sinh, le Bazaine Sikh. Les

Afghans offrent un troisième type, aussi différent : ils ont l'élan invincible, mais n'ont point
la résistance ; ils sont incapables de l'effort
soutenu : si la *furie afghane* n'emporte pas tout
du premier coup, elle tombe et s'abat, l'élan de
l'attaque se retourne et devient l'élan de la fuite.

Dans la grande rébellion, ce sont les Sikhs et
les Afghans, conquis de la veille, qui ont sauvé
l'empire anglais. Ils forment encore avec les
Gourkhas la partie solide de l'armée indigène.
Par malheur, les Afghans sont peu sûrs ; ils
luttent avec entrain contre leurs frères d'au delà
de la frontière ou contre les gens de l'Inde révol-
tés, parce qu'ils haïssent leurs frères et les gens
de l'Inde plus que leurs maîtres : mais ils ne sont
fidèles qu'au succès et à l'argent. Les Sikhs,
longtemps fidèles, par une sorte d'orgueil furieux,
parce qu'ils ne voulaient pas avoir été vaincus
par un maître inférieur, commencent à se lasser
et reparlent de Dhulip Singh, le *Maliki Penjab*,
« le Roi du Pendjab ». Une chose plus grave,
c'est que les progrès même réalisés sous la
domination anglaise ont tari les sources du
recrutement. Le paysan Sikh trouve moins d'intérêt à s'engager comme soldat qu'à travailler
comme laboureur dans le Pendjab, fertilisé par
un admirable système d'irrigation : il gagne bien
dans les champs deux ou trois fois les sept rou-

pies par mois que le Serkar paie à ses soldats
indigènes. Il ne reste d'absolument sûr que les
Gourkhas : mais ils sont en nombre limité, dix
régiments. Le gouvernement de l'Inde vient
d'obtenir du gouvernement de Népal la permission de lever cinq nouveaux bataillons. Il aura
ainsi un noyau de quinze mille hommes, sûrs
comme la mort.

IV

La vie de garnison est assez morne et ses dis-
tractions sont peu variées. La *parade*, c'est-à-dire
l'exercice, prend quatre heures par jour. Le reste
du temps est rempli par la sieste, le mess, le
lawn-tennis ou le cricket et le polo. Le lawn-
tennis et le cricket sont de tous les jours, c'est
le grand amusement anglais ; c'est la marque de
nationalité qui suit l'Anglais au bout du monde.
Le *Polo* est plus spécialement anglo-indien.
C'est une sorte de cricket à cheval. Deux partis
à cheval, lancés au galop en sens inverse, se disputent à qui poussera la balle à coups de raquette

au delà des lignes de l'adversaire : c'est un des
jeux les plus élégants et les plus dramatiques
qui se puissent imaginer ; non sans danger d'ailleurs, car plus d'une fois les poneys se rencontrent et se heurtent, écrasant leurs cavaliers. Le
jeu est d'origine persane : c'est le *tchaugan* tant
chanté des poètes [1] ; il n'y a qu'une vingtaine
d'années qu'il s'est acclimaté dans l'Inde, et
comme les choses vont toujours par des voies obli-
ques, ce n'est point, comme on l'attendait, ni
des Francs, ni des Mogols, que les Anglais l'ont
appris ; il leur est venu de Manipour, petit État
indépendant sur les confins de la Birmanie, d'où
il a passé à Calcutta.

Le *mess* ou le *misscot* [2], pour parler comme les
indigènes, est le grand centre social. Il diffère
grandement du *mess* européen ; il admet les
officiers anglais de tout grade, et les principaux
fonctionnaires civils : le Député Commissaire,
l'ingénieur (le *Barrack master* [3], comme disent les
indigènes), les assistants magistrats et les hôtes
étrangers. Le général en chef de la *Frontier*

---

[1] Venu jusqu'en France, au moyen-âge, sous le nom de *Chicane*.

[2] Maison du *Mess*.

[3] Les ingénieurs sont fort choqués de ce nom, qui n'est autre
pourtant, me dit un ingénieur, que le nom qu'ils portaient au
temps de la reine Anne. Les indigènes ont eu meilleure mémoire
qu'eux.

Force et le jeune lieutenant s'y rencontrent sur le pied d'égalité. Un officier autrichien que je rencontrai à Péchaver, était révolté de ce système, qui, me disait-il, est une école d'indiscipline. D'autre part, le Révérend C. me disait : Le *mess* est une République de gentlemen. Le commandant de place d'Abbotabad, l'excellent colonel Pratt, m'ayant fait admettre comme membre honoraire du *mess* pour tout le temps de mon séjour qui dura cinq mois, j'ai eu longue occasion de comparer ces deux jugements, et je puis dire que le clergyman est plus près du vrai que l'officier autrichien.

Tous les vendredis soir, il y a grand mess; c'est le *guest night*, le soir où l'on reçoit les hôtes de passage. Tous les membres sont présents, la musique militaire joue dans le jardin et le commandant de place porte le toast à la Reine; notez bien ceci, à la Reine, *To the Queen*, et non pas, comme le veut la nouvelle étiquette, à la Reine Impératrice, *To the Queen Empress*. On est conservateur dans le Pendjab et pour un Anglais pur *Reine des Anglais* est un titre mille fois plus auguste que celui d'*Impératrice des Indes*. L'Impératrice dégrade un peu la Reine.

La musique est fort passable; on n'aurait jamais pensé qu'un Mogol de Népal pût jouer si fidèlement et avec tant de sûreté de l'Offenbach ou du Beethoven. Mais on n'a jamais entendu un de ces musiciens tartares fredonner en dehors du service le moindre des airs qu'il exécute si bien : ils font l'exercice sur le trombone et la grosse caisse comme ils le feraient sur le fusil.

Il est rare que le *mess* soit au complet, surtout en été. Le régiment a trop peu d'officiers en temps de guerre, parce qu'il faut qu'ils donnent de leur personne pour enlever leurs mercenaires ; ils tombent dans la bataille comme des capucins de carte : dans aucune armée la proportion d'officiers tués n'est si grande. En revanche, en temps de paix, il y a pléthore et par suite ce sont des congés continuels. Cachemire est proche et l'on s'en va à la première occasion y faire les deux seules choses qu'un Sâb se soucie d'y faire, me dit un grommeleur indigène, *chikar* ou *ichq*, c'est-à-dire la chasse ou l'amour. Il faut savoir que Cachemire est célèbre sur toute la frontière pour ses cerfs à douze cornes dans la montagne et pour ses belles gondolières sur la rivière.

La conversation est peu variée. L'Inde et les Indiens en font rarement les frais. Les incidents du dernier *polo* et du dernier *gymkhana*, les faits et gestes du Chah Zadeh de Boukhara, les aventures du dernier bal de Murree et, quand l'heure approche, les angoisses du prochain examen de pouchtou. Le Chah Zadeh de Boukhara est le représentant à Abbottabad de la question de l'Asie Centrale : c'est un ancien héros qui a eu son heure et qui à présent, bien qu'il n'ait que trente-cinq ans, prend du ventre à l'abri de l'hospitalité anglaise, comme une véritable majesté bien entripaillée. Quand les Russes marchaient sur Samarcand en 1867, l'Émir de Boukhara ne les attendit pas et fit la paix. Son fils, l'héritier présomptif, le *Katé toura*, se révolta et se mit à la tête du parti national. Il lutta à toute outrance : M. Vambéry le fit périr dans les sables du désert. Il reparut soudain en fugitif à la cour de l'Émir d'Afghanistan, Chir Ali, dont il épousa la fille ; puis enfin, ayant une vague idée qu'un héritier présomptif de Boukhara doit être une chose précieuse pour les Anglais, il se rendit dans l'Inde. On lui fit une pension de 1,500 roupies qu'il dépense à Abbottabad, en criant misère et réclamant sans cesse une pension plus royale. Voilà pas mal de temps qu'il attend le moment de monter à cheval, en route pour Boukhara : pour l'instant il n'y monte que pour le *polo* dont il est enragé. Samedi dernier, en entrant au *mess*, après un *polo* où il avait fait rage, quoique exténué, — car c'était le Ramazan et le ventre royal était à vide de toute la journée, nous avons été fort étonnés d'apprendre par un télégramme de Vienne, reproduit dans le *Journal de Lahore*, que le Katé toura avait disparu d'Abbottabad et chevauchait au bord de l'Oxus. Le pauvre Chah Zadeh est d'ailleurs à présent aussi nul que prince peut l'être. On a proposé de le nommer membre honoraire du *mess :* mais après réflexion on y a renoncé, crainte de le trouver trop souvent sous la table. On lui a seulement donné le droit de s'alimenter aux *stores*, par égard pour le sang royal.

Les officiers de la Frontier Force ne sont admis à titre définitif que quand ils ont passé l'examen de *pouchtou* du second degré. C'est une grosse affaire et qui fait du mounchi Mohammed Ibrahim Khan un grand personnage. Nous reparlerons de lui une autre fois. C'est un dur morceau à avaler que le *pouchtou* et qui fait faire bien des grimaces, même à des officiers de l'Inde, c'est-à-dire aux hommes du monde qui ont le plus d'examens à passer. Je me rappellerai toujours ce pauvre lieutenant O., qui avait demandé la faveur grande de passer de Calcutta à la frontière, sur le bruit vague que le climat était meilleur et la paie plus haute ; à peine arrivé, et tandis qu'il respirait à pleins poumons l'air frais d'Abbottabad, il apprenait avec terreur qu'il avait à apprendre le pouchtou et à passer l'examen dans l'année, sous peine de quitter et la frontière et l'armée : « et je n'ai jamais pu apprendre d'autre langue que l'anglais, » s'écriait avec désespoir le malheureux.

Quelquefois un incident dramatique rompt la monotonie de la vie et renouvelle la conversation pour des semaines. Telle est l'histoire de la jument blanche du chapelain de la place, le Révérend John M.- Le Révérend qui est un vrai centaure, et chevauche comme un cavalier de l'Apocalypse, a dernièrement acheté du capitaine Martin, qui s'en allait, sa belle jument blanche pour 200 roupies. Il a galopé fièrement sur elle jusqu'au sommet de Nathiagalli où il passe l'été; son *saïs* emmenait son vieux cheval bai. Or dernièrement, le charmant petit lieutenant Fairer entre tout ému au *mess* : « Vous savez, le Révérend? Sa jument blanche? — Oui, la jument du capitaine Martin. Eh bien? — Eh bien, elle est tuée. — Pas possible. — Si! En rentrant à Nathiagalli, il a attaché à un arbre la jument blanche et le vieux cheval bai. Pendant la nuit, la jument et le cheval se sont pris de querelle, ils ont brisé la longe, et le cheval bai a jeté la jument blanche dans le *Khad* [1] : tuée raide. — Pauvre jument! Pauvre Révérend! 200 roupies! Quelle veine, le capitaine Martin! » Quand le capitaine French

[1] Pente abrupte de colline.

est revenu de Bharaich où il est aller recruter les Gourkhas, c'est la première histoire qu'on lui a servie. « Vous savez, la jument blanche du capitaine Martin. — Eh bien ? — Il l'avait vendue au Révérend John M.- 200 roupies, et le lendemain elle était tuée. — Pas possible, etc., etc. » Et je vous assure que l'histoire ne manque jamais son effet d'émotion : vous comprenez bien, les chevaux de nos amis sont nos amis. — On parlera de la jument blanche sous le *mess* bien longtemps. Parfois, dans la nuit, votre *poney* effaré pousse un long hennissement : c'est qu'il a vu passer en rêve la jument blanche, la jument blanche du Révérend.

J'oubliais une des institutions les plus curieuses d'Abbottabad, la bibliothèque. Cette bibliothèque, organisée par un officier studieux, le Major Malloy, contient environ 2,000 volumes de romans, et 2,000 volumes de voyage et d'histoire, dont la plus grande partie se rapporte à l'Inde. Toutes les nouveautés de Londres y arrivent en retard seulement de six mois, envoyées à bas prix par Mudies, quand la vogue s'est ralentie dans la métropole. Mais ce qu'il y a de plus remarquable dans la bibliothèque, c'est son organisation. Elle fonctionne d'elle-même, sans employés. Elle est ouverte du matin au soir.

Vous y entrez quand il vous plaît; vous prenez le catalogue, y voyez les livres qui vous tentent; vous les prenez vous-même sur les rayons, cinq volumes, dix, quinze, vingt, comme il vous plaît; vous inscrivez sur un registre *ad hoc* votre nom, le titre des livres empruntés et le jour; vous les lisez chez vous à loisir, les rapportez, les remettez en place et écrivez en face du titre *rapporté*, avec la date. Simplicité des moyens et confiance réciproque : je n'ai rien vu dans l'Inde qui fasse plus honneur à l'esprit et au caractère anglais.

L'automne venait, la plaine redevenait accessible : je quittai non sans regret l'abri montagneux où j'ai passé les cinq mois, sinon les plus heureux, du moins les plus tranquilles de ma vie. Je fis mes adieux à mes aimables hôtes qui m'avaient presque fait oublier que j'étais un étranger et redescendis la route de Hasan Abdal que j'avais montée si péniblement cinq mois auparavant. Arrivé à Hasan Abdal, mes yeux tombant sur le sol, je sentis une émotion dont je n'avais jamais eu l'idée, l'émotion des *rails*. J'avais dans la montagne oublié l'existence des railways; et ces deux longues bandes de fer, je les voyais soudain se prolonger devant moi à l'infini jusqu'à Bombay et par-dessous la mer jusqu'à Brindisi, jusqu'à Paris, jusqu'aux portes du *home*.

V

Je m'étais attardé jusqu'aux premiers jours d'Octobre pour assister à un spectacle que l'on ne voit pas partout, le *Dasahra* des Gourkhas. C'est le sacrifice du taureau célébré en l'honneur de Dourga-Parvati et de sa victoire sur le démon-buffle qui ravageait Mysore, le Mahichaisvara. La lutte dura neuf jours et le neuvième la déesse abattit la tête du monstre. La fête aussi dure neuf jours : pendant huit jours, les adorateurs font *poudja* à l'autel de Dourga et le Brahmane du régiment (un abominable gredin de Djaipore, qui m'a l'air du plus consommé Voltairien qui soit au monde), lit le *Mahâtmya* de la déesse. Le neuvième jour, a lieu le sacrifice du taureau. C'est dans les *lignes* des Gourkhas. Au centre, s'élève une colonne surmontée de tiges de riz et qui sert d'autel : les fusils sont alignés en faisceaux sous les couleurs du régiment, des fleurs jaunes de *tchampa* dans le canon. On amène le taureau à l'autel, on l'attache par le cou ; le

Brahmane verse sur le cou l'eau et le riz et attend qu'il secoue le riz : quand il l'a secoué, c'est signe qu'il est prêt pour le sacrifice et tandis qu'un homme le tient par la queue, le sacrificateur lui abat la tête d'un coup de *kirki* : un coup de fusil annonce la chute de la tête et accompagne le bruit de la brute qui croule :

Sternitur exanimisque tremens procumbit humi bos…

c'est le sacrifice romain conservé au pied de l'Himalaya et vous vous sentez rajeuni de deux mille ans. Le sang ruisselle du cou de l'animal ; les hommes se précipitent et plongent dans le ruisseau rouge les colliers de leurs femmes et de leurs filles : cela leur portera bonheur : puis le tronc est traîné autour de l'autel. Trois taureaux sont ainsi immolés tour à tour. Comme intermède, on sacrifie quelques malheureuses chèvres, qui, la tête tranchée, gigottent lamentablement pendant quelques secondes de leurs pieds de derrière : le cérémonial est le même, seulement elles ne sont pas attachées à l'autel. Le troisième taureau achevé, c'est une véritable boucherie ; une vingtaine de Gourkhas amènent chacun leur chèvre dans l'enceinte sanglante et, tandis que la pauvrette étourdie reste immobile, ne sachant ce qu'on lui veut, lui abat la tête d'un coup de *kirki*. La foule est dans l'enthousiasme : une chœur se forme et fait par trois fois, en chantant des hymnes, le tour des cadavres, des faisceaux et de l'autel; au troisième tour, la musique entonne l'hymne national : *God save the Queen!* « *Hogya* : c'est fini. »

LA CONFESSION DU MOUNCHI

C'ÉTAIT en septembre : les pluies cessaient, les fièvres venaient. Des milliers de Djinns s'envolaient de la rizière ; quelques-uns, en passant, m'avaient frôlé de leur aile ; par malheur, je n'avais personne auprès de moi pour me faire marcher au soleil et frapper mon ombre à coups de hache, ce qui est, comme chacun sait, le remède infaillible contre la fièvre.

Mon professeur d'afghan, le Mounchi Mohammed Ibrahim Khan, vint, comme à l'ordinaire, à deux heures, pour lire avec moi l'histoire de

Fatteh Khan et de l'empereur Akbar, et m'expliquer la chanson de Mouqarrab Khan et des Khédou Kheil. Je me soulevai de ma chaise de Guzerate, et lui dis : « Ibrahim, nous ne *lirons* pas aujourd'hui. J'ai plus envie de dormir que de lire : Mounchi, contez-moi votre histoire. »

Ibrahim souleva de sa tête son vaste turban blanc dix fois enroulé, essuya la sueur de son crâne ras, remit le turban, caressa de la main sa longue barbe noire et soyeuse, rit intérieurement, entre ses dents blanches, puis extérieurement, au souvenir ramassé de tout ce qu'il y a de merveilleux et d'unique dans sa carrière, et commença enfin : « Sâb... » Profitons des lenteurs de la politesse du début et des longues formules de pieuse reconnaissance au Seigneur, pour vous présenter sommairement mon interlocuteur, Maulévi Mohammed Ibrahim Khan, le célèbre Mounchi, dont la réputation s'étend du district de Hazara, qui est au nord, au district de Déra Ghazi Khan, qui est au sud.

Ibrahim est le Mounchi le plus gras, le plus satisfait et le plus honoré que l'on puisse rencontrer sur la frontière. Ah! si Altaf, le poète amer de Delhi, connaissait Ibrahim, il ne dirait plus que le Musulman n'est point doué pour faire fortune et n'a rien à espérer dans ce monde sous le *British Raj*[1]. Ibrahim est Fellow de l'université du Pendjab et du Sindh : c'est le premier Afghan, et jusqu'à présent le seul, qui ait le droit d'apposer à son nom les lettres capitales F. U. P. S. et il le ferait sans aucun doute s'il savait écrire — je veux dire écrire l'anglais. Ibrahim est *durbari;* autrement dit, il a un siège aux *durbars,* c'est-à-dire aux assemblées officielles tenues par le lieutenant-général du Pendjab ou par le vice-roi de l'Inde : il a le fauteuil 327 et tandis qu'il y a des Khans et des Nawabs qui assistent debout ou accroupis à terre, lui, le pauvre hère de Dodial, siège dans la soie du Fellow, enfoncé, comme dit chez nous la nouvelle école, dans la rotondité et la mollesse d'un fauteuil gouvernemental. Il est riche, car il ne donne pas de leçon à moins de trente roupies par mois (autant dire soixante francs), et il a souvent jusqu'à cinq élèves à la fois : tous les candidats à l'examen de pouchtou[2], premier et second degré, se tournent vers lui comme vers leur providence. Il a composé un livre étonnant, intitulé *Khiza-nahi Afghani,* ce qui signifie « le Trésor afghan » : et en effet c'est un véritable trésor, un livre sans

[1] La domination anglaise.

[2] Tous les officiers de l'armée de la frontière doivent passer un examen de langue afghane.

pareil, où sont réunies toutes les élégances de la conversation courante, de sorte que l'officier candidat qui aura appris par cœur ce bienheureux livre, parlera aussi purement et aussi couramment que le premier coupe-gorge venu de la frontière. Le livre est manuscrit et il n'y en a qu'un exemplaire; mais l'exemplaire circule dans les districts : on le voit aujourd'hui à Kohat, demain il est signalé à Bannou; depuis l'ouverture de la ligne béloutchie, on le rencontre jusqu'à Quetta et partout il fait merveille, partout il fait des candidats triomphants; c'est le Mounchi fait livre. On parle sérieusement d'imprimer ce chef-d'œuvre à Lahore, aux frais du gouvernement : si j'étais le gouvernement, je n'hésiterais pas un instant : car ainsi, chacun pourra parler un afghan élégant et correct, en Inde, en Angleterre, en France, en Russie, et personne n'aura plus d'excuse pour ne pas lire Akhoun Darvéza.

Je m'étais rendu à Abbottabad, attiré par la réputation d'Ibrahim, Son admirateur, le capitaine Dunlop Smith, m'avait dit à Lahore : « Il n'est au monde de Mounchi qu'Ibrahim. » Comme j'avais l'intention de passer l'été à Simla, suivant la règle, je lui écrivis de Péchawer pour lui demander s'il serait disposé à m'accompagner là-haut. Il me répondit : « Comment pourrais-je? J'ai ici quatre Sábs qui lisent avec moi pour l'examen. Mais venez ici : je vous ferai voir des livres tels que jamais Sâb n'en a vu : je vous apprendrai de belles chansons qui réjouissent le cœur, des proverbes pleins de sens, des énigmes pleines de profondeur. » Je ne pouvais résister à un pareil langage, et je renonçai sans peine à Simla et à ses pompes vice-royales pour les belles chansons qui réjouissent le cœur.

I

Ibrahim continua : « Sâb, je n'ai pas toujours été aussi gras que vous me voyez à présent, et il fut un temps où j'étais si mince que l'on pouvait voir au travers de mon corps, comme à travers la gaze. Je suis né à Dodial. Mon père était un grand savant : il avait des livres de quoi remplir tout ce *bengalow* du plancher au plafond. J'avais dix ans quand il mourut, et ma mère me dit : « Ton père est mort, tu as dix ans ; il faut que tu ailles dans le monde pour étudier ; » car vous savez que c'est l'habitude, chez nous autres Musulmans, que les jeunes gens qui veulent s'instruire aillent de pays en pays, partout où il y a des gens savants de qui ils peuvent apprendre quelque chose, sur le Coran illustre, la jurisprudence et les chroniques. Je partis donc en *Talibi ilm* [1]; j'étudiai à Péchawer, à Kaboul et en Svât; en Rayistan, en Afghanistan et en Yaghistan. J'étudiais le jour dans la mosquée avec les Mollas; je dormais dans la *houjra* [2] et je mangeais où l'on m'invitait.

Je revins à vingt ans chez ma mère, la barbe au menton, très savant et très maigre. Or, pendant mon absence, mon oncle, — le frère de mon père, — s'était emparé de ses terres et ma mère pleurait. Il avait fait pis encore : il avait vendu tous les livres de mon père, les beaux manuscrits sur le Coran illustre, sur la jurisprudence et les chroniques. Voici comment la chose se fit. Il y avait à Dodial un vieux Molla très rusé et qui avait un beau chien : mon oncle vit le chien et dit au Molla : « Quel beau chien ! — Oui, c'est un beau chien, dit le Molla; le chien des sept Dormants de la Caverne était moins beau. — Je voudrais bien l'avoir, dit mon oncle; donne-le-moi; qu'est-ce qu'un Molla peut bien faire d'un chien? » Le Molla refusa longtemps; à la fin il

---

[1] *Chercheur de science*, étudiant.
[2] La maison commune ouverte aux étrangers.

se laissa fléchir et dit qu'il donnerait le chien si mon oncle donnait les livres. Mon oncle était un sauvage et un ignorant qui ne savait rien de rien ; il donna tous les livres de grand cœur et emmena le chien en riant, et se moquant du naïf Molla qui donnait un si beau chien pour de vieux livres.

« De retour au village, je dis à mon oncle : « Tu as pris la terre de mon père, il faut me la rendre. » Il me répondit : « Prends-la, si tu peux. » J'allai me plaindre au Serkar [1] : mais le Serkar me répondit qu'il avait toujours vu mon oncle sur cette terre et que par suite elle lui appartenait. A quoi me servait de savoir le persan et l'arabe, de lire dans le texte le Coran illustre, de connaître tous les *hadis* du prophète (béni soit-il !) : il fallait mourir de faim, ma mère et moi. Sur ces entrefaites, j'appris que l'on demandait des Pathans [2] pour le régiment du capitaine Cook à Abbottabad : deux jeunes gens du village partaient pour s'engager : je leur dis : je vais avec vous. Ils se moquèrent de moi et tout le village disait en riant : Voyez-vous le petit *Talibi ilm* qui veut se faire soldat? Arrivés à Abottabad, mes deux compagnons furent tout de suite accep-

---

[1] *Serkar*, le gouvernement.
[2] Nom indien des Afghans.

tés, car c'étaient de forts et vigoureux gaillards : mais moi, le capitaine jeta à peine un regard sur moi et me renvoya d'un geste.

« Je retournai à Dodial, où je pensai mourir de honte, car chacun me montrait du doigt en riant et disait : « Voyez-vous Mohammed Ibrahim qui voulait porter le fusil ? Un *Talibi ilm* qui veut entrer dans le *paltan* [1] / » Mais je me dis que j'en aurais le dernier mot. J'allai chez le boucher, j'achetai un bouc pour trois roupies et retournai à Abottabad avec mon bouc. Arrivé là, j'allai trouver le *soubehdar* [2] et lui montrai le bouc. Il me dit : « Joli bouc ! Quelles cornes ! Ce doit être un bon bouc de combat. — Excellent, lui dis-je : le veux-tu ? je te le donne. » Il accepta avec plaisir et me demanda s'il pouvait m'être agréable. Je lui répondis : « Je veux entrer dans le *paltan* ; on me refuse, parce que j'ai l'air faible, mais je ne le suis pas ; et puis, je sais lire et écrire. » Le *Soubehdar* me prit avec lui, me présenta au capitaine et fit mon éloge, dit que j'étais un *Talibi ilm*, que je savais lire et écrire et qu'un homme qui sait lire et écrire c'est toujours utile dans un régiment. Le capitaine m'accepta. Le jour suivant, il y avait un combat

[1] Le régiment.
[2] Capitaine indigène.

de boucs : le Soubehdar engagea le bouc que je lui avais donné : au premier coup de corne, le bouc s'enfuit à toutes jambes. Le Soubehdar était furieux; il me dit : « Le sale bouc ! reprends-le ! » Je repris le bouc : j'étais un peu honteux, mais pas trop mécontent: je le menai au boucher qui m'en paya cinq roupies ; je l'avais acheté pour trois, de façon que ce bienheureux bouc m'avait fait gagner et mon entrée au régiment et deux roupies par-dessus le marché. Je compris que Dieu commençait à prendre merci de moi.

« Or, il y avait un capitaine qui voulait apprendre le pouchtou pour l'examen : il envoya un Afghan demander dans tout le bazar : « Y a-t-il un savant qui puisse enseigner le *pouchtou* à un Sâb ? » Et l'homme ne trouvait pas. Un jour, il me vit occupé à lire un livre et il me demanda : « Qu'est-ce que tu fais? » Je répondis : « Je lis le Divan d'Abdoul Rahman. — Qui est-ce, Abdoul Rahman? — C'est un grand poète afghan. — Tu pourrais enseigner l'afghan au capitaine? — Certainement. » J'allai donc chez le capitaine et il commença à me demander en hindoustani ce que signifiait le pouchtou *dér*. Je ne connaissais pas encore l'hindoustani, car ma langue maternelle était le pouchtou; j'avais bien appris le persan et l'arabe, mais je n'avais pas appris l'hindoustani qui n'est pas une belle langue comme le persan, ni une langue sainte comme l'arabe, de sorte que je restai bouche close. Je me dis alors qu'il fallait apprendre l'hindoustani. Il y avait dans le *paltan* un Pendjabi qui connaissait un peu de pouchtou et j'appris avec lui comme ceci : je lui disais en pouchtou : Comment dit-on en hindoustani *da sta sa nôm dai* (quel est ton nom?). Il répondait : *tumhârâ nâm kyâ hai*, de sorte que quand le capitaine me demandait : comment dit-on en pouchtou *tumhâra nâm kyâ hai?* je répondais *da sta sa nôm dai*, et c'est ainsi que j'enseignai le pouchtou et appris l'hindoustani. Je fus bientôt exempté du service ; je fus nommé *pay havildar* [1], puis Mounchi du régiment. Ma réputation montait, montait ; on ne parlait que de moi ; tous les Sâb venaient à moi et me courtisaient pour avoir des leçons. Ah ! c'est le Soubehdar au bouc qui était jaloux !

« Je restai au service trois ans, neuf mois et onze jours. Le colonel voulait me retenir : il me disait : « avec ta science et ton génie, tu pourrais devenir Jamadar, Soubehdar, Soubehdar bedahour, avec cent cinquante roupies par mois. » Mais je restai inflexible et je répondis que, quand

---

[1] Sergent de paie.

on m'offrirait mille roupies par mois, je ne pourrais rester au régiment, parce qu'il n'y a pas de jour où le clairon ne sonne au moment de l'une des cinq *nemaz* [1], ce qui m'empêche de faire mon salut. Et comme Dieu tient toujours les intérêts de ceux qui tiennent les intérêts de Dieu, je gagnai à devenir mounchi professsionnel dix fois plus que je ne gagnais au service du gouvernement, sans perdre pour cela les bonnes grâces et l'estime des Sâb. D'ailleurs, je suis homme pacifique et n'aime point le bruit des armes qui trouble la pensée. Depuis ce temps, je n'ai cessé de prospérer grandement dans le monde et devant Dieu. Les Sâb qui ont le mieux réussi aux examens dans les dix dernières années ont tous passé par mes mains : j'ai enseigné le persan au Lieutenant-gouverneur et à son gendre, le capitaine Dunlop Smith, qui m'a emmené à Simla; et au retour, Mme la Lieutenant-gouverneur, apprenant que j'avais des enfants, m'a envoyé pour eux des poupées. Oh! j'étais bien embarrassé, Sâb; car, des poupées, le Molla dit que ce sont des idoles; et si l'on savait à la mosquée que j'ai accepté des idoles, cela ferait grand scandale et on dirait : vous savez, le Maulévi, qui était un si saint homme, que tout le monde regardait

---

[1] Une des cinq prières réglementaires.

presque comme un *bouzourg* [1], il a chez lui des *bouttes*, des idoles, comme un misérable Hindou. Mais en y réfléchissant bien, je crois que ce ne sont pas des idoles, puisqu'on ne leur adresse pas de prières. Qu'en pensez-vous, Sâb ?

— Hum ! Maulévi, j'ai bien peur que ce ne soit des *bouttes*. Es-tu bien sûr que ta petite fille ne leur adresse pas de prières ?

— Oh, bien sûr, Sâb, dit-il en hésitant.

Un remords me saisit le cœur : s'il allait reprendre les poupées à la pauvre petite, par crainte du Molla ! Car Ibrahim est un de ces hommes qui ne transigent pas sur les choses de la religion et il jeûnerait trente et un jours en ramazan, s'il a le moindre doute sur le premier jour du Croissant, plutôt que de faire parler de lui à la mosquée. « Rassurez-vous, lui dis-je, Ibrahim, on peut avoir des idoles et être un saint.

— Vous croyez, Sâb, » et il passa vivement à un autre sujet.

« Quand je vis que le gouvernement rendait justice à mon mérite, j'écrivis au Lieutenant-gouverneur et lui dis : Au temps ancien, quand nos rois Musulmans régnaient dans l'Inde, c'était

---

[1] Saint doué du don de miracles.

leur habitude de doter richement les hommes de science, qui comme on sait, s'inquiètent peu des choses de ce monde, afin de les mettre à l'abri du besoin et de l'inquiétude. Les uns leur donnaient des roupies, d'autres des terres en djaguirs [1]. Les Sikhs eux-mêmes, bien qu'infidèles, suivaient cette bonne coutume. Il y a cinquante ans, un chef sikh donna un djaguir de mille roupies de revenu à un mounchi qui lui avait expliqué le Gulistan de Saadi, et il ne se croyait pas quitte envers lui. Le Lieutenant-gouverneur, qui est un homme très vertueux et très intelligent, comprit et me répondit : Tu as raison, le gouvernement doit aux savants soit de l'*Inâm*, soit de l'*izzat* (soit de l'argent, soit des honneurs). Je voudrais pouvoir te donner de l'*Inâm;* mais je n'en ai pas; je veux du moins te donner de l'*izzat.* Tu seras fellow de l'université de Lahore; comme fellow, tu seras *durbari* et dans le durbar tu t'assiéras près de moi, avec les Rajas et les Nawabs, dans le fauteuil 327. — Est-ce un grand honneur d'être Fellow, Sâb? demanda timidement Ibrahim.

— Sans doute, Ibrahim ; tout le monde n'est pas Fellow.

— Mais à la mosquée, le vendredi, on me dit

____

[1] *Djaguir,* fief.

que ce n'est rien et que cela ne fait pas honneur devant les hommes.

— Ce sont des jaloux, Ibrahim; puisque les Fellows sont habillés autrement que les autres hommes.

— C'est vrai, Sâb. Mais ma vieille mère, qui a cent ans, qui connaît le Coran illustre et est une vraie mollani [1], me dit que j'ai tort de m'attacher au monde passager, que je travaille trop pour le gouvernement et pour l'argent, et qu'on ne doit songer qu'à Dieu et au monde éternel. Elle voudrait que je ne sois plus Mounchi et que je passe tout mon temps à prier et étudier le Coran illustre. Aussi, quand j'aurai gagné assez d'argent pour vivre du train qu'il convient à un Fellow, je renoncerai à travailler et j'irai faire le pèlerinage à la Mecque la Sainte. Sur le chemin j'irai vous voir à Paris et vous me présenterez aux savants de votre pays.

— Savez-vous où est Paris, Ibrahim?

— Oui, Sâb, c'est près de la Perse, et les Francess sont d'origine persane, comme le prouve le nom de *Paris*, qui est le mot *Perse* mal prononcé.

La conversation dévia et passa à la géogra-

---

[1] *Mollani*, femme qui connaît le Coran comme un Molla et l'enseigne aux femmes.

phie. Ibrahim m'apprit beaucoup de choses sur le pays des Bulgares, qui sont un peuple féroce : car on dit en pouchtou « cruel comme un Bulgare ; » c'est un pays très lointain et où il fait jour six mois de suite et nuit six mois de suite. Puis il me conduisit au pays des fées, au *Paristan*, qui n'est séparé du pays des Engriz[1] que par une mer étroite et d'où les Memsâb[2] font venir leurs robes. Je me trouvais, à mon étonnement, transporté soudain dans mon pays, comme sur un tapis magique de Salomon. Les pauvres Pathans, ayant souvent admiré les robes merveilleuses des dames anglaises et entendu dire qu'elles viennent de Paris, avaient très logiquement compris qu'elles viennent du pays des *Paris*[3], ou comme nous prononçons en Europe, des Péris ; et, revenu en France, je ne veux pas laisser tomber dans l'oubli cet hommage inattendu aux doigts de fées de nos grandes faiseuses.

[1] Les Anglais.

[2] Les dames anglaises.

[3] *Péri*, fée. — *Paristan*, le pays des fées.

II

Décidément, il y avait quelque chose. Ibrahim était distrait; il oubliait de me montrer pour la onzième fois son invitation pour le *durbar* que le vice-roi va tenir à Lahore, en novembre prochain, et de me demander mon avis sur la grosse question de la toque de fellow : un bon Musulman peut-il, pour si peu de temps que ce soit, renoncer au turban? Par instant, il tirait de sa poitrine un long soupir.

— Ibrahim, vous avez un chagrin?

— Non, Sâb, c'est la chaleur.

Un jour enfin, après un soupir plus long que d'ordinaire, il me dit : « Sâb, il faut que je vous dise ce que j'ai : je n'en ai parlé à aucun des autres Sâbs, parce qu'ils ne sont pas discrets et qu'ils se moqueraient de moi. Mais vous, c'est autre chose. J'ai un grand chagrin.

« Vous savez que j'ai un fils, nommé Piro Khan. C'est un garçon très doux, et qui me remplacera comme Mounchi quand je serai trop vieux. Il n'est pas encore très savant et ne sait pas bien lire, mais il n'a encore que seize ans. Il y a huit ans, j'ai acheté à un ami pauvre une petite fille pour en faire la fiancée de mon fils, selon la coutume des Afghans[1]. J'aimais beaucoup Bouta Djan, et lui apprenais à lire le Coran illustre; elle disait toutes ses prières, et j'étais heureux que Piro eût une fiancée si vertueuse. Or, avec mon fils et ma future bru, j'élevais aussi, par bonté d'âme, le frère de ma femme : ma femme vient des montagnes de Kaghan, qui sont un pays de vrais sauvages et d'ignorants, et par amitié pour elle et pour son père, Nour Ahmed, qui est un homme respecté et un Pir, j'élevais ce garçon qui était un vrai sauvage et un ignorant : je voulais faire de lui un bon Musulman et je lui enseignais le Coran illustre, en compagnie de Piro et de sa fiancée.

« L'an dernier, comme vous savez, le Lieutenant-gouverneur, qui m'admire beaucoup, m'a emmené avec lui à Simla pour lui apprendre le persan. Je restai quatre mois avec lui. C'était un grand honneur, et une des joies de ma vie; mais ce fut aussi un grand malheur. Pendant que j'étais à Simla, Zebehr, — c'est le nom du mauvais garçon, — m'écrivait toujours pour me

---

[1] Voir plus haut, page 113.

demander de l'argent ; je ne savais pas pourquoi il voulait de l'argent et j'en envoyais. Quand je revins à Abbottabad, je trouvai ma femme tout en pleurs. Je demandai : Où est Bouta Djan ? Où est Zebehr ? Elle me dit que Zebehr lui avait volé tous ses bijoux, pour les vendre et dépenser l'argent avec les filles du bazar, et que Bouta Djan, ma petite Bouta Djan que j'aimais tant, qui lisait si bien le Coran illustre et qui était si jolie avec ses *mouhours* d'or pendant à ses tresses, était partie un soir avec lui et qu'ils n'étaient point revenus. Le matin Bouta Djan avait dit à ma femme qu'elle avait dix-huit ans et que Piro n'en a que seize, que Piro est petit, faible, laid et bête, qu'il lui fallait un fiancé qui fût un homme et qu'elle prenait Zebehr.

« J'étais en colère, Sâb : cette petite Bouta Djan que j'aimais tant, qui lisait si bien le Coran illustre et récitait si bien ses prières ! et tout cet argent que le drôle m'avait volé et les bijoux qu'il avait volés ! Et puis séduire une fille qui avait étudié avec lui le Coran ! une sœur d'étude, une sœur spirituelle, plus qu'une sœur par le sang ! C'est le pire des incestes. Est-ce qu'on voit jamais pareille chose dans votre pays, Sâb ?

— Jamais, Ibrahim.

— Ce n'est pas tout, Sâb. Comme Bouta Djan est fiancée à Piro, Zebehr ne pouvait l'épouser tant que Piro est en vie : il demanda à Bouta Djan de l'empoisonner : elle refusa. Alors il dit à Piro : Viens ce soir à Dhamtor, à l'endroit où est le grand souterrain, et je te montrerai un coq qui est là, grand comme un cheval. Piro alla, car il n'est pas très fin, n'ayant encore que seize ans : il y avait là un *sipaie* qui devait le tuer et à qui Zebehr avait donné pour cela dix roupies. Heureusement, Piro, au moment d'entrer dans le souterrain, eut peur : il n'est pas très brave, car il n'a encore que seize ans, et c'est ainsi qu'il échappa.

« Mais que faire, Sâb? Mes frères qui habitent à Dodial disent que je dois tuer Zebehr. C'est vrai, Sâb, je devrais le tuer ; c'est la loi afghane, c'est le *Nangi Pukhtâna*. Je devais le tuer. J'aurais déjà dû le tuer, tout de suite. Ils me disent que si je ne le tue pas, ils ne m'adresseront plus la parole, qu'ils me renieront, que je déshonore la famille. Oui, Sâb, je devrais le tuer. Mais vous savez, Sâb, je ne suis pas un homme de sang. Je suis un homme de piété, qui crois en Dieu. Il vaut mieux supporter sans rien dire et pardonner, en priant Dieu de punir le coupable : Dieu venge toujours ceux qui ne se vengent pas. Et puis, si je le tuais, le gouvernement me pendrait. Que faire, Sâb? je suis bien perplexe. »

III

Quelques jours plus tard, la mère du Mounchi tomba malade. J'en eus grand chagrin. Je ne la connaissais pas, mais elle avait plus de cent ans et savait de vieilles histoires et de vieilles chansons qu'elle avait récitées pour moi à son fils. Je lui devais entre autres la *Berceuse du Sikh*, la chanson de nourrice la plus curieuse qui ait jamais été chantée près d'un berceau : elle l'avait donnée non sans résistance, ayant honte de chanter des chansons de femme devant un homme.

Un soir le Mounchi me dit : « Ma vieille mère est plus mal : elle tousse très fort. » — « Avez-vous appelé le docteur Jackson, Ibrahim ? » — « Oh ! non, Sâb. Elle ne voudrait pas d'un médecin Firanghi. D'ailleurs les femmes ne doivent pas voir le docteur. On appelle un *hakim*[1], on lui décrit l'état de la malade ; dans les cas

----

[1] *Hakim*, médecin indigène.

très graves, elle sort la main de derrière le rideau, il tâte le pouls et, d'après cela, il prescrit les remèdes. Lundi dernier, le hakim est venu et a prescrit du quinine, mais cela n'a rien fait. Ma mère m'a dit alors : « Les drogues ne servent à rien, puisque c'est Dieu qui rend malade et qui guérit. Donne pour moi des aumônes aux pauvres. » J'ai fait des aumônes et elle s'est sentie un peu mieux. Puis le mal a repris et elle m'a dit : « Egorge un bouc et distribue la viande aux pauvres. » J'ai égorgé un bouc et distribué la viande aux pauvres ; mais elle tousse toujours et a l'air de celle qui va mourir. C'est un grand malheur pour vous, Sâb ; car je l'avais décidée à me dire pour vous les chansons de Fatima et de la nourrice du Prophète, qui ne se disent qu'entre femmes. Allah ne l'a pas voulu. »

Sur ces entrefaites, je quittai Abbottabad pour monter quelques jours à Murree, chez mon ami le colonel Pratt qui me disait : « Il fait bien chaud là-bas : venez respirer ici. » J'allai à Murree ; au retour, je cueillis une bronchite dans la montagne ; je m'arrêtai à Nathiagalli, chez les meilleures des gens, M. Fryer et Mme Fryer, qui me retinrent prisonnier jusqu'à guérison complète. Je recevais tous les deux jours une lettre d'Ibrahim, qui me donnait les nouvelles du pays et m'assurait qu'il priait Allah pour ma santé dans sa prière du matin et sa prière du soir. Ses prières me remirent, mais sans sauver sa mère.

A mon retour, elle traînait encore, à force d'aumônes et de boucs égorgés. Mais on commençait déjà à réciter les *Achhadou.* « Chez nous autres, Musulmans, me dit Ibrahim, quand une personne va mourir, toute la famille reste là, répétant sans cesse *Achhadou,* c'est-à-dire : « Je rends témoignage qu'Allah est Dieu, et qu'il n'y a pas d'autre Dieu. Je rends témoignage que Mahomet est son serviteur et son apôtre. » De cette façon, le mourant est tenu dans le souvenir de Dieu, il est porté à répéter *Achhadou* et à mourir en confessant la foi, ce qui assure son salut, quelques fautes qu'il ait commises durant la vie. Hier soir, en vous quittant, quand je suis rentré à la maison, je me suis approché du lit de ma mère qui ne disait rien. Je lui ai pris la main en disant : « Mère, est-ce que tu ne dis rien ? » Et vite elle s'est mise à répéter : « *Achhadou !* (Je rends témoignage qu'Allah est Dieu, etc.), *Achhadou !…* »

Le lendemain, je reçus un mot d'Ibrahim me mandant que sa mère était morte et qu'il partait pour l'enterrer dans son pays, à Dodial. Il revint huit jours après. Il me dit : « Elle est morte en répétant *Achhadou.* Alors un ange est venu s'entretenir avec elle, l'a interrogée sur le dogme, et, étant satisfait de ses réponses, lui a dit : « Ta foi est parfaite. » La sueur a inondé son front, son teint a jauni et son nez était tourné à gauche du côté de la Qibla[1]. C'est à ces signes que l'on reconnaît qu'une âme est sauvée. On a beaucoup pleuré à son enterrement, car elle était aimée et respectée de tous ; elle avait enseigné le Coran illustre à toutes les filles du pays. Tout le monde dit que c'est une sainte et qu'Ibrahim est bien heureux et a lieu d'être fier d'avoir une mère qui est *bouzourg*. On vient prier et faire des vœux à sa tombe, et il s'y fera bientôt des miracles. »

IV

Quelques jours plus tard, Ibrahim entra tout rayonnant. Il me dit : « Vous rappelez-vous, Sâb, ce que je vous disais : il vaut mieux supporter sans rien dire, et Dieu fera justice. Eh

[1] La *qibla* de La Mecque où se dirige tout fidèle pendant sa prière.

15.

bien ! ce monstre, ce païen de Zebehr est en prison, sans que j'aie rien fait pour l'y faire mettre. De retour à Kaghan, il y a commis de nouveaux vols, on l'a arrêté et on vient de l'amener enchaîné à Abbottabad pour le juger. Tout le monde dit à la mosquée : Voyez-vous cet Ibrahim ? il a supporté patiemment son injure, et c'est pour cela que Dieu le venge. »

Le lendemain, Ibrahim était sombre et tête basse. « Qu'y a-t-il, Ibrahim ? Est-ce que Zebehr est relâché ? — « Non, Sâb, mais il y a pis. Voici que mon beau-père, Nour Ahmed, le père de Zebehr, est venu de Kaghan avec ses fils, et ils me disent : « Ibrahim, tu es l'ami des Sâbs ; tu es influent auprès du commissaire et des juges : il faut que tu ailles les voir pour faire remettre Zebehr en liberté. »—« Moi, parler pour Zebehr ! Pour Zebehr, qui m'a volé, qui a volé ma femme, qui a voulu tuer mon fils, qui a séduit sa fiancée ! Non, c'est Dieu qui le frappe. — Ibrahim, me dit sévèrement mon beau-père, un Afghan ne laisse pas juger un Afghan par les Firanghis. » Et ma femme me supplie et m'obsède à table, au lit, partout, et, comme elle voit que je suis inflexible, elle se met en prière et dit: « Allah, délivre mon frère ! » ou bien : « Allah, fais que le père de Piro Khan devienne bon et miséricordieux ! » ou bien elle appelle mon autre fils, le petit de huit ans, et lui fait dire : « Allah, fais que mon père revienne à des sentiments meilleurs ! » Et voilà ma vie tout le jour et toute la nuit. A droite, mes frères de Dodial m'écrivent que si je reçois mon beau-père, si je lui parle devant le monde, je suis déshonoré, et qu'ils ne resteront plus à Dodial, étant avilis. A gauche, mes beaux-frères me menacent du *badal*[1]. Vous savez que chez nous on tue plus facilement un homme qu'un oiseau, et si on répugne à faire la chose soi-même, on trouve toujours qui la fera pour quelques roupies.

« Au bazar et à la mosquée, on est indigné contre le vieux Nour-Ahmed qui prend le parti d'un fils indigne, et on l'appelle Balaam. Tout le monde est convaincu que la mésaventure de Zebehr est due à ma patience et à mes prières et à ce que j'ai remis ma cause à Dieu. Mais à la maison la vie est terrible. Le jour même où ma mère est morte, ma femme m'a dit que la veille elle avait pardonné à Zebehr et avait demandé que je pardonne aussi : je n'étais pas là, et je suis sûr que c'est un mensonge de ma femme ; car ma pauvre vieille mère avait Zebehr en horreur, et l'indignation et la douleur avaient hâté sa fin. Je lui ai demandé devant ma femme :

____

[1] *Badal*, vendetta. Voir plus haut, page 101.

Mère, est-ce vrai que tu as pardonné à Zebehr ?
Mais elle ne pouvait plus parler, et elle m'a
regardé : je ne sais pas si c'était oui ou si c'était
non. Ma femme dit que c'était oui et que je
désobéis à ma mère.

« Hier, pendant que j'étais à travailler avec
vous, mon beau-père est venu voir sa fille ; il a
pleuré et en partant lui a laissé son turban pour
le mettre à mes pieds. Vous savez ce que cela
signifie : mettre son turban aux pieds d'un homme,
c'est mettre sa tête aux pieds de cet homme, c'est
lui demander grâce. Quand je suis rentré, ma
femme est restée dans son coin, au lieu de se
lever, comme une femme doit faire devant son
mari, et sans me dire un mot. Puis, au bout
d'une heure, elle s'est levée, elle est sortie, et a
rapporté le turban de son père, qu'elle a déposé
à mes pieds. Cela m'a mis en colère, parce
qu'un beau-père ne doit pas s'humilier devant
son gendre. Enfin, pour avoir la paix, j'ai con-
senti à paraître renouer connaissance avec mon
beau-père, parce que c'est un vieillard et un
homme pieux ; quand nous nous rencontrerons
à la mosquée, nous nous dirons : Comment
vas-tu ? pour qu'il n'y ait pas scandale ; mais ce
sera tout.

« Zebehr a été condamné à un an et demi de
prison et à 110 roupies d'amende. Tout le monde

dit : « C'est un décret de Dieu, qui a voulu récompenser Ibrahim de sa longanimité. » Les uns disent : « C'est à cause de la mère d'Ismaïl, parce qu'elle était une *bouzourg* »; et d'autres disent : « Non, c'est à cause d'Ibrahim lui-même, parce qu'Ibrahim est un *bouzourg*. » Mais ma femme ne cesse point de pleurer, à cause de son frère, et j'ai beau la menacer de la battre, elle ne dit plus ses prières et ne veut plus lire le Coran illustre. »

V

Ibrahim, outre Piro Khan qui est le héros silencieux de toutes ces aventures, a un petit garçon de huit ans, Housein, et une petite fille de dix, Fatima. Il a commencé à faire jeûner la petite fille cette année, bien que le ramazan ne soit obligatoire qu'à treize ans et que cette année il soit tombé en plein été : mais il faut s'habituer de bonne heure à ses devoirs. « Cela me fait beaucoup de peine quand je l'entends crier : Papa, j'ai faim, j'ai soif. Mais si elle jeûne mal maintenant, elle jeûnera bien le moment venu, quand le jeûne sera devenu obligatoire. Le petit garçon ne jeûne pas encore : j'ai beaucoup de peine à lui faire dire ses prières, et il faut le battre pour le faire aller à la mosquée. » Comme je me récrie sur le procédé, Ibrahim dit : « Dans les pays d'Islam, par exemple dans le pays de Svat, il y a un *moudjtehid*, qui, à l'heure de la prière, parcourt la rue, le fouet à la main, et pousse à coups de fouet à la mosquée les gens qu'il trouve encore dans la rue.

— Et ceux qui refusent d'y aller ?

— Il n'y en a pas : s'il y en avait, on les mettrait à mort. Il faut bien, Sâb, puisqu'ils ne veulent pas obéir à Dieu.

« Vous n'avez pas idée, Sâb, de tout ce qu'imaginent pour s'amuser le petit garçon et la petite fille. Et si vous voyiez le petit garçon chanter et la petite fille danser, branlant les bras avec les longues manches au bout des mains, de sorte que tout danse en elle, les pieds, les bras et les manches, vous diriez, Sâb, que c'est une belle *tamacha*, et moi, je n'en reviens pas.

« Ces enfants, Sâb, ont des idées étonnantes. Hier, en rentrant, j'ai entendu la petite fille qui criait et pleurait. J'ai demandé ce que c'était. C'était à cause du petit chat. Ils s'étaient amusés avec le chat; puis le petit garçon avait pris un couteau, avait récité le *tekbir* [1], que l'on récite chez nous quand on égorge un animal de boucherie, et se mettait en devoir de couper la gorge au chat. Vous savez que c'est dans deux jours la fête de l'*id ul zoha*, où on égorge un agneau pour finir le ramazan. Et la petite fille criait et pleurait, parce qu'elle n'aimait pas voir couper la gorge au petit chat.

— Et qu'avez-vous fait, Ibrahim ?

— J'ai pris le chat à Housein et l'ai donné à Fatima, qui s'est mise à chanter et à rire de joie et elle a serré le petit chat contre son cœur en le caressant et s'écriant : « *Allahou, Batcha! Allahou, Batcha!* Allah, mon enfant ! Allah, mon enfant ! » Mais Housein s'en est allé pleurer auprès de sa mère, et sa mère m'a fait une scène terrible toute la nuit, en me disant que je ne sais que faire pour rendre l'enfant malheureux et qu'elle me quittera avec ses enfants pour rentrer chez ses parents. Ah! Sâb! elle n'est pas facile à plaire ! »

[1] Voir plus haut, page 126.

LA FIN D'UNE RACE

La fin d'une race. — Khouchal khan, prince et poète. — Afzal Khan de Jamalgarhi.

LE 5 avril de l'an 1886, étant à Péchawer, chef-lieu des districts afghans qui appartiennent à l'Inde anglaise, j'assistai à la fin d'une grande race.

C'était au Palais de Justice; le mot est bien ambitieux; disons, pour employer le terme anglais, la Cour des Sessions *(Sessions Court)*, petit *bengalow* propret, sans prétention, sans rien de la majesté qui chez nous semble indispensable à l'antichambre de l'échafaud. Ce qu'il y a de plus pittoresque dans la *Sessions Court*, c'est l'immense jardin qui l'entoure et où les témoins, accroupis dans l'herbe, attendent patiemment, sous le soleil indien, l'heure de venir mentir en justice.

La justice criminelle aux Indes, à part quelques grandes villes, ne connaît point le jury : elle est rendue par un juge unique, le juge des Sessions *(Sessions Judge)*, assisté de deux assesseurs indigènes muets, qui n'ont que voix consultative : jury inoffensif. Le système a du bon : le jury est une chose passable chez un peuple tel que les Anglais, qui a la notion de la loi; c'est une chose plutôt malfaisante chez des peuples qui ne l'ont pas encore, comme les Afghans de Péchawer, ou qui ne l'ont plus, comme les Français. Un bon juge est encore ce qu'il y a de mieux; par malheur, pour faire de bons juges, il faut des siècles et une longue sélection. Après tout, gardons le jury.

Les accusés étaient au nombre de six : un beau vieillard de quatre-vingts ans, ses deux fils, et trois de ses domestiques. Une affaire de meurtre. Le vieux, étant en procès, avait trouvé plus simple et plus expéditif de faire assassiner son adversaire.

L'affaire faisait grand bruit dans le pays. Je m'étonnais un peu : un assassinat de plus ou de moins n'est pas à compter dans le district de Péchawer.

On me dit :

— C'est vrai, mais le vieux est Afzal Khan.

Le nom ne me disait rien.

— Afzal Khan, de Jamalgarhi.

— Eh bien ?

— Afzal Khan, le descendant de Khouchal Khan, celui qui possède le manuscrit du *Tarikhi Mourassa* et du *Divan* de Khouchal.

— Que ne le disiez-vous donc !

Le pauvre vieux devenait intéressant, et je me rappelai que tous les *doums* [1] à qui je disais : « Chantez-moi une chanson, » me demandaient tout d'abord : « Le Sâb [2] veut-il une chanson de Khouchal Khan, prince des Khataks? »

I

Quand je levai mon étendard dans le champ de la poésie afghane, je subjuguai l'empire des mots au galop de mon cheval de guerre.

[1] Chanteurs populaires.

[2] Monsieur.

C'est avec ce cri de conquérant que fait irruption dans le Parnasse afghan le chef des montagnards khataks, Khouchal Khan, prince, guerrier et poète. C'était vers l'an 1650 : Aurengzeb allait bientôt trôner dans le grand Divan de Delhi, et en France le grand règne allait commencer.

A cette époque, la race afghane, qui à présent est divisée politiquement en trois groupes, les Afghans de l'Émir, les Afghans de la Reine et les Afghans indépendants [1], reconnaissait toute également la suzeraineté de la cour de Delhi : c'était d'ailleurs une suzeraineté assez légère, qui laissait aux Afghans assez d'indépendance pour se livrer à leurs guerres intestines, seule forme de la vie politique qu'ils aient jamais comprise.

Une des tribus les plus remuantes et les plus nobles était la tribu des Khataks, qui habitent la rangée noire de montagnes au sud de Péchawer.

En l'an 1640, le Khan, ou chef des Khataks, était Châbâz Khan, fils de Yahiyâ Khan. Un jour, dans une razzia sur les Akâ Kheil, à qui il enleva mille têtes de bétail, Châbâz, dans l'ardeur de la poursuite, reçut trois flèches, dont l'une à la tempe, et son fils Khouchal, qui l'ac-

____

[1] Pages 38-39.

compagnait, reçut une flèche à la jambe. Khouchal se fit extraire la flèche avec des tenailles et
vint au lit de son père. Il lui demanda de quelle
blessure il souffrait le plus. Le chef répondit :
« De ma blessure à la tête. » Khouchal comprit
que son père était perdu. Mais Châbâz, étant
très brave, ne fit pas attention à son mal, fit ses
ablutions pour la prière, se découvrit la tête et
prit froid. Il resta deux jours sans parole et
mourut.

Il laissait quatre fils dont Khouchal Khan,
âgé de vingt-sept ans, était l'aîné. Il fut nommé
Khan par acclamation ; au bout de quarante jours,
sa blessure étant guérie, il alla à la retraite du saint
Cheikh, Rahamkâr, et lui demanda sa bénédiction. Le jour suivant, il alla en plein jour faire
une razzia chez les Akâ Kheil, malgré les con-
seils de son oncle Behâdour Khan, qui lui disait
qu'on n'avait jamais vu faire de razzia en plein
jour. Il mit à feu leur village, et, comme il avait
dit : « Égorgez tout ce que vous trouverez,
hommes et chiens, » le sang des chiens et des
hommes se mêla à flots et inonda les maisons.
Sur ces entrefaites vint de la cour de Delhi le
brevet de l'empereur Châh Djehân, qui le con-
firmait dans le fief de son père comme Khan des
Khataks. Il lui confiait de plus la charge de
protéger la route royale d'Attock à Péchawer.

Khouchal Khan fut fidèle. Il accompagna même le fils de l'empereur, Mourad, dans une expédition au pays de Badakhchan, d'où viennent les rubis balais, et quand le grand Aurengzeb renversa et emprisonna son père, tua ses frères et monta sur le trône du paon, le chef des Khataks continua imperturbablement ses services à la cour suzeraine de Delhi. Si Aurengzeb s'était contenté de les accepter, il est probable que le nom de Khouchal serait oublié et que l'Orient aurait un héros et un poète de moins. Heureusement Aurengzeb fut ingrat.

L'on a souvent comparé Aurengzeb à son grand contemporain de France, parce que, comme lui, il vit l'apogée de son empire et comme lui en prépara la chute par son ambition et sa bigoterie. Mais il avait en plus les vices de l'usurpateur. Arrivé au pouvoir à force de perfidies et de crimes, il avait trop mauvaise conscience pour croire à la loyauté d'autrui. Le gouverneur de Caboul, ennemi mortel de Khouchal, le dénonça comme suspect à l'empereur, qui l'envoya en prisonnier, bien loin de ses montagnes natives, au cœur de l'Indoustan, dans le donjon de Gwalior. Il s'y rongea le cœur pendant sept ans. Que faire en prison, quand l'on est poète, que d'envoyer aux brises lointaines l'éternel message de l'exilé :

O vents, dites-leur nos misères
Oiseaux, dites-leur notre amour !

Douce brise du matin ! Si tu passes sur Khaïrabad [1], si ta course te conduit vers Saraê [2], aux bords du Sind :

Donne-leur, donne-leur encore mes saluts et mes vœux ; donne-leur, donne-leur bien des fois l'expression de mon affection et de mon amour.

Au grand Sind [3] impétueux crie d'une voix sonore ; mais au petit Sind [4], dis d'une voix douce et murmurante :

« Peut-être boirai-je une fois encore une coupe de tes eaux : car je n'ai pas toujours vécu aux bords du Gange et de la Jamouna. »

Rends la joie, ô Dieu, en me rendant à celle que j'aime, à ce cœur qui, à présent, séparé d'elle, est déchiré en deux.

Dans l'Inde, ô Khouchal, tu ne resteras pas pour toujours : car le pécheur même à la fin doit échapper au feu de l'enfer.

Que faire encore que de maudire le tyran, en attendant l'heure de la vengeance, tyran d'autant plus odieux qu'il est doublé d'un bigot et d'un saint :

[1] Au confluent de l'Indus et de la rivière de Caboul.
[2] Ville natale du poète.
[3] L'Indus.
[4] La rivière de Caboul.

Oh! je connais bien la justice et l'équité d'Aurengzeb, son orthodoxie dans les choses de la foi, son ascétisme et ses jeûnes :

Ses frères mis à mort l'un après l'autre; son père battu dans la bataille et jeté en prison.

Quand un homme battrait son front mille fois contre la terre ou à force de jeûnes ferait toucher son nombril à l'épine dorsale[1];

Tant qu'il n'y joint le désir d'agir en honnête homme, ses adorations et ses dévotions ne sont qu'imposture et mensonge.

Celui dont la langue va à droite et le cœur à gauche, que ses entrailles soient déchirées à coups de couteau!

Au dehors le serpent est beau et sa forme est harmonieuse; au dedans il est tout impureté et tout venin.

Puisque le bras de Khouchal ne peut atteindre le tyran, puisse, au jour du jugement, le Tout-Puissant lui refuser sa pitié!

Pourtant, au milieu de mes misères il est deux choses dont je remercie Dieu : l'une, c'est que je suis Afghan, et l'autre que je suis Khouchal, le Katak.

Cependant, depuis son départ, l'anarchie régnait sur la rive droite de l'Indus : la route royale était infestée, l'administration mogole

---

[1] *Nec pietas ulla est velatum saepe videri*
Vortier ad lapidem multasque accedere ad aras,
Sed mage...

impuissante. Un seul homme était capable
de rétablir l'ordre : c'était le prisonnier de
Gwalior. Aurengzeb lui ouvrit les portes du
donjon, l'appela à la cour de Delhi, et enfin le
renvoya dans son fief avec son ancien titre et le
mandat de rétablir l'ordre. Mais une justice tar-
dive, arrachée par la crainte, ne pouvait effacer
l'angoisse et la fureur de ces sept années retran-
chées de sa vie « et qu'il avait passées à crier
Mon Dieu, Mon Dieu!... » Khouchal, aussi exilé
à la cour que dans le donjon, assista en silence
aux levers de l'empereur et revint aux bords de
l'Indus, la révolte et la vengeance au cœur.

Voilà le récit des historiens. La tradition
populaire conte l'histoire autrement. Je vous la
dirai comme elle me fut contée, et vous recon-
naîtrez qu'entre la version pâle et prosaïque des
livres et celle de mon maître et ami, le mounchi
Mohammed Ismaïl Khan, d'Abbottabad, il n'y
a pas à hésiter.

II

Je vous ai parlé plus haut du cheikh Rahamkâr,
dont Khouchal Khan, à son avènement, était

16

allé demander la bénédiction. C'était un grand saint, très puissant encore aujourd'hui sous le nom de Kaka Sahib; ses nombreux descendants, les Kaka Kheil, forment une confrérie dont tous les membres sont inviolables. Ce fut un des étonnements de la frontière, il y a quelques années, quand le colonel Waterfield, le commissaire de Péchaver, en fit pendre deux, condamnés pour meurtre, en grand apparat, sans que la foudre tombât [1].

Khouchal Khan, plein de respect pour son suzerain religieux, avait donné sa fille en mariage au fils du saint. Il l'envoya de son palais d'Akora à la retraite de l'ermite, sur la montagne voisine de Nauchéhra, avec un douaire splendide de vêtements et de bijoux.

Le soir, le cheikh rentrant de la mosquée, la belle-mère dit à la nouvelle mariée de servir son beau-père : la princesse se lève, fait le *salam*, apporte la cruche et le bassin et verse l'eau sur les mains du cheikh. Le cheikh, levant les yeux, voit la soie et les bijoux de la jeune femme et lui dit : « Ma fille, nous sommes des faqirs; ôte bien vite ces vêtements et ces parures et revêts les haillons des pauvres. »

Trois jours plus tard, la mère envoie une

---

[1] Voir plus haut page 151.

vieille femme à Nauchéhra pour prendre des nouvelles de sa fille. La vieille femme revient en disant : « Pourquoi avez-vous marié votre fille à des mendiants? Ils l'ont dépouillée de ses beaux vêtements et de ses bijoux, et la pauvre enfant est à pleurer nuit et jour. »

C'est l'usage que les nouvelles mariées, après la première semaine de mariage, aillent passer quelques jours chez leurs parents. Khouchal Khan, averti de ce qui se passe, envoie demander sa fille : le cheikh interdit à sa bru de partir et, à la place, il envoie son fils, le mari, porter son *salam* au Khan des Khataks. Le Khan reçoit le salam du cheikh et fait mettre le gendre en prison. A cette nouvelle, le cheikh maudit le Khan et dit : « Que pour chaque jour de captivité de mon fils Khouchal Khan soit captif une année! »

Khouchal relâcha son gendre au bout de quelques jours. Mais sur ces entrefaites, ses ennemis le dénoncèrent à Aurengzeb comme rebelle et pillard de grand chemin. L'empereur le fit saisir par le gouverneur de Péchawer et envoyer à Delhi. Amené devant l'empereur, il offrit de payer pour sa liberté tel prix que le Padichah voudrait fixer : dix mille roupies, vingt mille roupies, son poids en or. Aurengzeb refusa tout. Sept ans plus tard, il se ravisa.

— Trop tard, répondit le Khatak; cela ne me servirait plus de rien.

— Et pourquoi donc ? fit l'empereur.

— Quand je t'offrais rançon, j'avais deux petits *routis* au gazouillement délicieux [1] et qui n'avaient pas encore d'ailes : c'est pour eux que je voulais être libre. A présent ils se sont envolés.

L'empereur, touché, relâcha le Khan sans rançon et Khouchal se mit en route vers l'Indus. Il fit le premier jour trente milles, à partir de Delhi : le lendemain matin, le geôlier le retrouvait dans sa prison.

— Comment es-tu ici ? demanda l'empereur étonné; je t'avais rendu la liberté.

— Je ne sais, répondit le Khan, non moins étonné; je n'y comprends rien moi-même.

Puis, se rappelant la malédiction du cheikh :

— La main de Rahamkâr est sur moi ! s'écria-t-il.

Et il improvisa le Gazal :

« A quoi bon me rendre la liberté, si le cheik ne me la rend pas?... »

L'empereur écrivit à l'ermite pour lui demander le pardon du Khan, qui avait assez expié sa faute. Le cheikh pardonna et le Khan put enfin être délivré.

---

[1] Deux petits perroquets, ses enfants cf., page 218.

III

Rentré dans ses montagnes, Khouchal Khan éclata. De concert avec les Afridis, il fit, pendant huit ans, une guerre exterminatrice aux Mogols. Toutes les tribus, de proche en proche, jusqu'à Jelalabad, prirent feu. Il rêvait un grand rêve, le Pan-Afghanisme, le rêve réalisé un siècle plus tard, un instant, par le génie d'Ahmed Chah, le Dourani. Il comprenait bien que si jamais toutes les furies de ces races indomptables se concentraient dans une main unique, l'Inde redevenait le champ de pillage des Afghans, comme elle l'avait été quatre siècles auparavant. Mais les haines et les égoïsmes intérieurs étaient trop forts : la patrie afghane n'existait que dans le cœur du poète. Il alla prêcher la cause nationale chez la puissante tribu des Yousoufzais ; il revint ulcéré et ses chants de triomphe tournèrent en chants d'invectives contre les traîtres :

Viens, musicien ; mets l'archet au violon ; et toi,

16.

échanson, apporte-nous les coupes pleines et débordantes.

Car les jeunes Afghans ont de nouveau teint leurs mains en rouge, comme le faucon teint ses serres dans le sang de la proie.

Ils ont rougi de sang leurs épées brillantes, et le lit de tulipes a fleuri, en pleine chaleur de l'été.

C'est maintenant la cinquième année que dans ce voisinage chaque jour entend le cliquetis des épées étincelantes.

Mais depuis que je suis ici [1], je ne suis plus qu'un néant : ou je suis devenu bien méprisable, ou c'est ce peuple qui est infâme.

Je leur crie : *Aux armes ! aux armes !* jusqu'à ce que je sois las ; et, sourds à tout, ils ne répondent point : *Mourons ;* ni : *Ma vie pour toi !*

Les chiens des Khataks valent mieux que les Yousoufzais, bien que les Khataks eux-mêmes ne valent guère mieux que des chiens.

Tous les autres Afghans, de Candahar à Attok, ouvertement ou secrètement, sont d'accord dans la cause de l'honneur.

Voyez combien de batailles ont été livrées de tout côté ; et pourtant, parmi les Yousoufzais, pas un sentiment de honte ne s'éveille.

Voici un an qu'Aurengzeb lui-même campe devant nous, hagard et perplexe, le cœur blessé.

Voici année sur année que ses nobles tombent dans la bataille ; et ses armées balayées, qui les comptera ?

Les trésors de l'Inde ont été répandus devant nous :

[1] Chez les Yousoufzais.

les rouges *mouhours* d'or ont été engouffrés dans ces collines.

Et à une heure si pleine d'honneur et de gloire que celle-ci, que font-ils, ces traîtres vils d'entre les Afghans ?

Les Afghans l'emporteraient sur les Mogols au jeu de l'épée, s'ils avaient seulement un peu de sens.

Si les diverses tribus se soutenaient les unes les autres, les rois auraient à se courber et se prosterner devant eux.

Seul, parmi les Afghans, je pleure pour notre honneur et notre renom, tandis que les Yousoufzais à leur aise cultivent leurs champs.

Dans mon pauvre jugement, la mort est préférable à la vie, quand l'on ne peut plus jouir de l'existence avec honneur.

Dans ce monde, nul ne restera toujours en vie : mais le souvenir de Khouchal vivra, vivra longtemps [1].

Mais la parole du poète était impuissante ; il avait beau prêcher l'entente et évoquer le souvenir des grands empereurs Pathans, de Behlol et de Chir Chah, on ne comprenait pas son langage :

Si les Afghans acquièrent le don de la concorde et de l'unité, le vieux Khouchal redeviendra jeune à nouveau.

Nous parlons la même langue, nous parlons tous

---

[1] Col. Raverty, *Selections from the Poetry of the Afghans.*

afghan ; mais nous ne comprenons pas ce que nous nous disons l'un à l'autre.

Cependant les *mouhours d'or* faisaient plus de ravage que l'épée mogole. Une à une les tribus se soumirent ; ses deux amis, les chefs des Afridis, Aemal et Daryakhan, avaient emporté avec lui dans la tombe la moitié de sa force et de ses espérances ; les *maliks* se mettaient de toute part à la solde du grand Mogol, qui savait si bien payer. Khouchal se lassa, il abdiqua en faveur de son fils aîné, Achraf Khan, et se retira dans la poésie et l'histoire ; il écrivit les annales de sa nation, et chanta ses haines, ses amours et son génie :

Quand je levai mon étendard dans le champ de la poésie afghane, je subjuguai l'empire des mots au galop de mon cheval de guerre.

Le ver luisant était le héros de la nuit noire ; j'ai éclipsé sa faible lumière, comme le soleil levant.

J'ai rejeté dans la besace les odes de Mirza ; j'ai souri d'Arzani [1]; fils de Khvechkaï, fils de Zamand.

Il y avait Daula et Vasil et bien d'autres ; ma poésie a ri à la barbe de toute la bande.

J'ai enfilé pour la foule les rubis et les perles de la poésie et j'ai ruiné le colporteur de verroterie.

J'ai écrit des vers afghans sur des thèmes vierges, à

---

[1] Mirza et Arzani, poètes célèbres, antérieurs à Khouchal.

la façon du poète de Chiraz et du poète de Khodjand [1].

J'ai planté tous les arbres dans mon bosquet et greffé toute réalité sur la métaphore.

Je m'inquiète peu de blâme ou d'éloge : car je ne suis pas tel qu'il soit nécessaire de violenter les gens pour leur faire admirer mes vers.

Celui qui ne peut se faire à louer mes vers, il faut qu'il soit dévoré d'envie ou que ce soit un sot.

Ce n'est nul profit que je cherche en courtisant ainsi la muse : c'est l'amour qui m'a mis ce lien au cou.

O mon cœur, en choisissant la voie de la poésie, tu as fait tiennes une souffrance et une joie.

La joie, c'est que tu es le poète du siècle; la souffrance, c'est que tu as troublé ton âme à force de pensées.

O amour, plus grand que l'empereur Aurengzeb; puisque tu as levé haut parmi tous les hommes la tête de Khouchal Khan.

Ce barbare a d'ailleurs tous les raffinements de la poésie savante :

Pour la flèche il faut un archer et pour la poésie un magicien.

Il faut qu'il tienne toujours dans la main de son esprit la balance du mètre; sévère pour le vers trop lourd ou trop léger d'un pied.

Il faut que la fiancée Vérité monte sur son noir palefroi, le voile de la métaphore rabaissé sur son front sans tache.

[1] Hafiz et Kamal.

Qu'elle lance de ses yeux cent œillades, des regards coquets et vainqueurs.

Que le poëte la charge des joyaux de l'art aux mille nuances, qu'il l'orne du sandal et du safran de la métaphore.

Comme anneaux de pieds les clochettes de l'allitération, et à son cou un collier de rythme mystérieux.

Ajoutez les clignements d'yeux du sens caché : de tête en pied, que tout son corps soit un parfait mystère [1].

Le repos poétique de Khouchal fut bien vite troublé par des anxiété nouvelles, pires que celles de Gwalior. Les *toutis*, dont il regrettait le gazouillement dans son donjon, s'étaient envolés et se déchiraient entre eux. Son second fils, Bahram, « Bahram le méchant », s'était levé en prétendant contre son frère ; battu, pris et gracié, il avait répondu à la clémence d'Achraf en le livrant à Aurengzeb, qui l'envoya périr dans la forteresse de Bijapour. Khouchal sortit de sa retraite pour soutenir le jeune fils d'Achraf, Afzal Khan ; mais Bahram avait pour lui les Mogols et resta seul maître. Il envoya son fils Moukarram relancer le vieux lion dans sa tanière : le vieillard, âgé de soixante-dix-sept ans, vint au-devant de la bande, l'épée à la main. Moukar-

---

[1] T. C. Plowden, *Translation of the kilidi Afghani*, Lahore, 1875.

ram, saisi de honte, n'osa mettre la main sur l'aïeul et retourna vers son père. Behram, indigné, le renvoya avec l'ordre de tuer le vieillard de sa main, s'il refusait de se rendre. Le vieux chef, averti, monta sur la crête de la colline et se tint debout, l'épée à la main : il resta ainsi plusieurs jours de suite : nul n'osa avancer.

Khouchal, las de la lutte, quitta son pays natal et alla chercher un asile parmi les Afridis. Il mourut parmi eux l'année suivante, 1691, exilé, mais libre. En mourant, il recommanda à ceux de ses fils et de ses amis qui lui étaient restés fidèles, de l'ensevelir dans un lieu où le sabot des chevaux mogols ne pourrait venir insulter la cendre de celui, dont le nom, vivant, les faisait trembler. Il les pria aussi, s'ils mettaient la main sur Behram le parricide, de trancher son corps en deux parts, de brûler l'une au chevet et l'autre au pied de sa tombe.

IV

Dans sa longue lutte contre les hommes, deux choses l'avaient soutenu, la haine des Mogols et

l'amour des belles. La lassitude avait désarmé
la haine, l'amour ne désarma pas. Le blanc de
sa barbe ne l'effrayait pas :

Une barbe blanche est un signe qui vous rend res-
pectable parmi les hommes : c'est la chute des dents
qui seule fait honte à un homme.

Tant qu'un homme a les dents en place, si blanche
que soit la barbe, il n'est pas vieux; loin de là, c'est
jeunesse.

Que le vieillard ne s'inquiète pas de l'âge, tant que
l'œil est bon et ne marque pas de déclin.

Qu'est-ce que la vue de la bien-aimée au vieillard ?
Vraiment c'est l'élixir, le baume aux blessures du cœur.

Le moine renoncerait-il jamais à l'amour ? Non ! non !
il ne peut l'atteindre ; de là sa dévotion et sa piété.

Quoique l'âge de Khouchal ait passé les soixante-
dix ans, pourtant, dans son cœur, il y a toujours amour
et affection pour les belles.

Je suppose pourtant que sa barbe n'était pas
encore tout à fait blanche quand il écrivait ces
jolis vers :

Ne me dis pas : « Pourquoi jures-tu par moi ? » Si je
ne jure par toi, par qui jurerais-je ?

Tu es la lumière même de mes yeux : je le jure,
par ces yeux noirs de toi.

Ton visage est le jour, tes tresses sont la nuit : je le
jure par le matin et je le jure par le soir.

Dans ce monde tu es ma vie et mon âme et rien
d'autre ne l'est : je te le jure, ô ma vie !

La poussière de tes pieds est un onguent pour mes
yeux, je le jure par la poussière de tes pieds.

Quand tu ris, on n'y peut rien comparer, ni rubis,
ni perles[1] : je le jure par ton rire.

Vraiment, je t'aime, je t'aime, et toi seule, et je le
jure, moi Khouchal, par ton beau visage.

Mais les belles n'étaient point toujours de
l'avis du prince sur les mérites de la barbe blanche.
Je ne sais si même au temps d'Anacréon les jeunes
Ioniennes croyaient, comme leur poète, que
les roses sont plus belles mêlées aux lis. Le
pauvre prince en fit une expérience douloureuse.

Sur le tard, bien que le souvenir de ses cin-
quante-sept fils, dont si peu fidèles, l'eût rendu
sceptique sur la noblesse du sang maternel, il se
prit d'amour pour une jeune fille des Yousoufzais qu'il épousa : on n'assure pas qu'il eût demandé son consentement, chose peu nécessaire
chez les Afghans et surtout pour un prince.
Amenée dans la maison du Khan, elle se prit à
pleurer. Il lui demanda en vain la cause de ce
grand chagrin : elle ne répondait qu'en pleurant
de plus belle. Il lui donna des joyaux, de beaux
vêtements, des esclaves : et elle pleurait toujours.

----

[1] Rubis des lèvres, perles des dents.

Se rappelant l'histoire de sa fille, il se dit : « Elle pleure sans doute au souvenir de ses parents, » et il l'envoya passer un mois chez sa mère, dans le pays des Yousoufzais. Au retour, elle pleurait encore. Khouchal Khan soupçonna enfin ce qui en était et refit dans son afghan le monologue d'Othello : « Peut-être, parce que j'ai descendu la vallée des ans, peut-être... » Il s'écria : « Tu pleures, parce que tu es jeune et que je suis vieux, et qu'il te faut un jeune. » Elle ne répondit pas ; mais un éclair qui passa à travers ses larmes montra au vieillard qu'il avait deviné. « Eh bien ! tu l'auras, » s'écria le Khan, et avisant dans le jardin un magnifique nègre d'Abyssinie, en train de balayer les ordures, un *mousalli*, le dernier des hommes, il l'appela et lui cria : « Voilà ta femme, je te la donne, prends-la ! » Le nègre, effrayé du sacrilège, se jeta aux genoux du Khan en demandant grâce : « Prends-la, cria le prince, ou je te fais trancher la tête. » Et le nègre emmena en tremblant la princesse qui sanglotait.

Quelques jours plus tard, le Khan allait à la chasse pour se distraire. Il trouva sur la route un amas de gerbes de blé : tout en haut, il y avait un homme et une femme qui faisaient voler la paille ; l'homme donnait des coups d'amitié à la femme, et la femme les lui rendait en riant et

en chantant. L'homme était noir ; c'étaient le
nègre et la princesse. Et Khouchal s'éloigna en
soupirant et dit :

> *Na Khouchal vi*
> *Na Khatak vi*
> *Na Khânl vi...*

Plût à Dieu que je ne fusses ni Khouchal, ni Khatak,
ni prince !
Que je fusse un balayeur, la hotte au dos, mais avec
ma jeunesse, avec ma jeunesse !

C'est ainsi que le montagnard afghan jetait
deux siècles d'avance, avec plus de simplicité de
cœur et de parole, la plainte romantique de
Gomez :

> *... O mes tours crénelées,*
> *Mon vieux donjon ducal, que je vous donnerais,*
> *Oh ! que je donnerais mes blés et mes forêts,*
> *Et les vastes troupeaux qui tondent mes collines,*
> *Mon vieux nom, mon vieux titre et toutes mes ruines*
> *Et tous mes vieux aïeux qui bientôt m'attendront,*
> *Pour sa chaumière neuve et pour son jeune front !*

V

C'était donc à la cour des Sessions à Péchawer. La séance manquait vraiment de majesté.

Sur l'estrade le juge, grand bel homme à longue barbe noire, luisante et soyeuse : je ne me rappelle pas avoir jamais vu si belle barbe noire dans la magistrature assise ; il est en jacquette ; très calme, impassible et très doux. A droite, l'interprète, debout ; et assis contre le mur et comme en pénitence, les deux muets qui représentent l'opinion publique indigène ; à gauche, accroupi, le greffier paperassier ou *Sirrichta dâr*, dont le *qalam* grince activement en barbouillages irréguliers sur les papiers oblongs qui s'amoncellent.

Au pied de l'estrade, le procureur ou commissaire, un peu rageur, plus qu'on n'attendrait d'un magistrat anglais, mais c'est un magistrat d'occasion. En face du procureur, la boîte à témoins (witness box). Devant l'estrade, les six accusés enchaînés, grands gaillards à mâchoire irlandaise, qui, d'un bout à l'autre de la séance, marmottent la profession de foi musulmane (Il n'y a pas d'autre dieu qu'Allah, etc.), afin de désarmer les dépositions des témoins et le verdict du juge. Les témoins viennent un à un à la boîte, amenés par un policeman indigène : étant Afghans pour la plupart, ils déposent en pouchtou et l'interprète traduit en hindoustani, langue officielle. Les témoins ne sont pas toujours très clairs, ce qui amène des discussions fort longues, mais non plus claires pour cela, entre le témoin, le juge, le procureur, et le policeman qui s'en mêle aussi. Les témoins ne sont pas très laconiques, à Péchawer pas plus qu'à Paris : *tchoup chah!* (tais-toi), tranche le juge, et le témoin de continuer la phrase lancée ; *tchoup chah*, répète le policeman, en appuyant le conseil d'une bourrade, et le témoin s'est déjà tu depuis longtemps que le policeman, le greffier, l'interprète crient encore à tue-tête, *tchoup chah! tchoup chah!* avec des intonations qui marquent le paroxysme d'une indignation zélée. Je songe un instant au Palais-Royal et au pauvre Labiche : mais en reportant mes yeux sur les six accusés qui marmottent toujours, l'image de la tragédie finale me fait oublier le vaudeville de l'instant.

La justice aux Indes est publique, selon le

grand principe du libéralisme européen. Seulement les gens de l'Inde étant un peuple très excitable, le principe souffre en pratique un tempérament et l'on n'entre qu'avec une carte du juge. Pour la circonstance, je représentais le public, avec un baron autrichien qui fait le tour du monde avec un appareil photographique.

Donc Afzal Khan était accusé d'avoir fait assassiner un homme avec qui il avait procès. Les Anglais étaient très montés contre lui et au fond pas fâchés : c'était l'occasion de faire un exemple. Ils pensent, comme Richelieu, que « c'est chose inique que de vouloir donner exemple par la punition des petits, qui sont arbres qui ne portent point d'ombre » : ils aiment assez pendre dans la noblesse : c'est un de leurs faibles. Le fait est qu'un Khan, un nawâb, un râja, un fakir, font beaucoup plus d'effet du haut de la potence que vingt *boys* ou cent *mehtars*. Les Afghans étaient beaucoup plus froids. L'un d'eux me dit : « Et quand il aurait fait assassiner Ahmed ! Ahmed avait, devant les témoins et devant le juge anglais, donné « un mauvais nom » à sa fille. Afzal Khan est un misérable, un gueux, un ladre sans foi et sans cœur : mais ici il avait raison ; s'il a assassiné Ahmed, c'est la seule chose honnête qu'il ait faite dans sa vie. »

Je me fis conter son histoire. La voici : il faut
remonter fort haut, Afzal Khan étant fort vieux.

VI

Afzal Khan descend en droite ligne de Khouchal Khan, le poète. En 1830, le pays était
sous la suzeraineté des Sikhs et de Rundjet
Singh, l'ami de Jacquemont. Rundjet donna l'in-
vestiture à Khavas Khan, cousin d'Afzal. Vous
devinez le reste. La chanson populaire pleure
encore Khavas :

Il y avait un fils de Firouz Khan, beau comme la rose,
Khavas Khan : la terre est sous lui et sur lui.

Rundjet Singh avait parlé : « Tu es le chef des
Khataks. J'ai confiance en toi. Prête l'oreille, ô Khavas ! Tu es mon fils et je suis ton père. Jouis en paix
de ta terre : j'ai des serviteurs autour de moi, de
l'Iran et jusque d'Ispahan. Ton chagrin sera mon chagrin. »

Quand le fils de Firouz Khan sortit à cheval de
Lahore[1], il avait avec lui une suite nombreuse.

____
[1] La capitale de Rundjet.

Quand il arriva à Attock, en marche pour sa maison, ses rossignols[1] se mirent à chanter.

Quand il parut tout d'abord, la douleur couvrit l'étoile du Satan, fils de Nadjaf[2],

Et quand il vint à Zoulouzou, alors il eut repentir : tout le monde connaît l'histoire.

Il était un fils de Firouz Khan, beau comme la rose, Khavas Khan : la terre est sur lui et sous lui.

Un messager vint chez sa mère, mais elle était impuissante ; car Abbas[3] était prisonnier de la tombe.

Il était un fils de Firouz Khan, beau comme la tombe : la terre est sur lui et sous lui.

Au moment de l'annexion du Pendjab, en 1849, le gouvernement anglais trouva Afzal grand propriétaire terrien : il fut dépossédé en 1854 pour *mismanagement* et se retira à Jamalgarhi, près des ruines des temples bouddhiques, comme aurait pu faire tout autre chacal. Malgré sa déchéance, c'était encore un grand personnage. Il était puissamment riche : le gouvernement anglais lui faisait une rente de 1600 roupies (3200 francs) ; au moment de la grande rébellion, il fut *loyal* et mérita une pension additionnelle de 1600 francs roupies ; son revenu total était de 3629 roupies. Il avait tout ce qu'il

[1] Les femmes de sa maison.

[2] Afzal Khan.

[3] Frère de Khavas.

fallait pour mériter l'estime des siens : il portait un grand nom, il avait les manuscrits de Khouchal Khan, il avait sur la main le sang de ses ennemis. Mais tous ces titres ne lui servaient de rien, et le fils de Khouchal Khan était méprisé entre tous, parce qu'il avait le vice méprisé entre tous ; c'était un *choum*, un ladre, et le poète Mahmoud, mal payé, avait chanté de lui une mauvaise chanson [1].

La satire de Mahmoud est sous forme de dialogue entre un maître poète et son élève, ou comme l'on dit là-bas, entre *Oustad et Chagird :* chez les Afghans, la poésie populaire est un véritable corps de métier, avec patrons et apprentis :

Disciple, à Jamalgarhi réside Afzal Khan.

Maître, dis-moi ce qui est de lui. Il fait de lui-même un éloge pompeux. Il fait l'éloge de lui-même et de ses fils à chaque instant.

Disciple, l'hôte ne trouve jamais d'égard auprès de lui.

Maître, que pour cela Dieu amène sur lui le malheur !

Oui, disciple, prononce toujours la malédiction sur un ladre !

Maître, il a mauvais cœur, mauvaise langue, mauvaises mœurs : il n'y a pas et il n'y aura jamais de ladre pareil.

[1] Voir page 103.

Disciple, quand il voit de loin venir un hôte,
Maître, il lui dit : D'où viens-tu [1]?
Disciple, il le tue de questions de pied en tête.
Maître, il n'a peur ni crainte du Seigneur.
Disciple, il ne laisse pas l'hôte se reposer sur le lit
de la *houdjra* [2].
Maître, sa bouche est toujours ouverte comme un
puits vide.
Disciple, il n'a pas de dents; sa bouche est noire
comme un four. Aussi, celui qui le coupera en mor-
ceaux...
Maître, ce sera un Ghazi [3]; .et c'est un coquin qu'il
tuera.
Maître, qu'il disparaisse de mes yeux! Il fait rougir
toute sa famille !
Disciple, non, il n'y aura jamais de drôle éhonté tel
qu'Afzal Khan.
Mahmoud dit : Je fais librement aller sur lui ma
langue dans le bazar.

Le vœu haineux du poète a été entendu.
Afzal Khan a été acquitté, mais un de ses fils
envoyé à la potence. Le bourreau Firanghi
mettra la main au cou du descendant de Khouchal Khan. Une insulte pire a été faite au sang
du poète : le titre de Khan des Khataks a passé à

[1] On doit recevoir l'hôte qui arrive sans le questionner.

[2] Maison commune à l'usage des voyageurs, entretenue aux frais
du chef.

[3] Un héros de la guerre sainte.

un héritier de sang inférieur, fils d'une femme de
quatrième rang, Khvâja Mohammad Khan, à
qui le gouvernement de la Reine a cru donner
un peu de prestige, en accrochant à son nom,
par devant le titre de *Sir*, et par derrière les
quatre lettres cabalistiques, K. C. S. I.[1].

[1] *Knight Commander Star of India* (chevalier commandeur de
l'Étoile de l'Inde). Songez, je vous prie, que le premier fonctionnaire de la frontière, le colonel Waterfield, commissaire de Péchawer, n'est que *Compagnon de l'Étoile*, un simple C. S. I.

DE LAHORE A PARIS

IL est trois tombes à Lahore qui ont fait une fin étrange : deux d'entre elles sont devenues églises, et la troisième salle de festin.

Il y a trois siècles, Mohammed Kasim Khan, cousin de l'empereur Akbar, se fit bâtir une tombe royale, puis alla mourir en route au pèlerinage de la Mecque, de sorte que la tombe de Lahore resta vide de son hôte. Les Anglais vinrent, ils virent qu'elle était bonne et en firent un palais pour les vivants. On a construit tout alentour, pour loger le Lieutenant-gouverneur du Pendjab, et la tombe au centre est la salle de festin. J'y ai vu mousser le champagne et les « speech » d'adieu au gouverneur qui prend sa retraite ; et le bruit des verres et des toasts, en frappant les arabesques de la voûte et les versets du Coran qui serpentent, ne rendait pas, je vous assure, un bruit funèbre.

Autre tombe, celle-là plus modeste, près de la station du chemin de fer. Le nom du premier locataire, je l'ai oublié ; la tombe est à présent une église. On l'appelle « l'Église des employés du railway », parce que c'est là que ces modestes fonctionnaires vont, tous les dimanches, rendre leurs devoirs au Seigneur.

Le grand monde de Lahore va ailleurs : à la tombe d'Anarkali. C'était une danseuse que l'empereur Akbar aimait. Elle était si belle qu'il l'avait appelée *Nadira Begum*, « la dame merveilleuse, » et *Anarkali*, « fleur de grenade. » Mais un jour que l'Empereur et Anarkali étaient à la fenêtre du harem, regardant les cavaliers qui paradaient dans la cour, parut au milieu d'eux Sélim, le fils de l'Empereur, qui leva les yeux vers eux ; et l'Empereur vit un sourire passer sur les lèvres de Fleur-de-Grenade, un sourire qui n'était pas pour lui. Il la fit donc enterrer vivante.

Sélim l'ensevelit dans un marbre, blanc comme le jasmin ; les cent noms d'Allah, sculptés en relief dans la pierre, courent en fleurs virginales autour de la pauvre fille, et au-dessous on lit d'un côté : *Madjnoun Selim Akbar*, « Sélim, fils d'Akbar, fol d'amour, » et de l'autre ces deux vers persans :

Agar man bâz bînam roui yâri khwtch râ
Tâ qiyâmat chaukr gouyam kardigâri khwtchrâ.

Si jamais je revois le visage de celle que j'aime, je dirai merci à mon créateur, jusqu'au jour de la résurrection.

Vous me demanderez si je crois à l'histoire que je vous conte : pour vous parler franchement, je n'en crois rien. Akbar était le Marc-Aurèle de l'Inde, et bien qu'un Marc-Aurèle indien puisse se permettre quelques vivacités qui étonneraient chez l'autre, Akbar, j'en suis sûr, n'était pas homme à punir ainsi même un sourire de femme aimée dérobé à son amour. Sélim, au contraire, plus tard empereur sous le nom de Jehanguir, est le plus abominable ivrogne qui ait jamais honoré trône impérial. Mais qu'importe? la tombe est là, le marbre est là, le nom de Sélim y est, les deux lignes aimantes y sont; l'histoire est douce et triste : autant y croire.

Les gens pieux qui ont fait de la tombe une église n'ont pas voulu laisser le marbre de la danseuse près du marbre de l'autel : ils l'ont jeté dans un petit réduit ignoble, et, pour faire le tour du sarcophage, il faut l'emjamber et troubler les araignées dans leurs toiles. Ne pouvaient-ils laisser la pauvre danseuse dormir tranquillement dans sa tombe et blanchir un autre sépulcre pour abriter leurs vertus? Cependant, même à présent, leur conscience n'est pas en repos : on dit que le voisinage d'Anarkali les trouble encore et l'on se cotise en ce moment pour bâtir une véritable église; car, vous comprenez, on n'aime pas prier à côté d'une danseuse, d'une danseuse morte. Et puis, hélas! la pauvre Fleur-de-Grenade a donné son nom au bazar voisin, le bazar d'Anarkali, où, tous les soirs, les filles de Cachemire, en robe virginale, derrière la persienne à demi-soulevée, se voilent et se montrent à la lueur d'une lampe qui brûlera toute la nuit, pour d'autres vœux que ceux de la Vestale.

I

LA TRISTESSE DU NAWAB. — C'est le Nawab Abdoul Medjid Khan. Nous montons l'escalier de pierre, qui est encombré, comme toute la cour, de mendiants accroupis, car c'est le jour des aumônes du Nawab. Le Nawab est Pathan de race, c'est-à-dire qu'il descend des anciens conquérants afghans de l'Inde, haute noblesse musulmane. — Il est riche, il est savant, il est bon. Il a appris la médecine et l'exerce par charité pour les pauvres; sa médecine est un peu vieille, car c'est la *Younani*[1], c'est-à-dire la médecine d'Hippocrate et des Grecs; mais grecque ou anglaise, ni ses malades ni leurs maladies ne s'apercevraient d'une différence : ils

[1] *Younani*, la Ionienne.

en vivent ou ils en meurent, selon le bon plaisir de Dieu, et ils ont foi en lui.

Le Nawab est un homme grand et puissant, la face large, le nez gros, les yeux saillants, rêveurs et bons; il porte un justaucorps de velours et une calotte de velours brodée d'or; il est assis, les mains et le menton solidement appuyés sur la pomme d'or d'un bambou épais. L'ameublement est européen : au mur, le Charles Ier de Van-Dyck, et de belles dames tirées des journaux de modes.

Le Nawab est triste, parce qu'il est déçu et troublé dans sa conscience. Il est homme de progrès, et il a cru que l'Europe pouvait apprendre quelque chose de bon à l'Inde. Il a prêché l'étude des choses de l'Occident. Il ne sait pas l'anglais, mais il a donné de l'argent pour fonder des collèges où on l'enseigne. Et maintenant, il doute. On lui traduit les journaux d'Europe, et il voit que les hommes d'Europe sont livrés au mal.. Il voit que, dans le pays d'Allemagne, on chasse, par le froid et la faim, des milliers de pauvres gens, parce qu'ils ne sont pas Allemands; en France, les gens tuent ceux qui ne sont pas de leur avis, et les juges crient : « c'est bien fait; » à Londres, le peuple pille les rues, et un journal, appelé *Pall Mall Gazette*, a publié des choses qui prouvent que les mœurs des Anglais ne sont pas bonnes. Voilà donc les fruits de cette civilisation si vantée, et le Nawab se demande avec trouble s'il n'est pas entré dans la voie fausse et s'il n'a pas conduit les siens à la perdition en croyant les conduire au salut. Voilà pourquoi le Nawab est triste.

II

J'avais vu Delhi sous le soleil de mars, en route vers la frontière afghane; au retour, je ne pus résister à l'attraction de ses ruines, et m'arrêtai pour la voir au soleil d'octobre. La campagne était toujours aussi superbement désolée, et la mosquée-perle aussi blanche et aussi pure. Mais la ville était en l'air, car c'était le 24 octobre, la veille de la Divali, fête de Lakchmi, qui est la déesse de la fortune.

Ce jour-là tous les ménages renouvellent leur vaisselle, et l'on joue avec fureur, car, si l'on gagne, c'est bon signe pour toute l'année. Aussi les missionnaires de Delhi ont-ils l'œil ouvert sur leur unique converti, car ce jour-là il faut que sa fidélité soit bien robuste pour résister au démon du jeu, le démon indien qu'exorcisaient déjà en vain les Richis védiques.

Le soir le bazar est en feu : les boutiques illuminées regorgent d'idoles ; les pères de famille font leurs emplettes divines, pour le culte de l'année, achetant, l'un un Krichna amoureux au milieu des bergères, un autre le vénérable Ganech, à tête d'éléphant, qui est le dieu de la science ; ou Yasodâ portant l'enfant divin dans ses bras, ou quelque Rama victorieux. La foule assiège les confiseurs, car c'est le jour où l'on s'envoie les *Mithaï* [1] ; et les vaisselles de cuivre, flambant neuf, fascinent le regard.

Il y a un mois, le sang a coulé. La vieille haine des Musulmans et des Hindous s'est réveillée, comme elle se réveille, à heure fixe, toutes les fois que la fête de Rama coïncide avec celle du Moharrem et que la procession joyeuse et triomphale rencontre, en l'insultant de sa gaieté, la sombre procession de deuil qui pleure les fils d'Ali assassinés. Les Musulmans ont egorgé des vaches sous l'œil des Indous : les Indous ont répondu en attachant de nuit un petit porc à la chaire trois fois sainte de la Grande mosquée

---

[1] Sucreries, bonbons.

et le porc portait au cou ces mots : « Voilà votre Dieu : n'est-ce pas un joli petit Dieu ? » La police est intervenue ; mais la police est indoue, elle est tombée à cœur joie sur les Musulmans, et en a tué deux. A Etawah, les Musulmans sans armes se sont rués sur la troupe anglaise, en criant « *Din ! Chahid !* Religion ! Martyre ! » C'est la première fois, depuis la grande rébellion de 57, que des gens de l'Inde ont marché sur l'uniforme anglais.

Je retournai à la tombe de Houmayoun, d'où Hodson, en 1857, arracha le dernier empereur, le vieux Béhadour Chah[1]. Le vieillard était poète : il était élève du poète Atach et avait composé, sous le nom de Zafar, un *Divan* que l'on chante encore. Durant le siège et son empire éphémère, il gémissait en vers harmonieux : et après sa chute, l'imagination populaire retrouva pour lui la légende de Genséric ou celle des enfants d'Israël aux bords du fleuve de Babel :

Quand il fut pris, me conte un ami musulman, le vice-roi et les Lords vinrent le visiter dans sa prison et lui dirent : Béhadour, tu es poète : prends ta guitare et chante-nous une chanson !

[1] Voir plus haut, page 15.

Et le vieil empereur prit sa guitare et chanta :

Dam dami mâ dam ni yâbam jânki
Kab zafar hòtchaki chamchir hindùstânki

« O mon souffle, je n'en puis plus, je ne puis plus vivre !

« Car c'en est fait de la victoire, c'en est fait de l'épée de l'Indoustan. »

Et il rejeta sa guitare à terre.

— « Chante encore, lui dirent les Lords. Et il reprit la guitare et chanta :

« Dites au saint Jésus : Mets tes ânes à la longe.

« Car ils ont brouté jusqu'au dernier grain toute la moisson des fils d'Adam ! »

Les Lords se regardèrent les uns les autres et se retirèrent sans mot dire : car ils n'avaient pas compris.

Il reste un de ses neveux, Firòz Chah ; il est allé chercher une armée en Roum et chez les Russes ; il est revenu et voyage dans l'Inde déguisé en fakir. »

III

17 Octobre 1886. — Je me réveille en wagon hors de Pendjab. Le train s'arrête à Saharanpor, aux bords du Gange, qui s'appelle ici la

Bakavali : car le pont du chemin de fer n'en est
encore qu'aux piles. Pour rejoindre l'autre train
qui attend à l'autre rive, il faut rouler en *troll*
jusqu'au fleuve, le traverser en *ferry*, puis marcher une demi-heure dans le lit desséché. Le
sable étincelle en paillettes d'argent : les indigènes en recueillent des poignées dans le pan de
leur vêtement, car c'est le sable de la rivière sacrée entre toutes. A l'horizon se dressent les
monts de Çiva, d'où sort le Gange.

Arrivé le 18 à Rampor, capitale du petit
état indépendant des Rohillas, fameux au siècle
dernier. Vers l'an 1700, des aventuriers afghans,
les Rohillas, venus du pays des Yousoufzais et
des Bengach, se ruant sur la décomposition
mogole, étaient venus se tailler dans les riches
contrées du Nord-Ouest des principautés et des
royaumes, à la façon des Normands de Rollon.
Le pays prit donc le nom de Rohilkhand. En
1774, Hastings, ayant besoin d'argent, vendit
huit mille hommes de troupes anglaises au
Nawab d'Oude qui était en guerre contre le
prince Rohilla, Hafiz Rahmat : Hafiz périt dans
la bataille, les Rohillas furent exterminés, le
pays mis à feu et à sang et Hastings reçut dix
millions. Hafiz était un héros et un poète, de la
trempe de Khouchal Khan. Il avait formé une
splendide bibliothèque afghane que le Nawab

vainqueur transporta à Lucknaw : elle y a été brûlée durant la grande rébellion. Le Rohilkhand est devenu depuis province anglaise, sauf l'État de Rampor, qui a été laissé indépendant, pour conserver le souvenir au moins des Rohillas.

Rampor est célèbre par son mur, un mur de plus de dix mètres d'épaisseur, impénétrable aux boulets et dont la sève éternelle repousse l'incendie. [1]

Le Nawab est un lettré et un savant à l'orientale : il a hérité de la tradition de Hafiz. Par malheur il est malade depuis longtemps et près de sa fin [2]. Comme il ne peut recevoir, il est représenté par son vizir, Azim-eddin Khan, Khan Behadour. Azim-eddin est à la fois le général en chef des armées de Rampor, qui montent à 2800 hommes, et le *Vakil* du Nawab, c'est-à-dire qu'il est chargé des relations diplomatiques entre le Nawab et le gouvernement anglais. Azim-eddin est un homme d'une intelligence rare, délié au possible, et non sans humour. Il parle l'anglais un peu mieux qu'un Anglais ordinaire, mais ne boit que de l'eau, étant musulman.

---

[1] Fortification ordinaire des villages de l'Indo-Chine.

[2] Il est mort au commencement de cette année.

Azim-eddin me reçoit dans le *Khorshed Manzil* ou Palais du Soleil, qui est réservé aux invités européens. Malgré son nom oriental, le palais est plus européen qu'oriental; il est paré ou déparé d'une abominable galerie de tableaux allemands (où l'art allemand ne va-t-il pas se nicher? N'était-ce pas assez de le retrouver installé à Constantinople, dans le palais du Sultan?): mais le *Jardin Sans Pareil* fait tout passer. Au retour d'une promenade au *Sans Pareil*, Azim-eddin me fait chanter le chant national des Rohillas par le *Souroudi* ou héraut d'armes, un Taillefer afghan: c'est la chanson de la grande victoire afghane, la Bataille de Panipat, où passe le défilé homérique de tous les héros afghans. Le *Souroudi*, qui n'a en mains que son *Souroud*, est plus redouté que nul guerrier; quand il chante en tête de la bataille, nul n'oserait fuir, car il connaît la *Kheil* [1] de chacun et flétrirait le lâche à tout jamais. Hélas! tout cela n'est plus qu'une tradition vide: les Rohillas ont oublié leur langue, le *Souroudi* ne comprend plus ce qu'il chante, pas plus que ceux qui l'écoutent: mais l'accent est resté et suffit encore pour mettre en feu le cœur des Rohillas: la parole morte a des échos plus puis-

[1] La tribu.

sants : comme elle n'est plus limitée par le sens, elle agit sur l'âme tout entière.

Le lendemain, le Général m'offre une chasse au sanglier, une partie de *pig-sticking*. Nous allons en phaéton jusqu'aux fourrés où les éléphants nous attendent, avec une vingtaine de lanciers pour relancer la bête. Faute d'échelle pour monter à éléphant, — raffinement ailleurs en usage, — un homme tend par l'extrémité libre la queue de l'animal qui devient le plus sûr des échelons. Nous étions six éléphants, tantôt en file, tantôt en ligne ; en file, le spectacle est laid et monotone comme un alexandrin ; en ligne, il est grand et beau. Devant nous courent des enfants tendant la corde raide et les hommes crient à tue-tête *Tuo tuo lé-lé lé-lé*, pour lever la bête, qui ne se lève pas. Nous marchons deux ou trois heures à travers les champs d'orge et les cannes à sucre, si hautes que du *houda*[1] nous les dépassons à peine ; tout s'écrase au passage, tant pis pour les fermiers du Nawab. Le Général s'ennuie et, pour passer le temps en m'instruisant, me lit à haute voix le *Gazetteer* de Rampor qui est son œuvre, et qui est un des meilleurs de la collection, en levant la voix quand le hasard de la marche sépare nos éléphants. Un instant,

---

[1] Sorte de selle d'éléphant.

il croit apercevoir trois sangliers et épaule ; mais hélas ! ce n'est qu'un mirage, et la nuit venant il faut sonner la retraite ; pour ne pas revenir le fusil chargé, il abat une magnifique chouette et un pauvre petit pigeon au cou azuré qui ne songeait pas à mal et ne demandait pas mieux que de vivre. Je ne puis dire que j'aie fait connaissance intime avec les émotions du *pig-sticking* et tout s'est borné à une belle promenade, « à manger de l'air, » comme on dit là-bas.

Au moment de partir, un Rohilla, Abdoullah Khan, apprenant qu'il y a au Palais du Soleil un Firanghi qui s'intéresse aux chants du Rohilkhand, m'apporte un recueil introuvable, de poésies de Hafiz et des chefs Rohillas : il me le donne à la condition d'écrire sur la couverture : *Donné par Abdoullah Khan de Rampor.* Son vœu est doublement exaucé.

IV

21 Octobre. ALIGARH. — Il n'y a à voir à Aligarh ni paysage, ni monument : il y a un homme et un collège.

L'homme, c'est Séid Ahmed, le fondateur du parti musulman libéral; le collège, c'est l'Institut Anglo-oriental, fondé par le Séid, pour instruire la jeunesse musulmane à la fois dans la tradition nationale et dans la civilisation européenne.

« Le Musulman, voilà l'ennemi! » Telle est, depuis la grande rébellion, la pensée intime des Anglais. Traité en ennemi ou en suspect, le Musulman s'est tenu à l'écart; et le résultat, c'est que partout l'Hindou a pris le pas sur lui, à mesure que le gouvernement a ouvert aux indigènes l'accès des carrières publiques. La haine du Babou Bengali a dessillé l'œil des Musulmans; du moins des plus éclairés. Séid Ahmed a été leur guide. Il a prêché le *No rochnaï*, la Lumière nouvelle; il a concilié le Coran avec la science, il a annoncé que tout dans le monde se fait par voies naturelles: ses adversaires l'appellent le *nétcheuri*, parce qu'il fait sans cesse appel à *nétcheur (nature)*. Ses ennemis les plus ardents, il les a naturellement trouvés parmi les Musulmans dévots, pour lesquels, tout fils du prophète qu'il est, il n'est qu'un athée: un bon Musulman, à qui je demandais ce qu'il pensait de Séid Ahmed, me dit: Je ne sais pas ce qu'il est, mais c'est un homme qui a fait beaucoup de mal à la religion.

Le Collège d'Aligarh compte cent cinquante élèves, presque tous musulmans (il y a un Hindou et un Sikh). Ils apprennent le persan, l'arabe et l'anglais, les sciences et la philosophie moderne : la philosophie est professée par un Musulman : ses préférences sont pour Spencer. C'est, paraît-il, le fils d'un des Wahabis condamnés à mort dans le procès de Patna : « Il n'y a pas si loin d'Abdul Wahab au positivisme, me dit à ce propos un des observateurs anglais qui ont le mieux compris l'Inde : le Wahabisme, c'est au fond le libéralisme de l'Islam[1]. »

La direction générale et l'enseignement classique sont aux mains de quelques jeunes gens, frais sortis de Cambridge : M. Beck, M. Cox et quelques autres ; ce sont à peu près les seuls Anglais que j'aie rencontrés dans l'Inde frayant avec les indigènes sur le pied de l'égalité : rien de la morgue insulaire, souvent inconsciente, d'autant plus insultante ; rien du mépris de race, du dédain du maître. On respire ici une atmosphère que je n'ai point retrouvée ailleurs, de confiance et d'abandon réciproque.

Les élèves sont habitués, à la façon anglaise,

---

[1] Voir plus haut, page 110.

à l'indépendance et à la solidarité. Chaque élève a sa chambre à coucher et son bureau : il y a un salon pour six élèves. Le collège a même sa *Debating Society* : il y a séance aujourd'hui et l'ordre du jour porte : « Le bonheur est-il possible de ce côté-ci de la tombe ? » Les optimistes et les pessimistes se sont succédé et se balancent assez. Je n'oserais vous dire que ni les uns ni les autres soient bien profonds : une bonne moyenne de banalité européenne.

Le Collège est en train de se bâtir son *Hall* et sa mosquée. Par malheur pour la mosquée, l'argent manque. Les Mollah défendent aux fidèles de donner, à moins que la mosquée ne leur soit ouverte et qu'ils puissent venir y prêcher ; il faut dire qu'ils sont dans leur droit, car une mosquée est, par essence, ouverte à tout musulman : mais Dieu sait ce qu'ils viendraient y dire : les *nétcheuris* et leurs amis anglais seraient traités de la bonne façon. Séid Ahmed tient bon, et ferme la mosquée encore à naître : « Votre mosquée n'est pas une mosquée, » répondent les Musulmans, et l'argent ne vient pas : je crains qu'il ne faille se passer et d'argent et de mosquée. Ce sera un grand malheur, car le jour où le Séid aura rompu avec l'Islam, son œuvre sera compromise du coup et n'aura plus de raison d'être. On ne réforme une religion qu'à condition de n'en pas sortir.

Aligarh a un souvenir pour les Français : c'est le Château du général Perron. Perron était un aventurier au service de Sindia, qui, pour assurer la paie de ses troupes, se fit assigner le revenu de cinquante-deux villages autour d'Aligarh : dans ce *baoni mahall* il régnait en maître. Quand le général Lake s'empara d'Aligarh, Perron fit pour son propre compte une paix avantageuse. Il a laissé un long souvenir dans le pays et le Collecteur anglais[1] me parle de lui avec beaucoup de respect : « C'était un administrateur énergique et qui savait faire rentrer l'impôt. »

V

26 Octobre. MUTTRA, la Mathoura de Ptolémée et des poètes, le Bethléhem de l'enfant Krichna.

---

[1] *Collector,* magistrat supérieur du district, chargé principalement de percevoir le revenu.

J'avais une lettre pour le Seth [1] de Muttra, Lakchmandâs, célèbre par ses millions et son hospitalité aux étrangers. Il m'envoie un phaéton avec son *goumachta* [2] pour me guider dans le pèlerinage, avec quelques boîtes de ces merveilleux raisins de Caboul que chanta l'empereur Baber, et une demi-douzaine de Dieux en cuivre de Bénarès. Il a une maison immense le long de la Jamouna, meublée au goût européen ; un salon rectangulaire avec glaces colossales, candélabres, fauteuils, et une galerie de portraits indigènes le long du mur. De l'autre côté de la rue est un vaste temple de Vichnou, propriété du Seth qui l'a bâti ; c'est le temple de Vichnou Dvarkadech. Le dieu est à présent invisible, derrière le rideau, étant endormi.

Nous sommes en pleine *Divali*, la fête des lanternes. Le fort de la *tamacha* est à vingt-cinq milles de Muttra, à Govardhan, place célèbre dans les Enfances de Krichna : c'est là que l'enfant souleva une montagne et la tint suspendue au bout du doigt, pour abriter les bergers contre un orage envoyé par Indra. Sur la route de Govardhan, nous rencontrons à chaque pas des bandes de vingt à cinquante hommes, se dirigeant à pas

---

[1] *Seth*, richard, millionnaire.
[2] *Goumachta*, intendant.

pressés, vers Muttra, demi-nus, le bâton en main : ils viennent de tous les coins de la province, pour se baigner demain matin à la Ghat de Visranti, dans les eaux saintes de la Jamouna.

La voiture avance sans peine à travers la gelée humaine qui s'ouvre et fait haie, reconnaissant un Européen. La route trop étroite nous oblige bientôt à descendre et le passage devient plus difficile. « Mettez votre chapeau, me dit l'agent du Seth, pour faire peur à la foule ; » le chapeau européen, le *solar hat*, emblème de la suprématie anglaise, plus respecté et plus puissant que tout un détachement de police indigène. Quelle chose commode que ce bon peuple hindou ! — triste au fond, — mais je ne suis pas en humeur, tandis que j'en profite, de philosopher sur le côté triste de la chose.

La flamme de la Divali est au lac sacré, la Manasi Ganga : une digue divise le lac en deux parties : cette digue, me dit-on, n'est autre que la montagne de Krichna qui s'est affaissée. Au bord du lac s'élèvent une série de palais bâtis par la piété des Radjas, qui veulent avoir un pied à terre dans la localité sainte. Le plus riche de ces palais est celui du Radja de Bharatpor : tout le long de la façade, des escaliers de pierre, des *Ghats*, descendent dans le lac : toutes les marches sont en feu, couvertes de milliers de co-

quilles de noix en guise de lampes : les autres
Ghats grouillent de gens qui contemplent avec
bonheur les *avalis*[1] d'en face et allument, chacun
près de soi, un modeste lumignon.

Le lendemain, indigestion de temples à Vrindavan, la ville des temples. Visite au *Museum*,
bijou monumental, du goût hindou le plus pur,
bâti par l'ancien collecteur, M. Growse. M.
Growse est une des raretés de l'Inde : un Anglais qui comprend l'Inde et qui l'aime. Partout
où il a passé, il a restauré l'art indou, tué ou
abruti par l'art (?) anglais et par l'enseignement
des écoles de dessin à l'européenne. Cela déplut
à l'administration centrale qui n'aime point des
fonctionnaires trop savants ou trop artistes. Dé-
porté dans une ville sans tradition, Bolandchehr,
où on le croyait désarmé, il en fait jaillir des
palais, sans frais pour l'État, faisant appel pour
les fonds à l'enthousiasme des indigènes et pour
le travail à l'instinct infaillible et presque aveugle
des *mistris*[2]. Transporté à Fatehpur, il crée un
art nouveau, l'incrustation du cuivre dans le bois,
qui est à présent la gloire de la bicoque. Le nom
de M. Growse, après dix ans, est encore béni

---

[1] *Avali*, rangée de lampes.

[2] *Mistri*, artisan ou artiste indigène. Le mot semble être l'italien
maestro, apporté au XVII° siècle par les artistes de Florence au service du Grand Mogol.

par les dévots de Muttra ; tous les temples de Vrindavan ont été rajeunis par lui, et tandis qu'il construisait pour lui-même une Église du Sacré-Cœur, l'amour de l'art, qui est lui aussi une forme de l'amour de Dieu, faisait de ce catholique fervent un des bienfaiteurs de Krichna.

Mais M. Growse a quitté Muttra et le Musée est un bijou vide, avec la désolation à l'intérieur : le long du mur quelques statues bouddhiques, couvertes de toiles d'araignées et autour desquelles volent lourdement des escadrons de guêpes.

VI

28 Octobre. AGRA. — Vous voyez aux Musées de Lahore et de Delhi des modèles du Taj en soap-stone ou en marbre et vous vous dites : « Quoi ! Ce n'est que cela ! » Un lourd cube, avec des tours aux quatre angles et dômes par-dessus. De fait, le Taj seul, c'est « le clair de lune empaillé » ; mais le Taj dans son jardin, un de ces immenses jardins à l'indienne, avec

le long jet d'eau qui le traverse, le prisme de
ses fleurs, le bruissement de sa forêt, le vertige de
ses senteurs ; le Taj, émergeant à demi de la verdure, dans la blancheur immaculée de son dôme
et de ses tours, sous l'azur pâle du jour indien,
dans l'enchantement des couleurs, des bruits et
des parfums, le Taj devient beau comme un
rêve. Le tombeau et le jardin sont le corps et
l'âme d'un grand être, merveilleux de grâce,
de fraîcheur et de fantôme. A l'intérieur, la
chambre sépulcrale, où l'on descend par un souterrain, est noire comme la mort, mais elle rend
un écho d'une sonorité et d'une douceur étrange,
qui n'est point de ce monde et qui a pourtant
une réalité qui vous saisit et qui vous enveloppe.
On croirait marcher sur l'écho comme sur un
tapis, le savourer comme une ambroisie de musique. C'est cet écho merveilleux que l'on trouve
dans toutes les tombes de l'Inde, jusque dans
la tombe ouverte en plein ciel de M. Raymond
à Hyderabad. Ce n'est point une voix de regret,
car elle ressemblerait davantage aux voix de la
terre ; c'est une voix de résignation, de douceur
et de promesse.

C'est pour sa bien-aimée, Moumtaz-Mahall [1],

---

[1] *Moumtaz Mahall* signifie *l'Élue du Palais*. *Taj* est abrégé de
Moumtaz. A proprement parler, le nom ne désigne pas le tombeau
de l'Impératrice, mais l'Impératrice elle-même.

que l'Empereur Chah Jehan avait fait élever le
Taj et il mourut sur la terrasse du fort, les yeux
fixés sur le dôme. On dit qu'il voulait se faire
construire un mausolée pour lui-même de l'autre
côté de la Jamouna, qui coule au pied du monument. Par bonheur, il mourut trop tôt ; le
hasard, ayant plus de cœur que lui et plus de
poésie, le réunit à celle qui l'avait aimé et ici
dorment les deux ombres, bercées de toutes les
tendresses de l'amour et de la mort.

VII

A vingt-trois milles d'Agra est Fatehpur Sikri,
la capitale que s'était construite Akbar et qui
tomba en ruines après lui. C'est d'une grandeur et d'une désolation comme celle d'une des
Delhis. Toute la cité impériale est en pierre
rouge, la pierre chère aux derniers Afghans et
aux premiers Mogols. Elle s'effrite de jour en
jour. De temps en temps le gardien de la cité
morte entend un grand bruit sourd : c'est un mur
qui s'effondre. Le palais de la princesse Miriam,

femme de l'Empereur, dont les murs portent encore les fresques du Chah Nameh, est converti en Dak Bengalow : le *bearer* fait la cuisine dans le *Chatai mahal*. Les chambres du palais de la Reine Jat sont toutes noircies de la fumée de la cuisine : sur les dalles un *tcharpai*[1], un chaudron, un tas de fumier, où fument les débris du *tchilam*[2], et auprès, un misérable Hindou, accroupi au milieu des splendeurs de ses anciens maîtres.

Le maître lui-même repose à Sikandéra, à sept milles d'Agra. Cinq étages colossaux conduisent à une terrasse de marbre, d'où la vue tombe sur la Jamouna et s'arrête au lointain sur la bulle blanche du Taj. Au milieu de la terrasse est la tombe de marbre de l'Empereur, en plein soleil. Mais ce n'est qu'un cénotaphe : la vraie tombe, avec la cendre du mort, est enfouie sous terre, sous le poids des cinq étages, mais exactement au-dessous de la tombe fausse, dans la même forme et les mêmes dimensions, de sorte que l'Empereur repose dans la nuit sous la terre et jouit en même temps de l'apothéose dans la lumière du ciel.

---

[1] Bois de lit où l'Hindou fait sa sieste.

[2] Le *narghilé* indien.

Le chemin de Sikandéra à Agra,

Comme une voie antique, est bordé de tombeaux.

Une de ces tombes est en ruine, mais c'est une ruine cyclopéenne ; c'était une de ces tours, surmontées d'une voûte, telles qu'en élevaient les empereurs pathans : c'est la tombe d'une des femmes d'Akbar. La ruine n'est pas l'œuvre du temps, mais de l'homme. C'est le baron Bentinck, un des vice-rois les plus honnêtes et les plus intelligents que l'Inde ait jamais eus, qui la fit éclater avec la poudre, voulant utiliser les matériaux pour construire une caserne. La voûte croula, mais la masse tint bon et déjoua Bentinck ; et la tombe de l'impératrice d'Akbar est encore là, mutilée, mais debout, pour attester à tout venant que le philanthrope Bentinck fut un Vandale. Imaginez dans trois siècles d'ici les vainqueurs de Dorking faisant sauter le mausolée de l'impératrice-reine Victoria !

VIII

2 *Novembre*. BÉNARÈS. — La sainte et immonde Bénarès! Oh! si vous voulez garder intacte dans votre cœur la poésie de l'Inde, n'allez pas à Bénarès!

Au temple d'Anna Pourna, une vache aveugle erre autour du sanctuaire; un mendiant demi-nu, des larmes de pitié dans les yeux, vous apitoie sur le malheur de son dieu. Un troupeau circule dans le cloître, au milieu des adorations des fidèles, et laisse tomber, comme le grand lama, au milieu de la cour infecte,

Ses excréments divins façonnés en reliques.

Pour vous dérober à la bestialité des dieux et à la vermine de leurs prêtres, vous montez à l'observatoire de Jay Singh, le Radja astronome qui fonda Jeipour : vous traversez une série de cloîtres, frais et calmes, et vous trouvez soudain au-dessus du Gange, au centre de la courbe merveilleuse que la rivière décrit à Bénarès. Les instruments du Radja sont encore là, et son *Yantrasamanta* regarde encore vers le pôle. L'on n'entend pas ici le beuglement des dieux et le murmure imbécile des hommes : on se sent seul avec la lumière et la brise du ciel, avec les étoiles invisibles, avec la pensée rêveuse d'une humanité plus haute. Et pourtant, qui sait si lui-même, le noble Radja, ne descendait point de sa tour d'ivoire pour aller porter son offrande à Anna Pourna, et, en s'en retournant, ne se sentait pas plus près de Dieu?

Plus le dieu est impur, plus le prêtre est sublime.

IX

5 *Novembre.* CALCUTTA. — Ancienne capitale de l'Inde anglaise. Un vieil usage veut que le vice-roi retourne y danser tous les hivers.

X

6 *Novembre*. — Pris le train pour la France : CHANDERNAGOR. — Pauvre spécimen de la France coloniale ! Quinze malheureux fonctionnaires se demandent pourquoi ils sont là à veiller sur quelques milliers d'Indous, qui n'ont de commerce qu'avec l'Angleterre et apprennent l'anglais.

C'est grand fête aujourd'hui, la fête de Jagaddhatri. On vient de Calcutta, car la fête est plus belle ici. C'est la procession des idoles de la déesse guerrière Dourga. La déesse à quatre bras se tient debout sur le lion, qui repose lui-même sur l'éléphant. Elle va et vient le long du quai, portée à bras de *coulis*, dans une musique infernale de taq et de dol. Chaque quartier a son idole et sa parade ; il y a de grandes idoles et il y en a de petites ; une grande idole coûte 110 roupies de parure (220 francs) ; l'idole elle-même n'en coûte que 11 ; car elle est vide à l'intérieur et empaillée, comme le pourrait être une idole humaine. Quand elle a bien paradé le long du quai de haut en bas et de bas en haut, on la jette à la rivière, après l'avoir dépouillée de ses robes d'or et d'argent et battue à coups de bâton. O Français, n'est-ce pas la fin de toutes les idoles?

Les indigènes, je dois pourtant le dire, seraient désolés de devenir Anglais. Force des principes de 89? des grandes vérités révolutionnaires : liberté, égalité, fraternité? Hélas non! L'Hindou, électeur et citoyen, avec tous ses droits à la présidence de la République, se moque bien de 89. Mais il paie 10 francs d'impôts à Chandernagor, au lieu de 30 à Calcutta.

Étonnement nouveau! Avec tous nos fonctionnaires et sans commerce, dépensant sans produire, nous arrivons à ce résultat prodigieux de faire le bonheur de nos sujets à un tiers des frais du bonheur britannique, si économique pourtant. On le sait dans l'Inde, croyez-moi. A Péchawer, un Afghan instruit me disait que le gouvernement français doit être un bon gouvernement, car un Babou Bengali lui a dit qu'à Chandernagor on paie moins d'impôts qu'à Calcutta. La chose m'étonnait, mais elle est vraie : j'ignorais, et le Babou aussi ignorait, que les frais de nos colonies indiennes sont payés par l'Angleterre; en 1815, en nous rétrocédant nos établissements de l'Inde, l'Angleterre s'engageait généreusement à nous payer quelques centaines de mille francs par an; c'était la valeur moyenne de 300 boîtes d'opium, consommation normale de nos établissements; en échange, la France s'interdisait la culture de la drogue qui fait rêver et renonçait à menacer le monopole anglais, sur lequel repose tout le budget de l'Inde. — Malgré ce plat de lentilles, nous trouvons encore moyen de faire payer 10 francs par tête aux indigènes.

Il n'y a que deux choses à voir à Chandernagor : la courbe de la rivière, qui rappelle celle de Bénarès, et le lit de Dupleix. C'est un lit immense, en bois de *bhit* inaltérable; les pieds reposent dans des cuvettes anti-formicaires; on monte par deux degrés sur ce monument; le grand éventail manœuvre sous le moustiquaire. Quels grands rêves on doit rêver sous cette gaze !

XI

19 Novembre. BOUDDHA GAYA. — C'est
la place la plus auguste du monde bouddhique!
c'est là, non loin de la Nairanjana, au pied de
l'arbre de Bodhi ou de science suprême, que
Sakyamouni, ayant résisté aux assauts de Mâra,
aux armes de ses démons et aux charmes de ses
filles, s'affranchit des liens du monde et reçut l'illu-
mination d'un Bouddha. Le temple de la Grande
science, de la *Mahâbodhi*, s'élève sur la place
sacrée ; le bouddhisme a disparu de l'Inde, mais
l'on vient encore là, de Ceylan et de Birmanie,
adorer le vestige du Bouddha.

En pays civilisés, le Vandalisme arrive à ses
fins par trois voies : il laisse tomber en ruines,
il détruit, il restaure. C'est la troisième voie qu'il
a suivie à Bouddha Gaya. L'immense pyramide
tronquée, flambant neuf, badigeonnée de jaune,
grince et crie outrageusement au soleil, comme
un décor d'opéra. Mâra n'avait qu'à évoquer de-

vant l'ascète l'image de son temple futur et il cédait la place de terreur. Jamais lieu solennel et mystique, plein de souvenir et d'extase, n'a été converti en plus banale Philistinade. Ce sacrilège, appelé par une fière inscription anglaise en lettres d'or, a été achevé en 1880 : c'est l'œuvre d'un ingénieur plein de bonnes intentions, M. Beglar : depuis ce jour, me dit-on, Bouddha Gaya a pris parmi les initiés le nom de Beglarabad.

L'arbre de Bodhi, sous lequel le Bouddha prit conscience de lui-même, a été replanté pour la dixième fois, il y a trois ans : heureusement l'on vieillit vite sous le ciel de l'Inde et dans quelques années il aura les vingt-quatre siècles nécessaires.

Vichnou a hérité de Bouddha : dans Gaya ville, dont Bouddha Gaya est une dépendance, on adore le pied de Vichnou, pied portant la roue solaire, comme on adorait jadis le pied de Bouddha. Et les mendiants du temps de Bouddha doivent avoir été la plus abominable meute qui soit au monde, à en juger par leurs représentants Vichnouites du jour, qui vous poursuivent avec des prières furieuses à travers toute la ville, en tendant la main et criant d'un ton impérieux : « Je suis Brahmane. » Un magnifique et robuste jeune homme vous poursuit tout un quart d'heure en criant *Paisa ! Paisa !* [1] — Pourquoi te donnerais-je un *paisa ?* — Je suis Brahmane ! et avec des intonations de douleur indignée : Pourquoi ne voulez-vous pas me donner un *paisa ?* Je suis Brahmane.

XII

12 *Novembre.* LUCKNAW ; *15 Novembre.* CAWNPOR. — Noms célèbres dans l'histoire de la grande rébellion, dont on retrouve à chaque pas le souvenir conservé avec piété et colère. A Lucknaw, la Résidence est dans l'état de ruines où elle était quand l'armée de secours entra. A Cawnpor un *Memorial* a été élevé sur la bouche du puits sinistre où Nana Sahib fit jeter ses victimes : un cyprès, venu d'Angleterre, y pousse ; les indigènes n'ont pas le droit d'en approcher.

Cette mémoire obstinée, qui est une des forces du patriotisme anglais, est parfois impolitique dans quelques-unes de ses manifestations. Les

---

[1] Un sou ! un sou !

Anglais ont raison de se rappeler la Rébellion
et les fautes qui l'ont amenée ; ils ont tort de
la rappeler aux indigènes qui auraient oublié le
jour même cette émeute militaire sans lendemain : les Anglais par leur insistance la transfor-
ment en mouvement national, ce qui ferait de
57 un précédent, au lieu de rester ce qu'il était,
un accident. Le monument le plus sacré de
Lucknaw, l'Imâmbâra, mausolée immense élevé
à la gloire de l'Imâm, et où se célébrait jadis la
fête funéraire des fils d'Ali, a été, à la suite de la
rébellion, transformé en dépôt de canons : pendant près de trente ans a duré ce sacrilège. Le
dernier Lieutenant-gouverneur de la province, Sir
Alfred Lyall, qui n'est pas seulement un administrateur, mais aussi un historien et un philosophe, a rendu aux Musulmans l'usage de l'Imâmbâra. Cette mesure de stricte justice a fait plus
pour pacifier les esprits que trente ans de dictature, et aux fêtes du Moharrem le gouverneur
et sa famille sont invités et placés aux premiers
rangs, comme pourraient l'être les meilleurs
d'entre les Musulmans.

XIII

15 Novembre. ALLAHABAD. — Au confluent de trois rivières, le Gange et la Jamouna qui sont visibles, et une troisième rivière qui est invisible, et d'autant plus sainte, la Sarasvati. Ce confluent, appelé le Prayâg, forme l'onde la plus sacrée de l'Inde, plus sacrée même que celle du lac de Pokkhar à Ajmir : heureux qui peut y mourir !

Temple souterrain, la *Patal puri* ou Ville de l'Enfer : là passe la rivière invisible et pousse l'*Akchaya vrikcha*, l'arbre impérissable.

Un trou rectangulaire, creusé dans le mur, ouvre un couloir souterrain long de deux cents lieues, par lesquels les fils de Pandou, dit la légende, fuyant devant leurs cousins, se rendirent de Prayâg à Bénarès.

XIV

20 Novembre. BOMBAY. — Par un hasard heureux, j'arrive juste à temps pour assister à une fête française des plus inattendues, et d'autant plus précieuse que l'initiative française n'y est pour rien et le génie de la France y est pour tout. On ouvre ce soir le Cercle littéraire, fondé par des étudiants Parsis pour l'étude de la langue et de la littérature française. L'histoire vaut la peine d'être contée.

Il y a trois ans, deux jeunes filles Parsies, Mihirbai et Ratanbai, filles de l'avoué Ardéchir, se présentèrent au Baccalauréat en demandant à être interrogées sur le français. On refusa et on leur dit : Passez une des six langues classiques : latin, grec, sanscrit, arabe, hébreu ou persan. Le père envoie une pétition au Sénat de l'Université pour que le français soit introduit comme septième langue classique : la pétition est repoussée. Nouvelle pétition, appuyée par un vif mouvement d'opinion parmi les Parsis et défendue avec énergie dans le Sénat par un Espagnol, le professeur Pedrazza, le véritable créateur du mouvement français.

M. Pedrazza avait enseigné le français à un grand nombre de jeunes Parsis. Une sorte de curiosité reconnaissante poussait les Parsis à cette étude : ils savaient que c'était un Français, Anquetil Duperron, qui avait révélé leurs livres sacrés à l'Europe, et un autre Français, Eugène Burnouf, qui les avait déchiffrés. Ils avaient trouvé en M. Pedrazza un maître enthousiaste. Espagnol isolé dans l'Inde, M. Pedrazza, ne pouvant espérer de rien faire là pour la langue et la gloire de son pays, s'était élevé à une forme plus haute de patriotisme, le patriotisme latin. Le français était, par la supériorité de sa littérature autant que par son utilité pratique, le seul représentant que la tradition latine pût dans l'Inde mettre en regard de la tradition saxonne, et il avait reporté sur lui toute l'ardeur et l'énergie de son patriotisme espagnol. Il avait été récompensé au delà de toute attente.

L'opposition fut vive au sein du Sénat. Les partisans des études classiques disaient que l'introduction du français était le coup de grâce porté au latin. On leur répondit que c'était un vivant remplaçant un mort ; que le français était une école de goût littéraire aussi parfaite que pouvait l'être le latin, et qu'il remplirait son objet mieux que lui, parce que l'étude du français, langue d'un usage pratique, serait réelle et sérieuse, tandis que l'étude du latin n'était et ne serait jamais dans l'Inde qu'une comédie. Le représentant Mahratte déclara que dès l'instant qu'on voulait introduire une langue vivante, comme langue classique, le Mahratte y avait plus de droit : qui avait jamais entendu parler d'une littérature française ? Le Directeur du Collège de Saint-Xavier déclara que s'il fallait remplacer le latin, l'allemand, langue synthétique, s'y prêtait infiniment mieux que le français, langue analytique : je dois dire que le Révérend Père est un Jésuite Allemand. La presse conservatrice demanda s'il était bien urgent de répandre l'étude d'une littérature représentée par Zola et l'école impure, — la seule malheureusement que la presse étrangère semble connaître et comprendre. Rien n'y fit et le français l'emporta haut la main.

Les étudiants Parsis fondaient en même temps un centre pour l'étude du français, le Cercle littéraire : on y trouve une bibliothèque française déjà riche et des conférences mensuelles y sont faites en français. La bibliothèque s'appelle *Bibliothèque Dinshaw Petit*, du nom du Rothschild de Bombay, qui a donné 5,000 roupies pour les

premiers frais et qui ne se lasse pas de donner.
Dinshaw Petit, aujourd'hui Sir Dinshaw Petit,
ne prononce pas un mot de français ; mais il
l'aime par tradition et est fier de son nom français
de Petit, que son grand-père reçut jadis à Surate,
de matelots français avec qui il était en rapport
de courtage. A la séance d'ouverture, tenue sous
la présidence de notre consul, mort depuis,
M. Follet, tous les discours sont en français :
j'en remarque un d'une gaucherie charmante,
par un jeune Parsi, M. Kabraji : « Nous sôm-
mes d'humbles étudiants qui voulons apprendre
autant qu'on peut apprendre dans la vie. »

XIV

26 Décembre. P O U N A. — Ancienne capitale
des Mahrattes ; faillit au siècle dernier devenir la
capitale de l'Inde, quand les *Pechvas* lançaient
leurs escadrons de pillards jusqu'à Calcutta et
jusqu'à Delhi. On dit qu'elle remplira un jour
la destinée qui lui a échappé des mains il y a un
siècle.

Calcutta a eu plus d'un siècle de domination : c'est assez pour une capitale indienne. Abandonnée huit mois de l'année par les vice-rois efféminés, qui vont s'amuser et chercher l'air frais à Simla dans les hauteurs de l'Himalaya, elle proteste en vain contre l'*Exode* annuel qui la ruine et qui compromet les intérêts de l'Empire : imaginez le siège du gouvernement en France transporté sur quelque pic des Pyrénées, à douze heures de tout chemin de fer. Simla tient bon. Le gouvernement ne tient pas à attraper les fièvres de Calcutta et, comme l'Inde n'est pas envahie, un retard de quelques heures dans le courrier et le danger d'être coupé du reste de l'Inde n'entrent pas encore en ligne de compte : d'ailleurs, beaucoup de grands fonctionnaires ont acheté des terrains et se sont fait un *home* là-haut : la décapitalisation de Simla ferait un *Krach* dans les hauteurs. Si pourtant Calcutta arrive à ruiner Simla, ce ne sera pas à son profit : l'infidèle ne retournera pas au nid. Bombay, la capitale intellectuelle et commerciale de l'Inde dont elle est la porte, serait la capitale désignée si le climat permettait d'y résider toute l'année. Calcutta n'est la capitale de l'Inde que par raison historique et parce que la conquête a commencé par le Bengale : elle regarde vers l'Extrême-Orient ; l'Inde d'aujourd'hui est une province

d'Europe et Bombay regarde vers l'Europe, dont
elle est plus proche de trois journées. A défaut
de Bombay, Pouna, habitable dix mois de l'année, située à huit heures de la mer, entre sept
collines, au confluent de deux rivières, a la position fatidique de Paris et de Rome.

Le grand monument de Pouna est son temple
quintuple de Çiva, au sommet de la colline de
Parvati. Du haut de la colline l'œil descend sur
un paysage d'une grandeur et d'une douceur
merveilleuse; de toutes parts les brèches des
Ghats, ouvrant le ciel et l'horizon; à droite le
Sinhgarh, le château du Lion, immense plateau
à pic, célèbre dans la légende de Sivaji, le
Lion-bandit qui fonda l'empire Mahratte; à
gauche, la Ganéch Khind, petite vallée resserrée
entre deux collines où se tenait la petite armée
anglaise en 1817; l'armée mahratte se déroulait
sans fin dans la plaine jusqu'au Sangam, le confluent des deux molles rivières, la Moula et la
Mouta. Le Pechva, comme Xerxès à Salamine,
assistait à la bataille du haut de la colline de
Parvati : il vit en quelques heures ses armées
sans nombre, frappées de panique, se disperser
en fumée.

Au commencement de la montée de Parvati,
on trouve à gauche une sorte de tumulus de
pierres plates qui porte, en rouge, la marque de

deux pieds. C'est là qu'on a vu la dernière *Sati*[1].

La jeune femme ne voulait pas mourir ; quand le bûcher prit feu, elle se précipita au dehors avec des cris horribles : ses parents et les assistants la repoussèrent avec respect dans les flammes sur le corps de l'époux. Je demande au jeune Brahmane qui me conduit ce que signifient ces pieds peints sur la pierre : il me répond avec onction : « c'est la marque des pieds de la *Sati* que l'on conserve, car la femme qui se brûle avec son époux devient *Dévi*[2] et sur la place où elle devient Dévi elle fait descendre toutes les bénédictions. »

XV

29 Décembre 1886. HYDERABAD DU NIZAM. — Le Nizam est le premier feudataire de l'empire indien. Il est indépendant, sous la protection d'un

[1] *Sati* ou *Suttee*, littéralement « femme vertueuse ; » désigne la veuve qui se fait brûler sur le bûcher de son mari.

[2] *Dévi*, déesse.

cantonnement anglais, fixé à Sekanderabad, à cinq milles de sa capitale.

La population est hindoue : le gouvernement et l'aristocratie sont musulmans. Il y a cinq siècles que les Musulmans venus du Nord ont fondé des royaumes dans le Dekhan : la plus illustre de ces dynasties est celle des Qoutoub Chahi, qui régnaient et qui reposent à Golconde : quinze tombes de granit regardent en face un immense mur crénelé, qui descend d'une colline dans un lac, mur hérissé de tours médiévales et qui culmine en un château noir formidable : c'est le fort de Golconde et voilà la porte, là-bas, par laquelle est entré Aurengzeb. Un palais blanc, tout récemment bâti et qui contient le trésor du Nizam, rayonne et fait tache sur le sombre du granit.

Les Musulmans de Golconde étaient Chiites ; l'imbécile Aurengzeb, Sunnite, voulait l'unité et la conformité de foi : il ne comprit pas que Golconde était l'avant-poste de l'Islam et son boulevard ; que Golconde, indépendante et vassale, était une force ; soumise, une faiblesse. Il s'empara de Golconde par trahison et envoya le dernier des rois Qoutoub Chahi mourir à Aurengabad. Le Dekhan devint province mogole, administrée par un gouverneur nommé de Delhi. Une génération ne s'était pas passée que

le gouverneur se rendait indépendant et fondait
la dynastie qui règne à présent.

Hyderabad est un État féodal : le système
mogol des grands djaguirs[1] est encore en vigueur.
Trois ou quatre grands seigneurs se disputent le
vizirat. Qui voudrait se faire une idée de ce
qu'était la vie politique à l'agonie mogole ou à
la cour du Nawab d'Oudh n'aurait qu'à passer à
Hyderabad quelques semaines. Le moment est
favorable pour l'intrigue : le nouveau Nizam a
vingt ans à peine. Le résident anglais surveille et
laisse faire, sachant que le jour où les choses
deviendraient sérieuses, il n'a qu'un signe à faire
à Sekanderabad.

Plusieurs milles avant d'arriver à Hyderabad,
le railway traverse une plaine immense, semée
de menhirs et de dolmens étranges, de toute
forme et de tout aspect, pierres isolées, dressées,
allongées, superposées en assises ; carrées, arron-
dies, creusées ; tables géantes, girouettes colossales en merveilleux équilibre. Il y a deux
explications à ce jeu de la nature. Les uns disent
que c'est une formation naturelle, due aux
actions atmosphériques ; toute la plaine est en
syénite, sorte de granit métallique ; le métal est

____
[1] *Djaguir, fief.*

disposé en couches parallèles, qui sous l'action de la chaleur et du froid fendent le rocher; la pluie et le vent, arrondissant et taillant les angles, font le reste en prenant leur temps. D'autres disent que Rama, poursuivant Ravana, qui lui avait enlevé sa chère Sita, arrivé à la mer, eut à jeter un pont pour atteindre le ravisseur à Ceylan : son général en chef, le singe Hanouman, accourut avec son armée, emportant des rocs de l'Himalaya pour les matériaux du pont : en passant sur le Dekhan, leurs mains fatiguées laissèrent échapper des roches, et les voici. Et la preuve que cette explication est la vraie, c'est qu'on suit la trainée dans tout le Sud jusqu'en face de Ceylan.

Ces deux explications m'étaient données par Séid Ali Belgrami, alors ministre de l'instruction publique à Hyderabad. Séid Ali est un des types les plus parfaits et les plus rares de la culture européenne mariée à la tradition musulmane. Ayant étudié cinq ans en Angleterre, élève de Huxley, il n'a point pris en mépris le passé intellectuel de son pays et de sa race, en prenant une teinture de la civilisation de l'Occident, ce qui est le cas ordinaire de la jeune Inde libérale. Il parle l'anglais, le français et l'allemand, ce qui ne l'empêche pas de parler le persan et l'arabe, de connaître le Coran comme un Molla — comme c'est d'ailleurs son devoir de Séid et de descendant de Prophète, — d'étudier les poètes antéislamiques et le Hamasa; et ce qu'il y a de plus rare, ce Musulman, ce grand seigneur de la race conquérante et dominante, s'est mis à l'école des Pandits Hindous pour apprendre d'eux leur langue et leur religion ; il lit les Védas et Sâyana et peut réciter, comme le meilleur des Brahmanes, et avec les intonations régulières, la plus sainte des prières qui soient, la Gayatri.

Je me croyais bien loin de la France : je la retrouvai tout à coup, sur une tombe. Séid Ali me dit : « Venez voir la tombe de M. Raymond. » Je n'avais que des idées très vagues sur M. Raymond. Je me rappelais plus ou moins que c'était un de ces soldats de fortune qui, au siècle dernier, essayèrent, avec l'aide des princes natifs, d'arrêter le progrès des Anglais ; les uns, simples aventuriers, qui ne cherchaient qu'à faire leur fortune, comme le général Perron et La Martinière ; d'autres, véritables patriotes, ramassant toutes les armes pour la patrie : tels étaient M. de Bussy et M. Raymond. M. Raymond, ancien officier de Lally, avait organisé à l'européenne un corps d'armée pour le Nizam : c'était en 1795, et ses officiers portaient les couleurs de la

République. Il avait 18,000 hommes instruits à la française : « Il y a quelques années, me dit Séid Ali, allant inspecter mon régiment dans le district d'Elgundel, je fus tout étonné d'entendre le commandement français *Portez armes !* » Raymond périt en 1798, empoisonné par ses ennemis à la cour du Nizam : ce fut la fin de l'influence française à Hyderabad.

Le tombeau de M. Raymond s'élève à quelques milles d'Hyderabad, sur une colline qui domine une plaine syénitique, parsemée de ces roches cyclopéennes étranges. Sur un vaste soubassement, marqué de distance en distance de croix rouges, s'élève une pyramide blanche quadrangulaire, portant de chaque côté une tablette de pierre noire qui attend encore son inscripton. Au-dessus des tablettes, la pierre creusée reçoit un treillis de fer, qui forme les initiales I. R. En face s'élève un léger *baradéri*, pavillon ouvert, suspendu sur une frêle colonnade ; il est terminé par une chapelle ou *dargah* surmontée de la croix. Le *dargah* est creusé d'une niche qui reçoit une lampe ; des débris de lampes et de guirlandes sont jonchés à terre. C'est que Monsieur Raymond est encore adoré comme un saint. Tous les ans, au jour anniversaire de sa mort, les hommes des régiments qu'il avait formés vont en pèlerinage à sa tombe, prier, porter des fleurs, allumer des lampes et tirer des coups de fusil. Son nom même, *Monsieur Raymond*, est devenu un nom de saint musulman : *Mousa Rahman*, « Moïse le miséricordieux. » Il fallait que ce Français, inconnu en France, possédât à un haut degré le prestige et la force de fascination, pour que son souvenir survécût ainsi, défiguré et préservé par l'apothéose, au milieu de tant de causes d'oubli. Un écho à peine sensible soupire dans le *baradéri*, doux et frêle comme ce souvenir étrange, cette voix de la gloire dont le murmure indistinct

> *Éveille un écho faible au fond de l'avenir.*

XVI

11 Février 1887. BOMBAY. — Bombay n'est pas une ville, c'est un monde ; elle voudrait tout un livre. Demain peut-être l'écrirai-je.

Bombay, la charmante, qui étend indolemment dans la mer bleue sa longue presqu'île boisée ; Bombay, où l'Europe et l'Asie se rencontrent sans heurt et sans lutte ; où toutes les

races et toutes les religions juxtaposées vivent en
paix et sans haine ; où Dieu parle sans anathème
dans la mosquée, le temple hindou, la chapelle
du feu, la synagogue et l'église ; où le maître
laisse à peine sentir au sujet qu'il est le maître et où
la mousson libérale de l'Europe plus proche souffle
à l'un plus de douceur, à l'autre plus de fierté ;
où la science désintéressée allume un phare, de
lumière faible encore, mais qui un jour peut-être
donnera à l'Inde la nouvelle Alexandrie qui lui
manque encore ; Bombay l'hospitalière, où j'ai
trouvé tant de mains tendues, tant d'amis de tout
nom, anglais, parsis, musulmans et hindous !

Le steamer jette son cri d'adieu : le quai joyeux
d'Apollo Bender disparaît déjà au lointain. Le
soir s'abat à grandes ombres : Malabar Hill n'est
plus qu'une ligne noire, plus noire dans la
brune. Le vent gonfle la voile vers l'Europe.

Adieu l'Inde aux nuits d'argent !

FIN

TABLE

Achevé d'imprimer

le trente et un juillet mil huit cent quatre-vingt-huit

PAR

ALPHONSE LEMERRE

(Th. Bret, *conducteur*)

25, RUE DES GRANDS-AUGUSTINS, 25

PARIS